現代カリフォルニア州財政と直接民主主義

――「納税者の反乱」は何をもたらしたのか――

小泉 和重著

ミネルヴァ書房

現代カリフォルニア州財政と直接民主主義
―― 「納税者の反乱」は何をもたらしたのか ――

目　次

序　章　「納税者の反乱」が広げた波紋……………………………………… I
　第1節　「納税者の反乱」とは ……………………………………………… I
　第2節　「納税者の反乱」に関する研究状況 ……………………………… 3
　第3節　本書の研究課題——納税者の反乱の文脈，直接民主主義，財政危機… 9

第 I 部　カリフォルニア州の制度構造

第1章　州の政治経済と財政 ……………………………………………… 19
　はじめに ……………………………………………………………………… 19
　第1節　経済と社会構造 …………………………………………………… 20
　　（1）州経済——高い経済力とローラーコースター・エコノミー　20
　　（2）州の社会的状況——人種構成の変化と所得分配の二極化　22
　第2節　政治と行政 ………………………………………………………… 26
　　（1）州知事——輻輳する権力構造　26
　　（2）行政組織——複雑な巨大組織　28
　　（3）州議会と議員——政治不信と任期制　29
　　（4）直接民主主義——増大するイニシアティヴ　31
　第3節　予算制度と財政 …………………………………………………… 33
　　（1）州予算制度——遅延が常態化している予算審議　33
　　（2）一般基金の財政構造
　　　　　——所得税主体の税体系と教育・福祉主体の支出構造　39
　第4節　直接民主主義による財政的な意思決定 ………………………… 44
　　（1）財政提案——投票箱による予算の決定　45
　　（2）公債提案——景気政策として発行されない公債　47
　おわりに ……………………………………………………………………… 49

第2章　地方政府の財政と財源調達 ……………………………………… 53
　はじめに ……………………………………………………………………… 53
　第1節　地方政府の仕組みと財政 ………………………………………… 53
　　（1）カウンティ——役割の二重性と州補助金への高い依存性　53
　　（2）市——自治的な創設と多様な自主財源　56

（3）学区——規模の多様性と州による財政調整　60
　（4）特別区——多様な設置形態と複雑な財源構成　62
　（5）コミュニティ再開発公社——衰退地区の再生　64
第2節　地方政府の財源調達と住民投票………………………………65
　（1）地方税——様々な税目と課税を巡る住民投票　65
　（2）税外収入——財源調達手段の多様化　69
　（3）州補助金——特定補助金主体の弱い財政調整機能　70
　（4）資本調達——バイパスされる住民投票　71
おわりに……………………………………………………………………73

第Ⅱ部　「納税者の反乱」と現代カリフォルニア州財政史

第3章　財産税を巡る反税運動と納税者の反乱……………81
　　　　　——1960〜1970年代——

はじめに……………………………………………………………………81
第1節　70年代アメリカにおける財産税の諸問題……………………82
　（1）財産税の仕組みと沿革　82
　（2）70年代における財産税の諸問題　84
　（3）財産税の資産評価制度の問題　86
第2節　カリフォルニア州における財産税に対する反税運動………89
　（1）60年代サンフランシスコ市における評価官汚職　89
　（2）評価制度の矛盾と納税者の反税運動　92
　（3）抗議運動から住民投票への展開　94
第3節　70年代の政治経済的な状況と提案13号の可決………………98
　（1）資産インフレと財産税の負担増加　98
　（2）提案13号の登場と州議会の混迷　101
　（3）提案13号を巡る対立と住民投票　106
おわりに……………………………………………………………………111

第4章　納税者の反乱後の税財政構造の変容 …… 119
——1980年代——

はじめに …… 119

第1節　提案13号可決後の制度改革 …… 119
　（1）州による財産税の配分と地方政府の救済　119
　（2）財政提案とその影響　124

第2節　80年代の州経済と財政 …… 127
　（1）州経済とラッファー・カーブ　127
　（2）財政規模・課税水準の変化と住民意識　130

第3節　州・地方政府の財政的な変化 …… 133
　（1）州財政の状況——所得課税への依存と州補助金の拡大　133
　（2）カウンティ財政の状況——州補助金への依存　135
　（3）市財政の状況——財源調達手段の多様化　138
　（4）学区財政の状況——教育財政訴訟と州財政への依存　142
　（5）特別区財政の状況——特別区増強基金による財源基盤の安定化　144

第4節　新たなインフラ財源の調達手段の登場 …… 145

おわりに …… 149

第5章　冷戦後の経済不況とオレンジカウンティの破綻 …… 156
——1990年代——

はじめに …… 156

第1節　90年代のカリフォルニア州の経済と財政 …… 156
　（1）州経済の動向——冷戦後の経済不況とその後の成長　156
　（2）復位する財政規模とルールによる財政統制の限界　158
　（3）財政提案と州・地方財政への影響　161

第2節　冷戦後の州財政の危機と財政健全化策 …… 169
　（1）州財政の推移と特徴　169
　（2）財政健全化策と州・地方政府間財政関係の変化　176

第3節　カウンティの財政危機とオレンジカウンティの破綻 …… 181
　（1）カウンティの財政危機と資金運用の規制緩和　181
　（2）オレンジカウンティの財政破綻　183

おわりに …… 188

目　次

第6章　ドットコム・バブルの崩壊と知事のリコール ……………195
──2000年代前半──

はじめに……………………………………………………………195
第1節　2000年代前半のカリフォルニア州経済と財政提案……………196
　（1）州経済の動向──ドットコム・バブルの崩壊と電力危機　196
　（2）財政提案と州・地方財政への影響　199
第2節　州財政の推移と財政危機の原因……………………………203
　（1）2000-01年度財政──電力危機と一般基金からの繰入れ　205
　（2）2001-02年度財政──バブル崩壊と所得税の大幅な減収　207
　（3）2002-03年度財政──赤字公債による財政均衡　211
第3節　赤字公債に依存した財政健全化策とその混乱………………212
第4節　州知事のリコールと赤字公債の発行……………………………218
　（1）リコール運動と自動車免許料の引き上げ　218
　（2）シュワルツネッガー知事の登場と赤字公債の発行　221
おわりに……………………………………………………………224

第7章　リーマンショックと財政危機……………………………230
──2000年代後半──

はじめに……………………………………………………………230
第1節　2000年代後半のカリフォルニア州経済と財政提案……………231
　（1）州経済の動向──リーマンショックと経済危機　231
　（2）財政提案と州・地方財政への影響　235
第2節　州財政の危機と厳しい財政運営…………………………………239
　（1）リーマンショックと深刻化する財政赤字　239
　（2）財政収支の分析と予算プロセス　243
第3節　赤字公債なき財政の健全化………………………………………245
　（1）増大する財源不足と決まらない財政健全化策　245
　（2）赤字州債案の否決と経費削減主体の財政健全化　248
第4節　財政健全化策と住民意識のギャップ……………………………255
おわりに……………………………………………………………262

終　章　直接民主主義と財政……………………………………267
　　第1節　その後のカリフォルニア財政──富裕者課税の強化へ…………267
　　第2節　本書のまとめと日本の地方自治財政への課題…………………271

参考文献　285
あとがき　301
索　　引　305

序　章
「納税者の反乱」が広げた波紋

第1節　「納税者の反乱」とは

　1960年代以降，カリフォルニア州では財産税（Property Tax）の減税を巡って住民の反税運動が展開された。当時，財産税の納税額は大きく増加し，負担を負えない小商店主や高齢者たちが転居を迫られる「涙の旅（tail of tears）」さえ危惧されていた。(1)その後，この反税運動は70年代のインフレの高進や政治不信の高まりの中，さらに激化していき，1978年には劇的なクライマックスを迎える。運動の主導者であったハワード・ジャービス（Howard Jarvis）とポール・ギャン（Paul Gann）はイニシアティヴ（住民提案）を利用して，提案13号（Proposition 13）を発意し財産税の大幅減税を成し遂げたのであった。この出来事は「納税者の反乱（Tax Revolt）」と呼ばれ，当時，世界的に脚光を浴びた。
　カリフォルニア州憲法では税財政に関する事項についても住民提案が認められており，住民投票により過半数の賛成を得ればこれを立法化することができる。提案の主な内容は，①財産税の税率に1％の上限を設ける。②不動産の評価額を一旦1975年時点の金額に戻して，その後，年2％を上限に評価額を引き上げていく。③1978年以降，新たに不動産を購入する場合は，取得価額方式（acquisition value assessments）を採用し，その時の時価で評価する。④州税を増税する場合，上下両院で2/3以上の賛成を必要とするであった。提案13号の可決により，カリフォルニア州の地方政府は財産税の大幅な減収に直面することになったため，州，地方間の政府間財政関係や財政構造は大きく転換することになった。
　さて，この納税者の反乱はカリフォルニア州にとどまらず，その後全米各州

I

に波及することになった。マサチューセッツ州やミシガン州など17州が1990年までに財産税の課税制限（tax limitation）を実施したのである。また，アメリカ連邦財政も納税者の反乱の洗礼を受けることになった。同時期にカリフォルニア州知事を務めたロナルド・レーガン（Ronald Reagan）は納税者の反乱に強い影響を受け，大統領選では所得税の減税を政策の基本的な柱に据えたのである。[2] レーガンは大統領に就任後，公約を実現するために，81年の経済回復税法（Economic Recovery Tax Act）で連邦財政史上，最大の減税を行ったのである。こうした減税志向型政策はその後もニュート・ギングリッチ（Newt Gingrich）が草稿した「アメリカとの契約（Contract with America）」に見るように，共和党の主要な政策として継承されていった。つまり，納税者の反乱はレーガンを大統領の座につけ，減税を共和党の政策アジェンダとすることでアメリカの政治文化をも転換させたのである。[3]

それに伴って減税の考え方も大きく変わることになった。従来，減税は個別の産業や家計に税制上の恩恵を与える補助金的なものや景気を浮揚させる有効需要政策の一環として行われるものであった。また，減税のタイミングも財政赤字期には財政均衡が優先され，その実施は抑制されてきた。しかし，レーガン以降の共和党政権では減税それ自体が政策目的化し，そのタイミングも財政状況が黒字であろうが赤字であろうが，恒久的に減税が志向されるようになったのである。

さて，納税者の反乱から30年以上が経過した。減税志向型政策の先駆けともなった納税者の反乱はカリフォルニア州，地方財政にいかなる影響をもたらしたのであろうか。当時，納税者の反乱を熱烈に支持した者が主張するように，減税は家計や企業の負担軽減を通じて，州経済の成長と繁栄をもたらしたのか。それとも反対派が主張するように，減税は地方財政に大幅な歳入欠陥を生み，公共サーヴィスの劣化と住民の生活水準の悪化をもたらしたのか。あるいはまた，納税者の反乱は当時誰も予想もしなかった形で，その後の州・地方財政に影響を与えることになったのであろうか。

本書では，この問いに答えるために，1960年代から2010年代までの半世紀に渡るカリフォルニア州財政史を紐解き，納税者の反乱以降のカリフォルニア州・地方財政の長期的な変容過程について検討することにする。

第2節 「納税者の反乱」に関する研究状況

次に,納税者の反乱に関する研究状況についてである。邦文献では,①提案13号の成立とその意義[(4)],②提案13号後の地方税財政への影響[(5)],③課税・歳出制限(Tax and Expenditure Limitations, TELs)の仕組みと他州への波及[(6)],さらに④住民投票制度の財政上の問題点[(7)]について研究が行われている。いずれの研究も提案13号を研究する上では欠くことのできない重要な論点を提起している。しかし,カリフォルニア州財政史に即して長期的な視点から納税者の反乱とその後の問題を州経済,税財政,予算過程,さらに,州・地方間関係から総体的に検討した研究は見られない[(8)]。

もっとも日本におけるアメリカの州,地方財政の研究自体,連邦との政府間財政関係を軸に展開するものが中心で[(9)],1つの州の財政史に焦点を当て検討したものは少ない[(10)]。アメリカの州財政は州ごとで行財政制度は異なり多様である。それゆえむしろ,個別の州の財政史に焦点を当て検討することは研究上,重要な意義を有すると言えよう。

さて,アメリカにおける納税者の反乱の研究である。この分野における書籍や研究論文は実に多い[(11)]。とてもそれらを逐次紹介することはできないため,次の文献に焦点を当て,納税者の反乱の研究上の論点を整理することにする。

それがジャック・シトリン,アイザック・W・マーティン編『納税者の反乱後——カリフォルニア提案13号から30年(*After the Tax Revolt: California's Proposition 13 turns 30*)』[(12)]である。この文献はカリフォルニア大学バークレー校の政府研究所(Institute of Governmental Studies (IGS))が2008年6月6日に開催したシンポジウム「30年目の提案13号——政治的,経済的,財政的影響」の内容をまとめたものである。同シンポジウムは提案13号の可決30年を記念して開催されたもので,政治学,法律学,経済学,社会学の学者やシンクタンクの研究員,ジャーナリストらが様々な観点から納税者の反乱について検討している。この文献を手掛かりに,納税者の反乱の評価について見ていくことにしよう。

まず,納税者の反乱に関する住民の評価についてである。フィールドポール

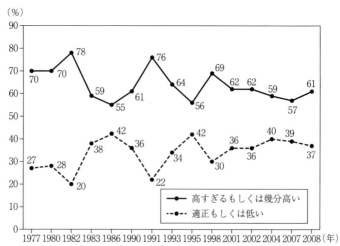

図序-1 州・地方税に対する認識の変化
出所）DiCamillo（2009），p.18 参照。

社のマーク・ディカミロ（Mark DiCamillo）は世論調査を利用して提案13号の評価を検討している。この調査によると，6割近い住民が提案13号に賛成し，その内容を修正することについても反対が多い。具体的には，下記の通りである。

問）もし提案13号が再度，投票にかけられたら，賛成するか。

賛成57％，反対23％，わからない20％

問）提案13号を修正し，財産税の課税評価額を年2％以上引き上げることをどう思うか。

賛成17％，反対78％，意見なし5％

このように，提案13号の評価は30年以上が過ぎても衰えていない。もっとも，この評価の高さの原因は図序-1に示すように，「現在の州・地方税負担は高すぎるもしくは幾分高い」と感じている層が6割と多く，しかも表序-1に示すように，財産税の負担感は70年代と比べ大きく下がっているものの，他の税並みに高いと感じている層が多いことにある。つまり，提案13号の廃止や修正は今以上に，州，地方税並びに財産税の負担を引き上げるとして，提案13号を支持していると分析されているのである。

また，ウォール・ストリート・ジャーナル紙コラムニストのジョン・ファン

表序-1 負担が重いと感じる州・地方税の割合の変化

(単位：％)

	1977	1980	1991	1998	2008
ガソリン税	10	26	12	30	32
財産税	60	23	22	22	29
州所得税	20	42	26	30	27
売上税	17	29	52	32	22
たばこ税	1	8	3	11	9
自動車登録税	NC	NC	NC	NC	9
アルコール税	10	8	3	9	7
事業／法人税	NC	NC	NC	NC	6
その他	13	13	15	15	4
なし／回答なし	11	22	12	26	28

注) NC は「その他」の税に回答が含まれていることを示す。
出所) 図序-1 に同じ。p.20参照。

ド（John Fund）は提案13号の政治的支持率の高さを検討している。提案13号は財産税負担の軽減を実現し，当時住宅の没収に怯える家主を守る役割を果たしていたとする。このため，提案13号は大恐慌期に導入された社会保障制度と同様，家主にとってはセーフティーネットとして定着しており，その存廃を論じることは政治的に触れることができない「サードレール（third rail）」化していると評価している。[15]

このように提案13号の支持は現在でも高いが，提案13号の成立を巡っては論争が続いている。ダートマス大学経済学部のウィリアム・A・フィシェル（William A. Fischel）は提案13号の成立を教育財政訴訟と関連づけて検討している。フィシェルは「セラーノ・提案13号仮説（Serrano-proposition13 hypothesis）」を提示し，提案13号の原因は財産税に対する反税運動の結果ではなく，学区間の教育費の格差を違憲としたセラーノ対プリースト判決（Serrano v. Priest）の結果であると断じている。この判決以降，財政調整の必要性が高まり学区間の財産税負担と教育サーヴィスの受益と負担の関係が切断されそうに[16]なったことで，提案13号への支持が高まったと分析している。[17]

この説は多くの研究者が引用する魅力的な学説である一方，カリフォルニア大学サンディアゴ校社会学部のアイザック・W・マーティンらにより理論の妥当性について批判されている。[18]マーティンは事実の経緯として，セラーノ対プリースト判決と提案13号には何ら関係がないとする。当時，州議会でも両者を

関連づけた議論はなかったし,提案13号の支援者たちが富裕学区に向けて教育財源の調整の問題を挙げ,提案13号の支持を呼びかけることもなかった。また,世論調査を使って,セラーノ対プリースト判決の支持,不支持に関わらず,提案13号の支持が高かった点を示し,両者が無関係であることを実証的に明らかにしている。それに対してフィシェルから反論も行われており,議論は続いている。

マーティンとフィシェルの見解の違いは歴史の事実か事実の経済学的な解釈かの違いにあるように思われるが,マーティンは別の著作の中で事実の経緯を述べながら提案13号の原因を次のように説明している。

1960年代にカウンティの財産税評価官(Assessor)の収賄スキャンダルが発覚した。財産税評価官が企業からの収賄の見返りに,財産税の評価率(assessment ratio)を操作し商業地域の資産評価を軽減する便宜を図っていたことが明るみになったのである。この事件を契機に州政府は財産税の評価手続きを刷新し,評価率を州全体で統一化――マーティンの言葉では「財産税評価の現代化・標準化(monetization and standardization of tax assessment)」――する制度改正を行った。これにより,財産税評価官は「隠れた課税特権(informal tax privileges)」を失ったが,財産税の負担から納税者全体を守る「社会的な保護(social protection)」の役割――実質的に企業だけでなく個人家主の負担軽減にもなっていた――も果たせなくなった。そのことが,提案13号が登場する背景をなしたのだと説明している。

次に,提案13号がもたらした経済的,財政的な効果についてである。カリフォルニア州立大学サクラメント校経済学部のテリー・セクストン(Terri A. Sexton)は,提案13号と住民移動の関係を検討している。提案13号により財産税の課税ベースの評価は従価税方式(ad valorem system)から取得価額方式に変更された。これにより,住宅を長期保有する場合と買い替えする場合とで税負担に格差が生まれ,住民の移動を制限するロックイン効果や住宅の買い替え・職業選択等を抑制する効果が生じたと指摘している。

カリフォルニア大学デーヴィス校経済学部のスティーブン・M・シェフリン(Steven M. Sheffrin)は,提案13号と税負担の公平性の問題を検討している。先にも述べたように提案13号は財産税の評価を取得価額方式に変更したため,同

じ地区に居住し同程度の住宅を所有する家主の間でも,住宅の購入時期が異なれば財産税の負担に大きな差が生じることになった。シェフリンは格差率（disparity ratio）——住宅や事業用資産の市場価格を評価額で除したもの——という指標を使って近隣住民間で税負担の水平的不公平が発生していることを実証的に分析している。[22]

他方,提案13号は「課税の明瞭性（certainty in taxation）[23]」を高めたと評価している。提案13号以前は,複数の地方政府（カウンティ,市,学区,特別区）は相互に何の調整もせずばらばらに財産税率を設定していた。しかも,70年代のインフレによって財産税の評価額が大幅に増大しても,税率は引き下がらなかった。住民は自分ではコントロールできない外部的要因（重複的な税率設定,インフレ）によって税負担を強いられる「不明瞭な状況（uncertainty）」に置かれていたわけである。[24] しかし,提案13号は,資産評価と税率に厳しい制限を課すことでこの不明瞭な状態を解消し,住民は同じ場所に住む限り,どの程度,税負担を求められるのか,事前に明瞭にわかるようになったとしている。[25]

カリフォルニア納税者協会（California Taxpayers Association）の主任租税コンサルタントであるデビット・R・ドーア（David R. Doerr）は,提案13号の税収の安定化効果について検討している。提案13号の取得価額方式の下では,資産インフレが発生しても評価額の年増加率は2％に制限されているため,税収の増加も抑制される。その一方,資産デフレ時は,新築や所有権の移転が発生すれば再評価の対象となるので税収は増加する。この増収効果を「リザーバー（reservoir）効果」[26] と呼びこの効果が実際に発生していることを示している。[27]

最後に,提案13号の州・地方財政への影響についてである。カリフォルニア大学バークレー校法学部のデビット・ギャミジ（David Gamage）は提案13号の財政危機への影響について検討している。提案13号を契機に州・地方政府の税源構成は税収安定的な財産税から景気弾力的な所得税にシフトした。これによって,州財政の浮動性（volatility）が高まり,そのことが財政危機の原因となったと指摘している。

また,カリフォルニア州の「財政憲法（Fiscal Constitution）」も財政危機を助長する性格を持っているとしている。提案13号をはじめ様々な税財政に関する提案は住民投票で可決されれば,州憲法に組み込まれ,財政制度として機能

している。このため，予算審議過程で容易に増税や経費削減，さらには予算の組み替えができなくなり，議会の権限も弱くなったと指摘している。

さらに，住民提案で財政問題を決めること自体，政治心理学（political psychology）上，財政赤字を促す傾向があるとしている。住民提案では，「減税と経費削減」，「経費拡大と増税」を包括的に論じず，減税や経費拡大といった住民に人気の高い政策だけ切り離して論じるためである。この「分離効果（isolation effect）[28]」が働くため，財政赤字が増えることになったと指摘している。

カリフォルニア予算プロジェクト（California Budget Project）の研究員であるジーン・ロス（Jean Ross）は提案13号の2/3増税要件（two-thirds vote requirement）と州の財政危機を関連づけて論じている。この30年間，カリフォルニア州では人口は増加し，人種も多様化している。このため，高齢者の白人富裕層と若年の非白人低所得層の間で大きな溝が生まれ，前者は自らがかつて享受したと同程度の公共サーヴィスを後者が受けることに抵抗感を感じているとする。

前者の層を代弁する党派は議会では少数派に過ぎないが，提案13号の増税要件は，この少数派に数に見合わない程の強い影響力を与えている。増税要件によって彼らは州の税と支出に有効なコントロールを課すことができ，州の多数派の利害や選好を打ち負かすことができる。また，財政危機時には収支均衡を目的とした増税も拒絶することができるため，しばしば経費削減が余儀なくされ，後者の層に負担が帰着していると指摘している。[29]

最後に，カリフォルニア大学ロサンゼルス校法学部教授のカーク・J・スターク（Kirk J. Stark）は提案13号と州と地方の政府間租税関係の変化を検討している。提案13号の成立を機に財産税の配分権が州にシフトし，財産税は事実上，州税化することになった。[30] このため，州財政が危機化すれば，地方の財産税の配分は変更され，州の負担が地方に転嫁することが生じたとする。提案13号の提案者や支持者の意図に反し，地方政府の財政自治（fiscal autonomy）は骨抜きにされ，草の根的な納税者の反乱は州財政の集権化をもたらすことになったと指摘している。

以上の研究から納税者の反乱の評価について，次のように整理することができるであろう。提案13号の成立を巡っては様々な解釈が行われているが，その

廃止や修正を求める声は少なく,カリフォルニア州財政に恒久的な変化をもたらしている。提案13号の効果としては,財産税の負担の引き下げ,財産税収の安定化,さらに税の明瞭性を高めるなどの効果があるとされる一方で,取得価額方式への変更により,税負担の水平的不公平や住民移動を妨げるロックイン効果が発生しているとされる。他方,提案13号は州財政危機と関連づけても論じられており,州・地方の税体系を変更し財政構造の浮動性を高めている点,増税に関する2/3要件や財政提案が増えたため,議会の予算交渉を難航させている点,財産税は実質的に州税化したことで,財政危機時には州から地方への負担転嫁が容易となった点が指摘されている。

第3節　本書の研究課題——納税者の反乱の文脈,直接民主主義,財政危機

　次に,先の『納税者の反乱後』の諸研究を踏まえ,本書の研究課題について述べていくことにする。

　第1は,納税者の反乱が現れた財政史的な文脈とその帰結に関する研究課題である。提案13号が登場した70年代,その理論的なバックボーンを担ったのはサプライサイド経済学のアーサー・ラッファー(Arthur B. Laffer)であり,公共選択学派のジェームス・ブキャナン(James M. Buchanan)であった。ラッファーは財産税の減税は州内の企業活動を活発化させ,新たな雇用,投資を生み,ひいては税の増収効果をもたらすと期待した。また,ブキャナンは納税者の反乱は議会の外側から住民投票によって立憲的な財政ルール(財政憲法)を定立し,それによって,リバイアサン化した政府を恒久的に抑制できると評価した。

　こうしたラッファーやブキャナンの主張にあるような小さな政府論や福祉国家批判の文脈から提案13号は登場したのであろうか。それともマーティンが示したように,カリフォルニア州独自の文脈——財産税の評価制度の現代化・標準化に伴う社会的な保護機能の喪失——から現れたものであろうか。提案13号の登場した政治経済的なプロセスを詳しく検証する必要がある。

　また,提案13号の評価は今日でも高いものの,ラッファーやブキャナンが期待した通り,カリフォルニアでは政府規模を抑制し続けることに成功したのであろうか。ディカミロの調査にあったように,提案13号以降,財産税に対する

負担感は確かに大きく低下したが,州・地方税全体の負担感はそれほど下がったわけでもない。むしろ高いと感じている層が未だに多い。70年代以降,カリフォルニア州・地方の政府規模,課税水準,経費構造等がどのように推移していったのか検討していく必要がある。

そこで,本書では第1の研究課題として,納税者の反乱が登場した財政史的な文脈を明らかにするとともに,納税者の反乱後のカリフォルニア州・地方財政の変容過程を検討することにする。すなわち,減税志向型政策を貫徹し政府規模の抑制を実現したのか,それとも住民の行政サーヴィスに対するニーズや税負担構造が変化していき,政府規模は拡大したのか明らかにする。

第2は直接民主主義と財政に関する研究課題である。カリフォルニア州は20世紀初め——1900年から1930年——の革新主義運動(Progressive Movement)の影響を受け,イニシアティヴ,レファレンダム,リコールといった直接民主主義を具体化する制度を導入した。とりわけ,カリフォルニア州では直接イニシアティヴ制(direct initiative)が採られ,住民提案は住民投票で可決されれば,議会による修正を受けず即立法化される,住民の要望が極めてストレートに制度改革に反映される仕組みとなっている。

直接民主主義が財政に与える影響について,ギャミジやロスは否定的な見解を示していた。提案13号によって増税案の可決に2/3要件が課され予算の交渉が困難になった点や提案13号を契機に様々な税財政に関する提案が増え,州の財政運営が麻痺した点を指摘している。確かに,2/3要件があれば,反増税主義の政党が少数野党であっても議会でのプレゼンスが高まり,歳入欠陥を増税で補てんすることは困難になる。また,歳出制限を行う提案や特定財源の確保を行う提案が増えていけば,議会における予算交渉の余地が減り,財政が硬直化してしまう恐れもある。

他方,南カリフォルニア大学イニシアティヴ・レファレンダム研究所のジョン・G・マツサカ(John G. Matsusaka)が指摘するように,住民提案が歳出予算に制約を与えている割合は3割程度しかなく,歳入についてはほぼない。実際には住民提案は財政運営に重大な支障を与えていないという見解もある。[31]

いずれにせよ,カリフォルニア州財政を論じる場合,直接民主主義の問題は避けて通ることはできない。本書では70年代以降の財政提案を対象に,カリフ

ォルニア州・地方財政に対する直接民主主義の影響について明らかにする。

　第3は，カリフォルニア州の財政危機と提案13号の関係に関する研究課題である。カリフォルニア州は近年，繰り返し経済危機に見舞われている。90年代はポスト冷戦後の景気後退，2000年代初めはドットコム・バブルの崩壊，さらに2000年代後半はリーマンショックがあり，その都度，他州に見られない程，厳しい財政危機に直面している。とりわけ，リーマンショック時の財政危機は全米で最も経済的に豊かな州が破産するのではと危惧される程，深刻なものであった。

　財政危機の原因を説明するものに，ハミルトニアン・モデル[32]やソフトな予算制約（soft budget constrain）[33]の議論がある。これらの議論によると，財政危機の原因は中央政府による財政移転制度が財政錯覚を招くことで，下位政府の財政規律を弛緩させ，財政赤字を生じさせると説明している。

　また，公共選択論の独占的官僚モデル（monopoly bureaucrat model）では，官僚による独占的なサーヴィス供給に委ねると経費水準は過大となるため，財政ルールによる統制（rule-based controls）[34]が必要だと説明している。実際，州政府のレヴェルでは，課税・歳出制限，絶対多数承認要件（Supermajority Requirement）[35]，予算安定化基金（Budget Stabilization Funds）[36]，さらに均衡予算要件（Balanced Budget Requirements）といった財政ルールが導入されているのである。[37]

　ところが，カリフォルニア州財政の危機の原因はギャミジの指摘に従えば，提案13号の成立以降，歳入構造が景気弾力的となったことにあり，財政移転による財政規律の弛緩の問題とは異なる。そもそも財政移転の存在が危機の原因であるなら州財政は恒常的に財政危機に陥っているはずであるが，実際には景気後退に同期して発生している。また，財政ルールの点でも，提案13号以降，カリフォルニア州は増税の2/3承認要件や歳出制限などの財政ルールを課しているが，財政ルールがあっても景気後退の度に大幅な財政赤字に直面しているのである。

　カリフォルニア州ではどうして財政危機が度重なり発生するのか。また，財政危機時に，州政府はどのような財政健全化策を講じ，財政均衡に努めてきたのか。さらに，財政ルールは財政収支の均衡にいかなる役割を果たしてきたの[38]

か。本書ではこうした問題を，90年代から2000年代後半までの3つの財政危機を対象に明らかにすることにする。

さて，以上述べてきた研究課題を論じるにあたって，本書では次の2つの部と8つの章を立て検討を行うことにする。第Ⅰ部は，カリフォルニア州の制度構造を論じ，第Ⅱ部は本論である現代カリフォルニア州財政史を論じるものである。各章の内容は次の通りである。

第1章は，カリフォルニア州財政史を論じる前段として，同州の政治経済的な特徴と州財政の基本的な仕組みについて検討しておくことにする。具体的には，同州の社会的，経済的な構造，知事，行政，議会の役割と機能，直接民主主義の特徴，さらに予算過程，税財政制度の仕組みについて論じていく。

第2章は，第1章に引き続き，地方政府の構造と財政について検討する。カリフォルニア州はカウンティ，市，特別区，学区の4つの地方政府を有する。それぞれの政府の行財政上の特徴を検討し，税・料金，補助金，資本調達といった制度と住民投票を関連させ論じていく。

第3章は，1960年代から70年代のカリフォルニア州・地方財政を対象に，提案13号が登場した財政史上の文脈を検討する。当時，全米各州が抱えていた財産税制度の諸問題について明らかにするとともに，財産税評価官の汚職の問題や住民の財産税の減税要求等，カリフォルニア州独自の問題について検討する。

第4章は，1980年代を対象に，提案13号の可決後の州，地方財政の影響について検討する。まず，提案13号後の財政制度改革について検討し，次いで，提案13号が州経済，州，地方の課税水準・財政構造に与えた影響について考察する。さらに，提案13号後に大きく変わった地方政府のインフラ財源の調達方法について明らかにする。

第5章は，1990年代を対象に，この時期の州財政危機の影響とオレンジカウンティの財政破綻について検討する。90年代は冷戦後の軍縮の影響でカリフォルニア州は景気が後退し，州財政も悪化した。財政悪化の原因とこの時採られた財政健全化策の特徴について考察する。また，提案13号後，規制緩和されたデリバティブ取引により破綻したオレンジカウンティの問題を取り上げ検討する。

第6章は，2000年代初めを対象に，ドットコム・バブルの崩壊と州財政危機

の問題，さらにそれに伴う州知事のリコール問題について検討する。この時期，ドットコム・バブルの崩壊に加え電力危機の問題が加わり州経済は悪化した。赤字州債の発行を中心に州政府が採った財政健全化策の特徴を明らかにする。また，自動車免許料の引き上げと知事リコールの問題を検討する。

第7章は，2000年代後半を対象に，リーマンショック直後の州財政危機とその財政健全化策について検討する。この時期，カリフォルニア州では不動産バブルが崩壊し，大恐慌以来と表現される程，深刻な経済危機に見舞われた。州の財源不足は大きく拡大し，財政運営は混迷した。2000年代後半の州財政危機の状況と財政健全化策の特徴について明らかにする。

終章では，2010年代のカリフォルニア州・地方財政の状況についてふれるとともに，序章で挙げた研究課題について総括的に論じる。さらに，カリフォルニア州財政との対比で日本の地方自治財政に対する課題について検討し，本書を締めくくることにする。

注
(1) Doerr（2008），p. 355.
(2) 従来，レーガン自体は財産税の減税に否定的な立場を取っていた。実際，州知事時代には財産税の減税を求めた住民提案（1968年と1972年）に反対していたのである。反対の理由は減税が所得税の増税や財政均衡を脅かすからであるとされた。しかし，提案13号後は，アーサー・ラッファー（Arthur Laffer）らのサプライサイド経済学を援用して，減税と財政均衡が両立しうると考えるようになった。Martin（2008），pp. 128-130.
(3) 提案13号とレーガン革命の関係について，Prasad（2006），pp. 56-57.
(4) 西野（1979），肥後（1979），宇田川（1981），上杉（1992），前山（2009）参照。
(5) 近藤（1989），坂本（1995），難波（1997），難波（1999），渡部（2004）参照。
(6) 前田（1992）参照。
(7) 羽生（1999），伊藤（2011）参照。
(8) カリフォルニア州財政の研究については，財政危機（池上（2005），河村（2009），長岡（2010）），教育財政（竺沙（1997），関口（2011），星野（2012）），福祉財政（久本（2005），木下（2010），小林（2010）），住宅財政（岡田（2010））といった個別的なテーマを扱った研究は多い。
(9) 例えば，連邦主義の変遷と連邦補助金政策の展開（川瀬（2012）），レベニューシェアリングの成立と廃止（古川（2000），新藤（1987）），メディケイド補助金と州政府の福祉政策（加藤（2013）），連邦の無財源マンデイト政策（片桐（2005）），連

邦と州の税源配分の形成過程（小泉（2004））といった研究がこれまで行われてきた。
(10) 川瀬（2012）はニューヨーク州財政を対象に連邦との政府間財政関係史を研究している。三島（2011），横田（2008）はニューヨーク市との関連で州財政を検討している。
(11) 代表的な著書として，Kuttner（1980），Adams（1984），Schwadron, ed.（1984），Sears and Citrin（1985），Lo（1990），Stocker, ed.（1991），O'Sullivan, Sexton and Sheffrin（1993），Fox（2003），Schrag（2004），Martin（2008）等がある。
(12) Citrin and Martin, eds.（2009）参照。
(13) 2008年5月17日から26日の間に実施，対象者は1052人の有権者である。
(14) DiCamillo（2009），pp. 12-27 参照。
(15) Fund（2009），p. 31 参照。
(16) セラーノ対プリースト判決以降，富裕な学区と貧困な学区の間で財政調整が行われようとした。富裕な学区では多くの財産税を負担しても高い教育サーヴィスを享受できなくなる恐れがあった。小泉（2004），p. 34参照。
(17) Fischel（2009），pp. 95-96 参照。
(18) Martin（2006），pp. 530-531 参照。
(19) *Ibid.*, p. 542 参照。
(20) Martin（2008），pp. 5-6 参照。
(21) 例えば，1980年に20万ドルで購入した住宅を，25年後の2005年に売却して，別の土地に移動したとする。この住宅の市場価値は25年間で106万5700ドルに上昇しているが，提案13号以降，評価額の増加率は年2％に制限されているため，課税評価額は32万8121ドル，財産税の負担は3281ドル（32万8121ドル×税率1％）となる。しかし，別の土地で同一金額の住宅を新たに購入すれば，1万657ドルの財産税（106万5700ドル×税率1％）の負担が求められることになる。この財産税負担の増加分7376ドルが，住民移動のロックイン効果となる。Sexton（2009），p. 102 参照。
(22) Sheffrin（2009），p. 119 参照。
(23) アダム・スミスの租税原則の1つ。支払いの時期，支払いの方法，支払い額は，すべての納税者に明瞭でわかりやすく（clear and plain）なければならないとした原則である。Frecknall-Hughes（2015），p. 25 参照。
(24) Sheffrin（2009），pp. 123-127 参照。
(25) 確かに，転居すれば税負担は増えるが，転居自体は自発的行為で，税負担の増加も事前にわかっている。税負担の明瞭性は変わらない。*Ibid.*, p. 128 参照。
(26) 年10％の資産デフレの下で，30万ドルの住宅の評価額が27万ドルに低下する一方で，基準年（1975年）に評価額10万ドルの住宅が売買され，17万ドルに再評価されれば，全体の評価額の低下を抑制しうる。Doerr（2009），p. 81 参照。
(27) 1993-94年度は不況の影響で中位住宅価格は4.5％低下しているが住宅の財産税評価額は3.9％増加しているのである。

⑱　Gamage (2009), p. 58 参照。
⑲　Ross (2009), p. 138 参照。
⑳　Stark (2009), p. 148 参照。
㉑　Matsusaka (2003), p. 5 参照。一方，マツサカの対象とするイニシアティヴは住民提案のみである。議会提案を加えると影響が大きいとする議論もある。
㉒　Rodden (2006) 参照。
㉓　Inman (2003) 参照。
㉔　Poterba (1994) 参照。
㉕　TELsが州，地方財政に与えた影響について多様な研究が行われているが，政府規模の抑制への効果は明らかでない。また，TELsの導入はサーヴィス水準の低下，地方債の格下げ，サーヴィスの供給責任のシフト，経済成長の低下など副次的な効果を持ったとした指摘もある。Ryu (2014), pp. 40-44 参照。
㉖　絶対多数承認要件は16州で増税や予算を承認する場合に課されている。承認要件は3/5の州（デラウエア州，ケンタッキー州等），3/4の州（オクラホマ州），2/3の州（アリゾナ州，カリフォルニア州）と多様である。また次のような効果があるとされる。①好景気では増税を阻むが景気後退期には増税を承認する。ただし，景気後退期の増税は時間がかかり厳しい経費削減を結果とする。②絶対多数承認要件を有する州は，たばこや酒税の方が増税しやすいので税体系の逆進性が強くなる。③議会の少数派が増税案の承認を人質に多数派に妥協を強いる。④予算に絶対多数承認要件を課している州は財政赤字が厳しく他会計からの財源移転，ギミック的な会計操作を多用する。Rubin and Meyers (2015), pp. 21-24 参照。
㉗　「大目的である個人の自由を守るために，政府部門のリバイアサン的性質を抑制」することがアメリカ・モデルの1つの特徴とされ，それを維持する装置として財政ルールの存在意義が指摘されている。渋谷・加藤 (2010), p. 60参照。
㉘　予算論に焦点を当て，ニューヨーク市の構造転換プロセスを分析した横田 (2008) の視点から多くを学んだ。

第Ⅰ部

カリフォルニア州の制度構造

第1章
州の政治経済と財政

はじめに

　周知の通り，アメリカは50の州から構成される連邦制国家である。州ごとで，人口規模や人種構成などの社会的な条件，産業構造や所得水準などの経済的条件，さらには，政治文化や党派性などの政治的な条件は異なっている。そして，それらを基盤として形成されている行財政制度も州間で大きな違いが見られる。[1]

　例えば，19世紀の革新主義運動の影響を色濃く受けた州では，イニシアティヴやレファレンダム等の直接民主主義的な制度が完備されているのに対し，そうした制度が全くない州も見られる。税制で言えば，累進的所得税を基幹税として導入し再分配に配慮している州もあれば，天然資源の移出や高い観光需要に期待できることから資源採掘税や売上税を採用し，税負担を州外に租税輸出している州もある。

　そうした制度の多様性を示す事例は数多く挙げることはできるが，多様性が生まれる根幹には合衆国憲法の存在がある。合衆国憲法は外交や関税の賦課等，個別列挙されている項目以外の内政上の事柄については各州が州憲法や州法を設け自由に決定できるように保障している。このため州ごとで分権的な行財政制度を構築することが許容されているのである。

　さて，現代カリフォルニア州財政史を論じる場合，まず，同州の政治的，経済的，社会的な諸条件を踏まえながら，行財政制度の特徴について把握しておく必要がある。そこで本章では以下の構成で議論を進めることにする。

　第1節では，カリフォルニア州の産業構造や人口構成など経済的，社会的な状況について明らかにし，第2節では，州政府の政治アクターである知事，行

政府，議会の役割と機能，そして，住民と直接民主主義の関係について検討する。第3節では，州政府の予算制度と税財政制度の特徴について明らかにし，さらに第4節では，州財政に大きな影響を与えている財政提案と公債提案について検討することにする。

第1節　経済と社会構造

（1）州経済——高い経済力とローラーコースター・エコノミー

アメリカ経済の構造は，大西洋に面した東部州と太平洋に面した西部州が2つの極となり国全体の経済をけん引していることから，しばしば両岸経済（bi-coastal economy）[2]と呼ばれている。その西部州の中核をなすのがカリフォルニア州経済である。

表1-1で示すように，カリフォルニア州の2008年の州内総生産は1兆8834億ドル（全米総生産の13.0%）で，全米第1位を占める。これは国際的にも高い水準であり世界8番目に位置する。実に，カリフォルニア州はカナダを上回り，G7加盟国並みの経済力を有しているのである。

州内総生産の産業別構成を見ると，金融・保険・不動産業（22.1%），商業・運輸・公営事業（15.9%），専門・企業サーヴィス（13.8%）の分野で高く，従業員構成では商業・運輸・公営事業（18.1%），政府（17.4%），専門・企業サーヴィス（14.3%）の分野で高い（表1-1）。さらに，生産額をベースに他州の産業構造と比較をすると，情報（1.39），専門・技術サーヴィス（1.22），金融・保険・不動産・リース（1.12）で特化係数が高くなっている（表1-2）。これらのことは金融・不動産がサンフランシスコ市，情報産業がシリコンバレー，さらに映像・アミューズメント産業がロサンゼルス市に集積し，州経済のサーヴィス化，情報化，金融化が進展していることを反映している。

カリフォルニア州では近年，製造業の生産割合が低下しているが，製造業の事業所数，従業員数，生産付加価値額のどれにおいても全米第1位を占めている[3]。コンピューター・電子機器，航空産業などの輸送機械，金属製品，化学，石油・石炭製品などの分野での生産額が高い。最近では，サンフランシスコ・ベイエリアを拠点としたナノテクノロジー，サンディエゴ市のバイオテクノロ

表1-1 カリフォルニア州の産業構造（2008年）

(単位：100万ドル)

	従業員（人）	割合（％）	生産額	割合（％）
専門・企業サーヴィス	2,035,300	14.3	260,133	13.8
教育・医療サーヴィス	1,766,600	12.4	131,067	7.0
余暇・ホスピタリティーサーヴィス	1,483,600	10.4	75,639	4.0
その他サーヴィス	477,300	3.3	42,196	2.2
情報	447,600	3.1	112,752	6.0
政府	2,482,000	17.4	216,764	11.5
商業・運輸・公営事業	2,580,100	18.1	299,645	15.9
製造業	1,237,200	8.7	181,134	9.6
金融・保険・不動産	777,800	5.5	416,324	22.1
建設	553,800	3.9	67,770	3.6
鉱業・天然資源	24,700	0.2	43,333	2.3
農業	389,100	2.7	36,600	1.9
合計	14,255,100	100.0	1,883,357	100.0

出所) Gerston and Christensen (2011), p. 10.

表1-2 カリフォルニア州の産業別州内総生産の特化係数（2008年）

	全米に占める割合（％）	特化係数（％）
製造業	11.1	0.85
卸売	12.8	0.98
小売	13.4	1.03
情報	18.1	1.39
金融・保険・不動産・リース	27.4	1.12
専門・技術サーヴィス	15.9	1.22
健康・社会扶助	11.3	0.87
政府	12.5	0.96
その他	11.6	0.89
合計	13.0	1.00

出所) U.S. Department of Commerce (2010), p. 439 より作成。

ジー，さらに州全体ではグリーン産業（環境関連産業）が成長しつつある。[5]

　後の章で詳しく述べるが，カリフォルニア州ではほぼ10年おきに好不況の波が循環していることから，「ローラーコースター・エコノミー（roller coaster economy）」とも呼ばれている。近年，景気後退は，90年代前半，2000年代前半，さらに，2000年代後半に発生し，それに伴って失業率も悪化している。

　それぞれの不況の原因としては，90年代前半はポスト冷戦に伴う軍事基地の閉鎖と軍事関連産業の衰退，2000年代初めはITバブルの崩壊に伴う数千のド

ットコム企業の倒産と電力不足によるエネルギー危機の問題があった。さらに2008年以降の不況はサブプライム・ローン問題による住宅バブルの崩壊と国際的な金融危機の問題が挙げられる。

(2) 州の社会的状況 —— 人種構成の変化と所得分配の二極化

次に，カリフォルニア州の社会構造についてである。人口は3882万7000人（全米人口の12.5%）で全米第1位である。カリフォルニア州の人口は1950年の1064万人から70年には2004万人，90年には2983万人と増加を続けてきた。60年代半ば以降，ニューヨーク州を抜き，アメリカ最大の人口を擁する州として発展してきた。しかし，人口増加率は2000年代に入ってからの2度に渡る不況の影響を受け，低下傾向にある。

人種構成の割合（2009年）は白人41.7%，ヒスパニック37.0%，アジア系他13.1%，黒人6.6%，アメリカン・インディアン他1.5%である。全米全体の構成と比較すると，白人で23.4%，黒人で6.3%程割合が低く，ヒスパニックで21.2%，アジア系で8.3%程割合が高い。白人の割合の減少は年々進み，2000年以降はもはや半数を下回っている（表1-3）。政治力を別にすれば，白人が人種構成上，マジョリティを形成していない状態にある。また，人種別の年齢構成（2000年）を見ると，0〜15歳未満の年少人口ではヒスパニック（347万人（44.6%））が既に白人（267万人（34.3%））を大きく上回っている。このため，将来的には白人と構成比で逆転する見通しが持たれており，2040年には州の人口の48.9%がヒスパニック，29.5%が白人，13.1%がアジア系，4.7%が黒人になると推計されている。

以上の人種構成の変化は当然，学校教育にも影響を与えている。初等中等学校（K-12：日本の教育制度でいえば幼稚園（kindergarden）の年長から高校生までの12学年（twelfth grade）を対象）の在籍者数の人種構成は70年では白人71.1%，ヒスパニック16.0%，アジア／太平洋系2.2%，アフロ・アメリカ9.3%であったが，2002年から2007年の5か年平均では白人29.4%，ヒスパニック48.8%，アジア／太平洋系8.8%，アフロ・アメリカ7.8%と白人の割合はわずか3割程度に低下している。それに伴って英語を第一言語としない児童の数も増加しており，バイリンガル教育の是非を巡って論争となっている。

表1-3 カリフォルニア州の人種構成の変化（1980-2009年）

	白人	黒人	アジア系他	ヒスパニック	アメリカン・インディアン他
1980	67.0	7.5	5.2	19.2	1.1
1990	57.2	7.0	9.1	25.8	0.8
2000	46.7	6.4	13.7	32.4	0.7
2009	41.7	6.6	13.1	37.0	1.5

出所）各年度の U.S. Department of Commerce より作成。

　こうした人種構成の変化は貧困と所得格差にも影響を与えている。2008年の家計の中位所得は6万1021ドルで州別ランクの9位に位置し全米平均（5万2029ドル）を上回る。その一方で，貧困線以下人口は477万8000人で州人口の13.3％に当たる。この割合の高さは州別ランクで21位にあり，全米平均（13.2％）並である。中位所得が高く，貧困率も中程度にあるが，所得格差は大きい。ジニ係数（2010年）は全米ワースト7位に位置している。所得の二極化が進行しているため「砂時計経済（hourglass economy）」とも表現されている。人種別の貧困線以下の人口（家族）割合は，白人家族が8％に対してアジア系が13％，黒人22％，ヒスパニック系が22％とされている。ヒスパニック系や黒人に比べ，アジア系や白人は専門性の高い職業に従事している割合が高いため高所得層が多いとされている。

　ところで，以上見てきた経済的，社会的な特徴は州内の地域ごとで大きく様相が異なる。表1-4に示すように，州内の58のカウンティを北部，サンフランシスコ・ベイエリア，サクラメント，中部，ロサンゼルス・サンディアゴの5つの地域に分類する。

　人口（2000年）は，サンフランシスコ・ベイエリア地域，サクラメント地域，ロサンゼルス・サンディアゴ地域にその8割が集中している。北部地域，中部地域では面積は広くカウンティの数も多いものの人口規模の小さいカウンティが多い。人種構成（2000年）は地域的に大きく異なり，北部地域は白人の割合が高いカウンティが多いのに対して，ロサンゼルス・サンディアゴ地域はヒスパニックの割合が高い。

　経済的にも地域間格差は大きく，家族の中位所得（2000年）が高いカウンティはサンフランシスコ・ベイエリア地域に集中しており，それ以外ではサクラ

表1-4 カリフォルニア州の地域別の人口,所得構成

	人口(人)	白人比率(%)	ヒスパニック比率(%)	中位所得(ドル)	貧困率(%)	失業率(%)
北部地域						
Del Norte	27,507	70.1	13.9	36,056	20.2	8.0
Humboldt	126,518	81.6	6.5	39,370	19.5	6.0
Mendocino	86,265	74.9	16.5	42,168	15.9	6.0
Siskiyou	44,301	83.3	7.6	36,890	18.6	8.1
Shasta	163,256	86.4	5.5	40,491	15.4	6.3
Trinity	13,022	86.6	4.0	34,343	18.7	9.4
Tehama	56,039	78.5	15.8	37,277	17.3	6.6
Glenn	26,453	62.6	29.6	37,023	18.1	8.8
Colusa	18,804	48.0	46.5	40,138	16.1	12.9
Lake	58,309	80.5	11.4	35,818	17.6	7.1
Modoc	9,449	81.1	11.5	35,978	21.5	7.0
Lassen	33,828	70.6	13.8	43,398	14.0	7.3
Plumas	20,824	88.7	5.7	46,119	13.1	7.7
Butte	203,171	80.0	10.5	41,010	19.8	6.6
Sierra	3,555	90.3	6.0	42,756	11.3	7.6
Nevada	92,033	90.3	5.7	52,697	8.1	4.4
Yuba	60,219	65.3	17.4	34,103	20.8	8.6
Sutter	78,930	60.2	22.2	44,330	15.5	9.8
合計(平均)	1,122,483	76.6	13.9	39,998	16.8	7.7
サンフランシスコ・ベイエリア地域						
Sonoma	458,614	74.5	17.3	61,921	8.1	3.7
Marin	247,289	78.6	11.1	88,934	6.6	3.5
Contra Costa	948,816	57.9	17.7	73,039	7.6	4.1
San Francisco	776,733	43.6	14.1	63,545	11.3	5.1
San Mateo	707,161	49.8	21.9	80,737	5.8	3.8
Alameda	1,443,741	40.9	19.0	65,857	11.0	4.8
Santa Cruz	255,602	65.5	26.8	61,941	11.9	5.7
Santa Clara	1,682,585	44.2	24.0	81,717	7.5	5.1
Solano	395,542	49.2	17.6	60,597	8.3	4.6
Napa	124,279	69.1	23.7	61,410	8.3	3.6
合計(平均)	7,040,362	57.3	19.3	69,970	8.6	4.4
サクラメント地域						
Sacramento	1,223,499	57.8	16.0	50,717	14.1	4.5

注)失業率は2001年の数字,それ以外は2000年の数字である。
出所)人口,人種構成は,California Department of Finance (2001), pp.19-20,失業率,中位所得・貧困率は *Ibid.*, p.25, p.87 より作成。

第1章 州の政治経済と財政

	人口（人）	白人比率(%)	ヒスパニック比率(%)	中位所得（ドル）	貧困率(%)	失業率(%)
Yolo	168,660	58.1	25.9	51,623	18.4	5.1
Placer	248,399	83.4	9.7	65,858	5.8	4.0
El Dorado	156,299	84.9	9.3	60,250	7.1	4.3
合計（平均）	1,796,857	71.1	15.2	57,112	11.4	4.5
ロサンゼルス・サンディアゴ地域						
Los Angeles	9,519,338	31.1	44.6	46,452	17.9	5.7
Ventura	753,197	56.8	33.4	65,285	9.2	4.9
San Bernardino	1,709,434	44.0	39.2	46,574	15.8	5.1
Orange	2,846,289	51.3	30.8	64,611	10.3	4.0
Riverside	1,545,387	51.0	36.2	48,409	14.2	5.5
San Diego	2,813,833	55.0	26.7	53,438	12.4	4.2
Imperial	142,361	20.2	72.2	35,226	22.6	15.9
合計（平均）	19,329,839	44.2	40.4	51,428	14.6	6.5
中部地域						
Alpine	1,208	71.8	7.8	50,250	19.5	7.8
Amador	35,100	82.4	8.9	51,226	9.2	5.1
Calaveras	40,554	87.5	6.8	47,379	11.8	5.5
Fresno	799,407	39.7	44.0	38,455	22.9	10.7
Inyo	17,945	74.4	12.6	44,970	12.6	4.5
Kern	661,645	49.5	38.4	39,403	20.8	8.6
Kings	129,461	41.6	43.6	38,111	19.5	10.7
Madera	123,109	46.6	44.3	39,226	21.4	9.6
Mariposa	17,130	84.9	7.8	42,655	14.8	5.8
Merced	210,554	40.6	45.3	38,009	21.7	10.2
Mono	12,853	76.5	17.7	50,487	11.5	4.7
Monterey	401,762	40.3	46.8	51,169	13.5	7.9
San Benito	53,234	46.0	47.9	60,665	10.0	6.3
San Joaquin	563,598	47.4	30.5	46,919	17.7	7.5
San Luis Obispo	246,681	76.1	16.3	52,447	12.8	4.0
Santa Barbara	399,347	56.9	34.2	54,042	14.3	4.4
Stanislaus	446,997	57.3	31.7	44,703	16.0	8.4
Tulare	368,021	41.8	50.8	36,297	23.9	11.4
Tuolumne	54,501	85.1	8.2	44,327	11.4	5.9
合計（平均）	4,583,107	60.3	28.6	45,828	16.1	7.3

メント地域(プレイサーカウンティ,エルドラドカウンティ)とロサンゼルス・サンディアゴ地域(ベンチュラカウンティ,オレンジカウンティ)の一部のカウンティが比較的に高い。

一方,貧困率(2000年),失業率(2001年)はともに北部地域,中部地域で高い。先に見たようにカリフォルニア州全体でみれば,貧困率は白人で低く,ヒスパニックで高いが,地域的には白人の多い北部地域も,ヒスパニックが多い中部,ロサンゼルス・サンディアゴ地域も同様に経済的には苦境に直面している状況にあり,人種的な地域差は地域的な経済格差を反映していないことになる。

その一方,人種的な構成と政党地図は重なる部分が大きい。北部地域とその周辺に位置する中部地域とサクラメント地域のカウンティでは共和党支持層が多く,その他の白人が比較的少ない地域では民主党支持層が多くなっている。

第2節　政治と行政

次に,州政治の重要なアクターである知事,州政府,議会,議員の役割と機能について見ていき,カリフォルニア州政治の大きな特徴である直接民主主義について述べていくことにする。ただし,本書自体はあくまでカリフォルニア州財政史を論じるものであるため,それぞれのアクターや制度については,財政的な視点から検討することにする。

(1) 州知事——輻輳する権力構造

現在(2016年執筆時点)の州知事はジェリー・ブラウン(Jerry Brown)である。ブラウン知事はアーノルド・シュワルツネッガー(Arnold Schwarzenegger)知事の後を受けて2011年より知事に就任しているが,75年から83年の間にも2期知事を務めている。この時期,カリフォルニア州では納税者の反乱が起こり,提案13号が可決されている。ブラウン知事以前の知事とその任期については表1-5の通りである。

さて,州知事の役割についてである。これは以下の4つが挙げられる。

第1に,州予算の提案である。知事は財政部長(Director of Finance)を任命

表1-5　60年代以降のカリフォルニア州知事と公選職

	知事	党派	他の公選職の党派
1959-67	Pat Brown	民主党	法務長官のみ共和党，他は民主党
1967-71	Ronald Reagan	共和党	法務長官のみ民主党，他は共和党
1971-75	Ronald Reagan	共和党	州務長官のみ民主党，他は共和党
1975-79	Jerry Brown	民主党	副知事，法務長官は共和党，他は民主党
1979-83	Jerry Brown	民主党	副知事，法務長官は共和党，他は民主党
1983-87	George Deukmejian	共和党	すべて民主党
1987-91	George Deukmejian	共和党	すべて民主党
1991-95	Peter Wilson	共和党	法務長官のみ共和党，他は民主党
1995-99	Peter Wilson	共和党	副知事，会計監査長官は民主党，他は共和党
1999-2003	Gray Davis	民主党	州務長官のみ共和党
2003-2007	Arnold Schwarzenegger	共和党	すべて民主党
2007-2011	Arnold Schwarzenegger	共和党	副知事のみ共和党，他は民主党
2011-2015	Jerry Brown	民主党	すべて民主党

注）他の公選職は副知事，法務長官，州務長官，財務長官，会計監査長官のみ対象とした。
出所）Provost（2007），p.125.

し予算編成を行わせ，上下両院に対して予算案を提出する。また議会が決定した議会予算案に対しては項目別拒否権（item veto）を行使しうる。

　第2に，特別会（special session）の招集である。州議会を招集し，知事が提案する特定のテーマを審議させる権限を有している。例えば財政問題に関して言うと，知事は予算の執行過程で予期せぬ財政赤字が発生した場合，予算を均衡させる目的で特別会を招集する権限を有している。

　第3に，知事令（executive order）の発令である。知事は知事令にサインすることで特定の政策を実施できる権限を有している。シュワルツネッガー知事の場合，この権限を行使して2003年に選挙公約であった自動車免許料（Vehicle License Fee）の増税を取消し負担水準の引き下げを行ったのである（第6章参照）。

　第4に，任用権（appointment power）の行使である。知事は政治任用権を持ち，執行部局の約2500の主要ポスト——教育部（Department of Education），司法部（Department of Justice）を除く——を補充できる。また，300以上の州の行政委員会のメンバーの採用も知事の権限である。

　知事は以上の権限を持っているとはいえ，大統領のように執行部内で強力なリーダーシップを発揮できるわけではない。カリフォルニア州は20世紀初めの

草の根的な革新主義運動の影響を強く受け，伝統的に権力の集中の排除，権力分立の政治文化を持つ。このため，州政府には知事以外にも次の公選職（任期4年）が置かれている。すなわち，副知事（Lieutenant Governor），法務長官（Attorney General），州務長官（Secretary of State），会計監査長官（Controller），財務長官（Secretary of Treasurer），保険委員長（Insurance Commissioner），教育長（Superintendent of Public Instruction），税率査定審査委員会委員（Board of Equalization）である。[18]

権力分立の極みは，財政部門の長が会計監査長官，財務長官，税率査定審査委員の3つに分化していることである。他州では見られない特徴である。それぞれの権限は，会計監査長官は州，地方税の徴収（内国消費税は除く）の監督，会計監査，職員給与などに対する小切手の支払い等である。財務長官は資金運用，州債発行である。さらに，税率査定審査委員会（委員5名で構成，4名は選挙で選出，1名は会計監査長官が併任）は内国消費税（売上税，ガソリン税，酒税）の監督，カウンティの財産税評価の点検となっている。

これらの公選職は知事とは独立に選挙で選出されるため，知事とは同一政党に属していない場合もある（表1-5）。このため，時には知事の意思決定に公然と対立して，執行部内で軋轢が生じることもある。例えば，シュワルツネッガー知事時代には，知事の教育予算削減に教育長が，知事の雇用保険基金の民営化の差し止めのために保険委員長が訴訟を提起している。さらに，州職員給与引き下げの知事令を会計監査長官が拒否することも起こっている。[19]このような行政トップの役割の分化と対立は知事の財政上の意思決定を妨げるため財政収支の均衡を困難にさせているという指摘もある。

（2）行政組織――複雑な巨大組織

次に，州の行政組織についてである。州政府の組織は，知事直轄の知事公室（Office of the Governor），州の主要な事務，事業を行う部局，さらに独立した執行権を認められている行政委員会（board or commission，例えばカリフォルニア大学評議会（University of California Board of Regent），公益事業委員会（Public Utilities Commission），公務員労使関係委員会（Public Employment Relation Board）等）から構成されている。

部局には財政部（Department of Finance）や食料・農業部（Department of Food and Agriculture）のような部制を採る部署と局制（super agency）を採る部署が併存している。局には商工・交通・住宅局（Business, Transportations and Housing），環境保護局（Environmental Protection），健康・福祉局（Health and Human Service），労働・人材開発局（Labor and Workforce Development），資源局（Natural Resources），州行政・消費者サーヴィス局（State and Consumer Service）の6つの局があり，それぞれの局の下には複数の部と行政委員会が置かれている。[20]

カリフォルニア州では20世紀初めまで行政組織は100を超える行政委員会から構成されていたが，1921年に知事の権限の強化と行政の効率化を目的に部制が採られ，行政委員会は部に統合された。さらに，1959年からは部を統合した局制が採られている。[21] 部長（department heads）と局長（agency secretary）は知事の政治任用ポストで，採用に当たっては州上院議会での承認を必要とする。一方，それ以外の職員は試験で採用されるメリットシステムが適用されている。

正規職員数（full-time equivalent employees）は39万3989人（2008年）である。他州と比較すると公務員の数は全米で最も多いが，州民1万人当たりの数は109人に過ぎず，全米平均142人を大きく下回る。全米ランクでも48位と非常に少ない。[22]

（3）州議会と議員 ―― 政治不信と任期制

州議会と議員についてである。州議会は上院（senate），下院（assembly）の二院制で構成されている。議席は上院議員40名，下院議員80名，任期はそれぞれ4年と2年である。選挙区は10年ごとに行われる国勢調査の結果を受けて人口割で等しく区分される再選挙区割（redistricting）が導入されている。1選挙区当たりの人口は上院で96万5000人，下院で48万2500人である。従来，議会による選挙区割はゲリマンダー的な問題で批判されてきたので，2011年から市民選挙区割委員会（Citizens Redistricting Commission）が区割を担当することになっている。

議員の身分はフルタイムであるが，[23] 1990年の住民提案140号により議員には生涯任期制（term-limits）が課されている。任期は上院議員が生涯で2期8年，

第Ⅰ部　カリフォルニア州の制度構造

表1-6　カリフォルニア州議員と所属政党

会　期	上　院			下　院	
	民主党	共和党	その他	民主党	共和党
1981-82年度	23	17		48	32
1983-84年度	25	14	1	48	32
1985-86年度	25	15		47	33
1987-88年度	24	15	1	44	36
1989-90年度	24	15	1	47	33
1991-92年度	25	14	1	47	33
1993-94年度	23	15	2	49	31
1995-96年度	21	17	2	39	41
1997-98年度	22	17	1	42	38
1999-2000年度	25	15		48	32
2001-2002年度	26	14		50	30
2003-2004年度	25	15		48	32
2005-2006年度	25	15		48	32
2007-2008年度	25	15		48	32
2009-2010年度	25	15		50	30
2011-2012年度	25	13		52	28

出所）Gerston and Christensen（2011），p. 67.

下院議員で3期6年の上限が課されている。[24]任期制が導入された背景には住民の政治不信がある。現職がゲリマンダー的区割を利用して長期的に議席を独占していたことが住民の批判を招いていた。任期制の結果，新人議員が増え，女性やマイノリティ（特にラティーノ）の議員の構成が増えたというメリットがある一方で，議会による財政統制が緩んだこと，ほとんど法案が精査されなくなったこと，さらに執行部門に対する議会の監視能力が低下したことなどが指摘されている。[25]

議員の会派別構成（2011年）は，上院は民主党25人，共和党13人，下院は民主党52人，共和党28人である（表1-6）。長期的に民主党が両院で過半数の議席を確保してきたが，予算や増税の議決は両院の2/3の承認が必要であったため，民主党単独での議決は不可能であった。このため予算審議はいつも多難を極めていた。しかし2010年に提案25号が住民投票で可決されたことで，状況は変わりつつある。予算審議に関しては2/3の承認要件が過半数に変更されたためである。ただし，増税に関してはこれまで同様2/3の承認要件が課されているため，増税を巡る予算審議の場合は議会が紛糾する可能性を残している。

（4）直接民主主義——増大するイニシアティヴ

　カリフォルニア州の政治を特徴づけるものに直接民主主義的な意思決定システムがある。まず，直接民主制が導入された歴史的背景から述べる。19世紀のカリフォルニア州では，サウス・パシフィック鉄道会社が大陸間鉄道を開業し，州内の鉄道事業を独占するようになった。それに伴い自社の利権を擁護する政治家を州，地方議会に輩出するマシーン政治が横行した。サウス・パシフィック鉄道は候補者の選定まで介入し，「鉄道資本の意に沿わない候補者は選定されないシステム」を作り上げていったのである。

　しかし20世紀に入るとこのマシーン政治に対抗する中産階級が増えていった。彼らは当時全米に波及していた革新主義運動に影響を受けた人々であった。革新主義運動とは都市のマシーン政治による腐敗を一掃しようとした市民による政治改革運動である。カリフォルニア州では，「リンカーン・ルーズベルトリーグ（Lincoln-Roosevelt League）」と呼ばれる政治組織が結成され，1910年にハイラム・ジョンソン（Hiram Johnson）を知事に当選させた。ジョンソン知事はマシーン政治の解体を目指し様々な政治改革に着手し，ノンパルチザン制，クロスファイリング制，公務員のメリットシステムと並んで，直接民主制を導入したのであった。

　カリフォルニア州の直接民主制はイニシアティヴ（initiative），レファレンダム（referendum），リコール（recall）の3つの制度から構成されている。すべての州がカリフォルニア州同様，3つの制度を導入しているわけではない。イニシアティヴ，レファレンダムは24州，リコールは18州で，この3つの制度が完備している州は，全米でも18州しかない。また，制度があっても，その内容は州ごとで大きな違いも見られる。

　次に，それぞれの制度について説明する。イニシアティヴ（住民提案）は有権者が州憲法の修正や州法の制定等の提案を行う制度である。請願者は提案を法務長官に提出し，その後，一定の署名数が定められた期日までに集められた場合，投票提案（ballot proposition）として採択され，住民投票にかけられることになる。必要な署名数は州法の制定の場合，前回の知事選の投票数の5％，憲法の修正の場合は同じく8％とされ，期日は150日以内とされた。投票に際しては，州務長官から投票用パンフレットが有権者に配布される。これには，

提案の内容，提案が実施された場合の財政的な影響分析，提案の賛成者，反対者の意見が掲載されている。投票には有効投票数の条件は課されておらず，過半数を獲得すれば，州裁判所により審査されない限り，議会や知事の判断を待たず即，立法化（直接立法）される。

ところで，州憲法の改正や州法の制定の提案は住民に限られておらず，州議会議員や知事も可能である。提案は上下両院で2/3の賛成を得た後，議会提案（legislative initiative）として，住民投票にかけられることになる。住民提案同様，過半数を獲得すれば，即立法化される。住民提案に対抗して議会提案が提示され，両案が住民投票で雌雄を決する場合も見られる。1978年の納税者の反乱では，住民提案の提案13号の対案として議会提案の提案8号が提起されていた（第3章参照）。

住民投票にかけられた提案は，1912年から2010年までに345件あり，うち，115件（33.3％）のみ可決されている。提案の内容には制約が課されていないため，税財政，環境，教育，労働，社会福祉，医療，法秩序，選挙等，分野は多岐に渡る。2010年はマリファナの合法化，選挙区割，大気汚染法の延長，地方政府の財源調達，州立公園への財政援助といった内容の提案が提起されている。

リコールは有権者が知事や州議会議員等を解職請求する制度である。リコールの請願者が一定の署名数を定められた期日内に集めた場合，リコール選挙が実施される。州知事の場合，前回の知事選の投票数の12％，期日は160日と定められている。知事や州議会議員がリコールされることは大変稀なケースであるが，2003年にグレイ・デーヴィス知事が住民から財政運営の拙さを理由にリコールされる事態が生じた。リコール後の選挙ではアーノルド・シュワルツネッガーが知事に選出された（第6章参照）。

レファレンダムは有権者が州憲法または州法を破棄する制度である。レファレンダムの対象となる議案が立法化された後，請願者が90日以内に前回の知事選の投票数の5％の署名を集めた場合，住民投票が実施される。レファレンダムの対象から除外される分野もあり，税法や歳出法（その大半）はその対象でない。

これまで，レファレンダムが実施された数は多くはない。1912年から2012年

までの間で、住民投票で承認されたものは20件に過ぎない。ただし、2000年以降は6件と増加している。2004年にはヘルスケア法がレファレンダムの対象となり、保守派や共和党の後押しでレファレンダムが成立している。

最後に、イニシアティヴの評価について述べる。イニシアティヴは歴史的にも古い制度であるが賛否両論がある。賛成論として、①議会審議をバイパスしイニシアティヴを利用して、直接住民が自らの要望を実現できる。②議会で法律を決めても将来的には修正や廃止される恐れがある。イニシアティヴで立法化した場合、議会は介入できないのでそうした恐れは少ない。③過去、イニシアティヴで立法化した法律は、別のイニシアティヴで修正、廃止ができる。④イニシアティヴ・プロセスを通じて、政策を社会的にアピールできるとした意見が挙げられている。

一方、反対論として、①イニシアティヴは住民投票で決まれば即立法化される。議会による法案作成と異なり利害関係者間で意見の調整ができない。②内容が複雑な提案の場合、住民は十分理解できないし、提案の宣伝活動にイメージ操作されてしまう。③イニシアティヴには巨額な資金が必要で、資金力のあるものしかイニシアティヴを利用できない。④イニシアティヴは少数派の権利を侵害する恐れがあるが、議会の場合は少数派に配慮した利害調整が行われる。

このような議論が展開されているが、イニシアティヴは州の政治文化に根付いており、今後も増加していく可能性があると言えよう。

第3節　予算制度と財政

さて、カリフォルニア州の予算制度と財政に議論を移すことにしよう。予算制度についてカリフォルニア州の予算審議過程を、財政については一般基金会計の歳入、歳出構造を中心に見ていくことにする。

（1）州予算制度──遅延が常態化している予算審議

州予算は一般基金（General Fund）、特別基金（Special Funds）、債券基金（Bond Funds）、連邦基金（Federal Funds）の4つの基金予算に分かれる。一般基金予算は所得税や売上税等の租税を財源に教育や福祉といった多様なプロジ

表 1-7　2010-11年度の基金別予算

(単位：100万ドル)

	知事予算案	5月改定案	予算法	予算現額	予算現額の割合
一般基金	82,901.3	83,403.8	86,551.5	91,479.9	40.2
特別基金	28,866.7	30,857.3	30,851.5	31,219.1	13.7
債券基金	6,987.5	8,357.7	7,851.9	13,195.4	5.8
州基金総額	118,755.5	122,618.8	125,254.9	135,894.4	59.8
連邦基金	81,712.3	86,381.8	90,768.5	91,458.6	40.2
合計	200,467.8	209,000.6	216,023.4	227,353.0	100.0

出所) California Department of Finance, Summary Schedules and Historical Charts, Chart. G より作成。

ェクトに支出する予算である。州知事，議会の裁量で編成しうるため，予算審議の主たる対象となる。特別基金予算は使途が限定されている財源を特定のプロジェクトに支出する予算である。連邦基金予算は連邦補助金を財源に補助対象プロジェクトに支出する予算である。債券基金予算は州債を財源に長期の資本プロジェクトに支出する予算である。

日本の地方自治体の普通会計予算と異なり，特定財源，補助金，公債（1年未満の短期借入は除く）はそれぞれ別の予算で経理されているため，一般基金予算には含まれていない。

表1-7に示すように，2010-11年度（2010年7月から2011年6月までの1年度を意味する）の歳出予算現額（actual budget，予算法成立後の増額ないし減額補正を反映し年度後（6か月後）に確定する予算）の場合，一般基金予算914億7990万ドル（40.2％），特別基金予算312億1910万ドル（13.7％），債券基金予算131億9540万ドル（5.8％），連邦基金予算914億5860万ドル（40.2％）で合計2273億5300万ドルとなっている。

次に，予算サイクルについて述べよう。カリフォルニア州の会計年度は7月1日から翌年の6月30日までの単年度の予算制度を採用している。各行政部局による予算編成作業は前年度の4月に始まる。その際，財政部が知事の政策方針に従い，次年度の予算編成上の指示や指針を示しておく。各行政部局はそれに沿って作業を進め，既存のサーヴィス水準を維持するための予算である「基準予算（Baseline Budgets）」とサーヴィス水準の変更や新規サーヴィスの提案を行う「予算変更提案書（Budget Change Proposals, BCPs）を準備する。各部局は9月に基準予算と予算変更提案書を財政部に提出し，財政部はこれらを査

定して，12月中に知事予算案を編成する。つまり，基準予算に新規の予算項目を加えていく増分主義的な予算編成（incremental budgeting）が行われているのである。

　知事は州憲法（第12章第4節）で翌1月10日までに州議会に知事予算案を提示することが義務づけられている。知事予算案（表1-7の第1欄）は均衡予算であることも州憲法上の要件であり，歳入不足があった場合には知事は補てん財源を示す必要がある。

　議会は知事予算案を受け，議会予算案の編成作業を行う。まず議会に置かれている議会分析局（California Legislative Analyst's Office, LAO）が知事予算案について分析する。分析の焦点は，支出水準や内容，課税水準，景気予測の正確性等に置かれる。議会分析局は連邦議会の議会予算局（Congressional Budget Office, CBO）に相当する組織で，無党派の予算分析を専門とする部局である。2月末までに議会に2つのレポート，すなわち知事の歳出予算を検討する「知事予算の分析（the Analysis of the Governor's Budget）」と経済動向，歳入・歳出傾向等を検討する「展望と諸問題（Perspectives and Issues）」を提出し，議会を補助する。

　州議会は4月半ばまでほぼ2か月をかけ公聴会を開催し，予算の検討，評価を行う。上院の予算・財政検討委員会（Committee on Budget and Fiscal Review），下院の予算委員会（Budget Committee）がその役割を担う。この過程では，教育や福祉のような分野別に小委員会が設置され，作業が行われる。財政部長，関連部局の職員，関係団体，ロビイスト，市民などを公聴会に召喚し証言を求める。公聴会後に，両院の同上委員会は議会分析局のサポートを受けながら，知事予算案を修正しそれぞれの予算案を作成する。また，この間，知事は5月に景気動向等の環境変化を踏まえ，予算の5月改定案（Governor's May Revision）を作成し公表する（表1-7の第2欄）。

　その後，上院，下院双方でそれぞれの予算案が審議，議決される。議決は長い間，両院の2/3の賛成が必要であったが，2011年以降は過半数に変更された。もちろんこの時点では，上院予算案，下院予算案，そして知事予算案の3つの異なる予算案が並存することになる。このため，この3案を調整するために予算協議会（Budget Conference Committee）が開催される。予算協議会には，知

事の代理人と上下両院から通常3名のメンバー（与党代表2名，野党代表1名）が出席し妥協案が模索される。もっとも，予算協議会でも交渉が難航することがしばしばである。その場合には，知事，下院議長（Speaker of the Assembly），上院議長代行（President Pro Tem of the Senate），両院の野党のリーダー（Minority Party Leaders of Each House）の5者（通常，ビッグ5（Big Five）と呼ばれる）による非公式な交渉が持たれ，水面下で妥協点が探られる。こうしたプロセスを経て，両党が妥協できる予算案が作成される。この予算案は再度，両院に送付され，過半数の賛成で議決されることになる。

　先ほども指摘したように，予算案の承認要件が過半数となったのはつい最近の出来事である。2010年に提案25号が住民投票で可決されたことにより，予算案の承認要件は2/3の絶対多数から過半数に修正されたのである。2/3要件の時代には，予算通過のために，与党が上院40議席中27議席，下院80議席中54議席を獲得しなければならなかった。しかし，与党民主党は2/3の議席を独占することは皆無（表1-6参照）で，野党である共和党議員の協力なしには予算の可決は不可能であった。予算審議における野党のプレゼンスは高まったがしばしば議会運営は膠着した。時には野党議員の賛成を取り付けるために，ログローリング（logrolling）が行われ，経費の増加圧力を高める場合もあった[37]。

　さて，両院で承認された予算案（Final Budget Package）はその後，知事に送付される。知事案同様，均衡予算であることが州憲法に規定されている。知事は議会予算案に対して項目別拒否権を行使できる。すなわち，知事の意に反する予算項目について拒否権を発動して廃止，削除（Itemized Reduction）できるのである。1991-92年度以降，行使された項目別拒否権の金額と数は表1-8の通りである。金額で10億ドル超，100を超える項目で拒否権が行使された年度（1998-99年，2000-01年）もあるが，知事が最終的に合意した予算法に対する割合で見ると，ほとんど1％を満たない程度であった。

　もっとも拒否権を行使しても，再度，両院が2/3の絶対多数で予算を復活すれば知事の拒否権は無効になる。一見すると，議会が一度，通過させた予算に対して再度承認することは当然のことのように思われる。しかし，議員の議決は予算全体に対して行使されたものであり，たとえ承認した場合でも個別の予算項目については異論がある場合も少なくない。このため，知事の拒否権が議

表1-8 知事の一般基金予算に対する項目別拒否権の数と金額

(単位：100万ドル)

	拒否権		歳出予算法	割合（％）
	数	金額		
1991-92	40	76.7	43,368.0	0.18
1992-93	49	732.6	40,792.4	1.80
1993-94	28	3.8	38,520.2	0.01
1994-95	30	33.2	40,939.6	0.08
1995-96	8	2.1	43,421.1	0.00
1996-97	32	80.4	47,250.7	0.17
1997-98	43	298.4	52,826.8	0.56
1998-99	113	1,360.0	57,262.2	2.38
1999-00	106	521.3	63,732.9	0.82
2000-01	119	1,008.7	78,815.9	1.28
2001-02	109	498.7	78,763.4	0.63
2002-03	41	219.4	76,721.7	0.29
2003-04	11	1.0	71,136.9	0.00
2004-05	21	80.1	78,681.0	0.10
2005-06	40	114.5	90,025.9	0.13
2006-07	40	62.5	101,261.0	0.06
2007-08	51	702.8	102,258.2	0.69
2008-09	58	509.8	103,400.8	0.49
2009-10	14	957.1	84,582.9	1.13
2010-11	21	488.8	86,551.5	0.56

出所）表1-7に同じ。Chart.P-1より作成。

会で無効にされない場合がほとんどである[38]。

　こうした手順を経た後，知事が予算案に署名を行い，予算法（Budget Act）の成立に漕ぎつけることになる（表1-7の第3欄）。憲法上，議会の予算審議は6月15日までに終了し，6月末までに知事が議会予算案を承認することになっている。しかし，予算審議は大きくずれ込むのが通例で，新会計年度が開始しても成立しない場合が大半である[39]。

　表1-9に示すように1980-81年度から2011-12年度までに予算法が年度内に成立した年はたった10回しかない。予算法の成立の遅れは景気動向や政治状況では容易に説明しがたい。景気が良好であった90年半ばでも，知事と議会与党が同一政党の場合（例えば，1980-81年度，2001-02年度，2002-03年度）でも予算は年度内に成立していなかった。

　2010-11年度予算法の場合には予算審議が紛糾して実に3か月遅れの10月8

第Ⅰ部 カリフォルニア州の制度構造

表1-9 予算法成立の状況

	予算法成立日	年度内成立	知事の政党	議会与党 上院	議会与党 下院
1980-81	7月16日		民主党	民主党	民主党
1981-82	6月28日	○	民主党	民主党	民主党
1982-83	6月30日	○	民主党	民主党	民主党
1983-84	7月21日		共和党	民主党	民主党
1984-85	6月27日	○	共和党	民主党	民主党
1985-86	6月28日	○	共和党	民主党	民主党
1986-87	6月25日	○	共和党	民主党	民主党
1987-88	7月7日		共和党	民主党	民主党
1988-89	7月8日		共和党	民主党	民主党
1989-90	7月7日		共和党	民主党	民主党
1990-91	7月31日		共和党	民主党	民主党
1991-92	7月16日		共和党	民主党	民主党
1992-93	9月2日		共和党	民主党	民主党
1993-94	6月30日	○	共和党	民主党	民主党
1994-95	7月8日		共和党	民主党	民主党
1995-96	8月3日		共和党	民主党	共和党
1996-97	7月15日		共和党	民主党	共和党
1997-98	8月18日		共和党	民主党	民主党
1998-99	8月21日		共和党	民主党	民主党
1999-00	6月29日	○	共和党	民主党	民主党
2000-01	6月30日	○	民主党	民主党	民主党
2001-02	7月26日		民主党	民主党	民主党
2002-03	9月5日		民主党	民主党	民主党
2003-04	8月2日		共和党	民主党	民主党
2004-05	7月31日		共和党	民主党	民主党
2005-06	7月11日		共和党	民主党	民主党
2006-07	6月30日	○	共和党	民主党	民主党
2007-08	8月24日		共和党	民主党	民主党
2008-09	9月23日		共和党	民主党	民主党
2009-10	7月28日		共和党	民主党	民主党
2010-11	10月8日		共和党	民主党	民主党
2011-12	6月30日	○	民主党	民主党	民主党

注)2009-10年度は,7月改定予算法の日付を記載。
出所)表1-8に同じ。Gerston and Christensen (2011), p.67, Provost (2007), p.125 より作成。

日に予算法が成立している。もっとも予算法が成立しない場合でも，法律上，各部局に予め歳出権限が与えられている継続予算（continuous appropriation），州債の元利償還費，マンデイト経費等については支出が認められている。[40]

（2）一般基金の財政構造
――所得税主体の税体系と教育・福祉主体の支出構造

次に，州の財政構造について述べる。2010-11年度の一般基金の歳入予算額（予算法）は942億3000万ドルである。表1-10に示すように，主な歳入項目は，個人所得税471億2700万ドル（50.0％），売上税270億4400万ドル（28.7％），法人税108億9700万ドル（11.6％），保険税（Insurance Tax）20億7200万ドル（2.2％），自動車免許料14億9000万ドル（1.6％）等である。個人所得税，売上税で全体の約8割を占める。それぞれの税の主な特徴について述べることにする。

1）個人所得税

州政府が個人所得税を導入したのは大恐慌期に遡る。当時，財産税が大幅に減収し税体系の再編が迫られたため，1933年のライリー・スチュアート修正法（Riley-Stewart Amendment）によって課税されるようになった。州法（カリフォルニア州歳入・課税法17041.5節）上，地方政府は所得に課税することが禁じられているため，州政府しか所得税の課税権を有していない。

個人所得税（単身申告者向け）は税率1.25％（課税所得7168ドルまで）から10.3％（100万ドル超）の7段階の累進課税制度を採用している（2008課税年度）。2005-06年度より100万ドル超の課税所得に対して1％税率を引き上げ，その財源を精神医療サーヴィスの目的財源として特別会計で収入している。全米でもっとも累進度の高い税率構造を有している。また，ブラケットクリーピングを回避するために，課税ブラケットはインフレ調整を行える仕組みとなっている。

州所得税の課税ベースは，連邦所得税の課税ベースを基に州独自の項目を加算，減算して算出される。課税ベースの構成は（2009課税年度）は主に，賃金・給与（課税所得に占める割合70.9％），パートナーシップ・S法人所得（4.9％），利子・配当（4.5％），純事業所得（4.2％），資本資産売却益（net

表 1-10 2010-11年度のカリフォルニア州の一般基金・特別基金の歳入額

(単位:100万ドル)

	一般基金	割合	特別基金	割合	合計	割合
個人所得税	47,127	50.0	940	3.6	48,067	40.0
売上税	27,044	28.7	4,057	15.7	31,101	25.9
法人税	10,897	11.6	—	—	10,897	9.1
ハイウエー利用税	—	—	5,334	20.6	5,534	4.6
自動車免許料	1,490	1.6	5,368	20.7	6,858	5.7
保険税	2,072	2.2	163	0.6	2,235	1.9
相続税	782	0.8	—	—	782	0.7
酒税	331	0.4	—	—	331	0.3
たばこ税	94	0.1	796	3.1	890	0.7
その他	4,393	4.7	9,064	35.0	13,457	11.2
合計	94,230	100.0	25,922	100.0	120,152	100.0

出所) California Department of Finance (2010), Summary Chart, p.10.

sales of capital assets)(3.1%)等から構成されている。圧倒的に賃金・給与の割合が高いが,資本資産売却益(キャピタルゲインのこと)や配当といった株式関連所得が景気の変動に応じて大きく増減するのが特徴である。この時期はリーマンショックの影響を受け,株式関連所得が大幅に減少している(第7章参照)。

2)州売上税

カリフォルニア州が売上税を課税し始めたのは,所得税同様,1933年からである。当時,地方政府は売上税を課すことが禁じられていなかったため,市,カウンティ政府が相次いで独自に売上税を導入していった。しかし地方政府間で売上税の仕組みが異なっていたことが事業者の不満を募らせる結果となり,1955年に州議会はブラッドレー・バーンズ地方売上税・利用税法(Bradley-Burns Local Sales and Use Tax Law)を導入することになった。この法律によって市,カウンティの売上税率の統一化,州への徴収の一元化,売上の発生地への税収の配分が決められ,州税との共有税化が行われたのである。

さて,州売上税は有形動産の最終販売に課税する小売売上税である。税率は7.25%で,うち6%は州政府分,残り1.5%は州からカウンティ,市政府に配分される財源となっている。課税取引額の約7割は小売段階の取引で,その金額は3184億1300万ドルである。主な事業者別に構成比を見ると,レストラン・

バー（15.8%），自動車販売店（14.4%），総合スーパー（14.2%），ガソリンスタンド（13.5%），衣料品店（8.3%）等である。[44]

免税品目は，①食料品（免税額49.9億ドル），②処方箋薬（18.3億ドル），③公益サーヴィス——電気，ガス，水，電話等——（23.4億ドル），④代替エネルギー，⑤博物館入場料，⑥船舶，航空機の他州への販売，国際線の航空燃料等，⑦動画の配信，⑧家，建物の建築，⑨農機具，⑩雑誌，定期刊行物，⑪コンピュータープログラム，⑫連邦，他州への物品の売買等である。

売上税の免税に伴う減収額は，食料品，公益サーヴィス，処方箋薬等の生活必需品で大きい。[45]特に，食料品の免税は免税額全体の4割以上を占めるとされている。[46]

3）その他の税源

以上の二大税源以外の租税の特徴について簡単にふれておく。法人税は①一般法人に8.84%，②S法人に1.5%の税率を課す法人所得税，③銀行・その他の金融機関に10.84%の税率を課す法人フランチャイズ税から構成されている。[47]また，一般法人の場合，赤字となっても800ドルの最低フランチャイズ税や税率6.65%の法人代替ミニマム税が課税される。

保険税は保険会社に対して州内で契約された保険の総保険料（gross premiums）に税率2.35%で課税する租税である。自動車免許料は自動車の所有者に対して車両の市場価格をベースに課す料金である。自動車に財産税を課税しない代わりの代替税であるとされている。たばこ税は98年の住民提案10号で採用された税で，たばこ流通販売業者に1箱当たり87セントで課税している。税収の多くは健康プログラムに使途されている。[48]

次に歳出についてである（表1-11）。一般基金の歳出予算額（予算法）は865億5150万ドルで，主な歳出項目は，初等中等教育費（K-12 Education）360億7914万ドル（41.7%），健康・福祉費（Health and Human Service）263億4590万ドル（30.4%），高等教育費（Higher Education）114億8972万ドル（13.3%），矯正・更生費（Corrections and Rehabilitations）89億3128万ドル（10.3%）である。この4つの経費で全体の8割以上を占める。以下ではそれぞれの経費の特徴について述べておく。

表 1-11 2010-11年度のカリフォルニア州の一般基金・特別基金の歳出額

(単位：100万ドル)

	一般基金	割合	特別基金	割合	合計	割合
議会・司法・行政費	3,149	3.6	2,875	9.3	6,024	5.1
州行政・消費者サーヴィス費	598	0.7	748	2.4	1,346	1.1
商工・交通・住宅費	905	1.0	7,304	23.7	8,209	7.0
天然資源費	2,108	2.4	2,427	7.9	4,535	3.9
環境保全費	77	0.1	1,101	3.6	1,178	1.0
健康・福祉費	26,346	30.4	11,157	36.2	37,503	31.9
矯正・更生費	8,931	10.3	48	0.2	8,979	7.6
初等中等教育費	36,079	41.7	81	0.3	36,160	30.8
高等教育費	11,490	13.3	36	0.1	11,526	9.8
労働・人材開発費	58	0.1	383	1.2	441	0.4
一般政府費	-3,189	-3.7	4,691	15.2	1,502	1.3
合計	86,552	100.0	30,851	100.0	117,403	100.0

出所）表1-10に同じ。p.11.

1）初等中等教育費

K-12教育を対象とする経費で，州歳出の4割を占める最大の経費である。カリフォルニア州の場合，学区間の教育格差の是正を勧告したセラーノ対プリースト判決と財産税の課税制限を課した提案13号の影響で，学区収入に占める財産税の割合が低く州が財源の多くを負担している。また，1988年の提案98号が教育財源の最低保証水準を定めたことも教育費の割合を高める結果になっている。

初等中等教育に対する州の財政的な関与は大きいものの，他州と比較して教育サーヴィスの水準は著しく低いと言われている。生徒1人当たりの教育費は長期的に下落を続け，全米比較で47位と最低水準にある。生徒1人当たりの教師数は全米50位，職員数は48位（2008-09年度），クラス当たりのコンピューターの数は47位である。教育成果についてもリーデングの成績（小学4年生，2009年）は全米49位，算数の成績は全米44位，高校の卒業率のランク（2010年）もドロップアウトが多いため，48位と低い。とりわけ，教職員数の水準の低さは，この時期の州財政危機による教育費削減を反映している（第7章参照）。

2）健康・福祉費

健康・福祉費は，①貧困家計の生活扶助を目的とするCalWORKs (California Work Opportunity and Responsibility to Kids)，②高齢者，障害者に対

する所得保障を目的とするSSI/SSP（Supplemental Security Income/State Supplementary Program），③貧困家計への医療扶助を目的とするMedi-Cal（Medicaid in California），④Medi-Calに加入できない低所得家計に医療保険の購入を助成する家族保険プログラム（Healthy Family Program）から主に構成されている。

健康・福祉サーヴィスは連邦と州が共同で行うプロジェクトが多い。例えば，Medi-Calはカリフォルニア州版のメディケイドで，受給資格は低所得者並びに65歳以上の老人，21歳以下の子供・若者，障害者，妊婦等に認められている。財源は連邦と州が等しく分担し，受給資格や保険給付の対象範囲も連邦と州が設定している。

一方，CalWORKsは1994年の連邦の福祉改革後に導入されたカリフォルニア州版のワークフェア制度である。(51) 10歳までの子供をもつ貧困者に勤労を条件（1週間に32時間）に現金給付をしている。財源は連邦と州が分担し，受給資格等は州が設定している。受給者数は約130万人を数え，その2/3は子供である。受給期間に60か月の制限があったが，2011年から48か月に短縮された（ただし，子供の場合は60か月を維持）。

3）高等教育費

高等教育費は，110校の2年制のコミュニティ・カレッジ（在籍数290万人），10校のカリフォルニア大学（在籍数22万2000人），23校のカリフォルニア州立大学（在籍数43万3000人）を対象とする予算である。高等教育機関に対する州の予算は大きく減少している。1969-70年度にはカリフォルニア大学，カリフォルニア州立大学の経費の90%が州の財源で担われていたが，2009-10年度にはそれぞれ62%，69%に低下し，替わって授業料の割合が増加している。このため，学生の授業料の引き上げは2003-04年度から2011-12年度の間で2倍に及んでいる。(52)

4）矯正・更生費

矯正・更生費は刑務所の維持管理費（建設費は除く）が多くを占める。近年，この経費は増加傾向にある。その主たる理由として，1994年のスリー・ストライク法（three-strike law）の実施によって，刑務所の収容人数が増加したことが挙げられる。1994年の囚人数は12万5000人であったが，2009年には16万8000

人に増加しそれに伴って刑務所数も増えることになった。[53]

5）その他の経費

それ以外の経費についてもふれておく。商工・交通・住宅費（Business, Transportation and Housing）は主に，金融行政，交通インフラの整備，住宅コミュニティ開発等を対象とした経費である。州行政・消費者サーヴィス費（State and Consumer Service）は主に，消費者行政と税務，資産管理，許認可等の経費である。環境保全費（Environmental Protection）は主に，水質保全，大気保全，有毒物質の管理等の環境行政の経費である。天然資源費（Natural Resource）は主に，森林災害，公園管理，水資源管理等の経費である。労働・人材開発費（Labor and Workforce Development）は主に，就労斡旋や労働者保護行政の経費である。さらに，議会・司法・行政費（Legislative, Judicial and Executive）は主に，法務行政，税務や保険行政などの経費とされている。

第4節　直接民主主義による財政的な意思決定

先にも見たように，カリフォルニア州は税・財政分野においてもイニシアティヴ（住民提案）が認められており，住民自らが，減税や財源の配分に関する提案を行い，住民投票を通じて意思決定を行っている。また，議会も財政問題に関する提案を行い，住民に決定を付託するため住民投票を行っている。さらに，州政府は一般財源保証債を通じて社会資本を整備する場合にも住民投票が義務づけられている。

カリフォルニア州では1911年から2014年までに1173件の住民投票（レファレンダムによるものは除く）が行われているが，財政関係のものは496件（42.3％）である。[54]そのうち，385件が議会提案（77.6％）で，111件（22.4％）が住民提案によるものである。議会提案のうち可決されたものは，259件（67.3％），住民提案のそれは，35件（31.5％）である。合わせて，294件の提案が住民投票で可決され，カリフォルニア州の税・財政制度の形成並びにインフラ財源の調達に寄与している。

表1-12で年代別に見ると，財政関係の住民投票の件数並びに可決数は1980年代をピークに増加したが，それ以降は減少傾向にある。他方，住民提案によ

表 1-12　財政関係の住民投票の推移（1950-2014年）

	財政関係の住民投票の数	可決数	可決率（％）	うち住民提案によるもの	可決数	可決率（％）
1950年代	32	12	37.5	5	1	20.0
1960年代	52	34	65.4	1	0	0.0
1970年代	57	36	63.2	5	2	40.0
1980年代	77	62	80.5	14	7	50.0
1990年代	71	33	46.5	22	6	27.3
2000年代	54	30	55.6	24	7	29.2
2010年代	15	9	60.0	11	5	45.5
合計	358	216	60.3	82	28	34.1

注）財政関係の住民投票とは，予算，税・歳入，公債分野の住民投票である。2010年代は2014年までが対象である。
出所）NCSL の Ballot Measures データベースより作成。

るものは逆に増加傾向にある。提案13号が財政分野の住民提案を増加させる誘因となったことが推測できよう。

　さて，以下では，財政関係の住民投票において提起される提案を財政提案（fiscal proposition）と公債提案（bond measure）に分けてそれぞれの特徴を見ていくことにする。前者は公債以外の財政分野の提案で後者は公債発行に関わる提案のことである。

（1）財政提案——投票箱による予算の決定

　表1-13は，カリフォルニア州の主な財政提案の概要を見たものである。1922年の提案12号による執行予算制の導入，33年の提案1号と62年の提案16号による2/3の予算承認要件の導入，46年の提案6号による1年次予算制への変更に見るように，戦前，戦後直後の段階から，住民投票を通じてカリフォルニア州の予算制度の基礎が構築されていることがわかる。

　また，1978年の提案13号以降，住民による財政提案が増加しており，1979年の提案4号，1988年の提案98号，1998年の提案10号，2002年の提案49号，2004年の提案63号，2010年の提案26号等がそれである。しかしそれぞれの提案の意図は大きく異なる。提案13号，提案4号等は課税制限や歳出制限を目的としたものであるのに対して，提案98号はそれに対抗して教育財源の確保を目的とした提案であり，提案10号，提案63号も特定財源化を行うことで，福祉・医療財

第Ⅰ部　カリフォルニア州の制度構造

表1-13　カリフォルニア州の財政提案

	提案名	主な内容	種類	タイプ
1922	12	執行予算制度の導入と予算法の成立に関する規定。	住民	BP
1933	1	歳出予算が前年度比で5％超増加する場合には議会の2/3の承認を必要とする。抜本的な税制改革。	議会	BP, TEL, TAX
1946	6	1年次予算の採用。	議会	BP
1962	16	予算の伸び率に関わらず2/3の承認要件を課す。	議会	BP
1978	13	財産税の税率・評価制限。増加に2/3の承認要件を課す。	住民	BP, TEL
1979	4	歳出予算の伸び率を人口とインフレの伸び率に制限する。	住民	TEL
1988	98	K-14教育の最低保障額を一般基金歳出額の40％とする。	住民	EAR
1990	111	提案4号の支出制限の緩和。提案98号の教育財源の配分方法の変更。	議会	EAR, TEL
1992	163	一部の食料品（スナック、ソーダ等）に対する売上税の免税。	住民	TEL
1993	172	売上税の0.5％引き上げと公共安全経費への特定財源化。	議会	EAR
1998	10	たばこ税の引き上げと早期子供発達プログラムへの特定財源化。	住民	EAR
2002	42	ガソリン売上税を一般基金の財源から道路特定財源に恒久的に転換。	議会	EAR
	49	課外授業に5億ドルを支出。	住民	EAR
2004	58	財政均衡を目的とした特別会の開催、財政安定化基金の設置、長期債の起債制限。	議会	BP
	1A	州が地方政府の財源を操作する権限に制約を与える。	議会	BP, EAR
	63	所得税の最高ブラケット層に1％増税。精神医療への特定財源化。	住民	EAR
2010	22	州が地方政府の財産税、燃料税を操作する権限に制約を与える。	住民	BP
	25	予算承認の要件を2/3から過半数に変更。	住民	BP
	26	料金の賦課に対して2/3の承認要件を課す。	住民	BP
2012	30	売上税の0.25％の引き上げ、高所得層への所得税増税。財源を教育費に充当。	住民	EAR
	39	州外法人に対する定式配賦方式の変更。	住民	EAR

注）住民は住民提案、議会は議会提案を示す。BPは予算プロセス、TAXは税制改革、TELは課税・歳出制限、EARは使途制限を意味する。
出所）Cummins (2015), pp.145-146を参考に一部修正。

源の確保を目的とした提案である。いわば、前者が課税・歳出制限で政府規模を小さくする狙いを持つ住民提案であるのに対して、後者が特定財源化を通じて自己利害に結びつく経費をガードする提案である。

さらに、2000年以降は、州財政危機が進む中、それを反映した提案が登場してくる。財政規律を高める目的で提案58号が、州が財政赤字を地方に転嫁することを防ぐために提案22号が、予算審議の円滑化を目的に提案25号が、そして、

課税水準を引き上げ，財政赤字を解消するため提案30号が提起されたのである。

このように，カリフォルニア州では予算制度の修正，課税・歳出制限，特定財源化，さらに財政赤字の解消といった重要な財政的な意思決定を住民投票に委ねて決定しているのである。こうした住民投票が予算，財政に影響力を行使する状況は「投票箱型予算編成（ballot-box begetting）」と呼ばれ，その賛否を巡り多くの議論がなされている。

（2）公債提案──景気政策として発行されない公債

次に，公債提案についてである。州債を住民投票にかけるようになったのは，直接民主主義の導入よりずっと以前の出来事である。19世紀初め，州政府は州債を財源に運河や鉄道など大規模なインフラ整備を行ったが，1837年の経済恐慌を機に事業が行き詰まり，債務不履行を宣言する州も現れた。その教訓から各州では州憲法で一定額以上の起債を行う場合には，住民投票を義務づけているのである。

カリフォルニア州でも1849年から州憲法（第8条第1節）に起債制限の規定を盛り込んでいる。すなわち，30万ドルを超える州債発行を行う場合，住民投票で過半数の賛成を要すると規定したのである。議会は州債の発行を提案する場合，住民投票の前に上下両院で2/3の賛成が必要である。また，住民が州債発行を住民提案することも可能である。

住民投票の対象となるのは一般財源保証債（General Obligation Bonds）で，これは州が有する一般的な課税権，すなわち税収で元利償還を行う債券である。他方，リース収入債（Lease-Revenue Bonds）やレベニュー債（Revenue Bonds）は州の税収が償還財源でないため，住民投票の対象ではない。前者は州政府の機関が利用する施設を建設する際，発行される債券で施設のリース料を償還財源としている。後者は，水道や有料橋等の資本プロジェクトを建設する際に発行される債券で，資本プロジェクトから得られる料金収入を財源としている。

一般財源保証債は住民投票にかけられるため，投票の結果如何では，事業の実施がとん挫する場合もある。その点，リース収入債，レベニュー債は住民投票を回避できるが，一般財源保証債に比べ金利が高くなるという問題点もある。

さて，1978年から2004年のカリフォルニア州債の住民投票の結果を整理した

表1-14 カリフォルニア州債の住民投票の状況
（1978-2004年）

起債目的	可決	合計	可決率
児童施設	1	2	50.0
耐震工事	3	4	75.0
環境	8	15	53.3
公営住宅	4	6	66.7
図書館	2	2	100.0
刑務所	9	15	60.0
学校	17	21	81.0
交通	2	5	40.0
退役軍人支援	10	10	100.0
水道	13	14	92.9
その他	4	4	100.0
合計	73	98	74.5

出所）Working Partnership USA（2006），p.18 参照。

のが表1-14である。この期間，98件の公債提案がなされている。このうち，88件が議会提案によるもので，10件が住民提案によるものである。住民投票で可決された提案は73件，約75％で，金額的には1136億ドル中，986億ドルである。

住民投票で可決される割合が高い分野は，退役軍人支援（100％，退役軍人の住宅建設），学校（81％），図書館（100％），水道（92.9％）である。逆に低いものは刑務所（60％），環境（53.3％，公園やレクリエーション施設の用地取得，開発），交通（40％，道路，交通機関）である。

州債の可決率と景気については次のような関係があると指摘されている。すなわち，景気が良い時期は州債の可決率が高く，悪い時期は低くなるという順景気的な特徴である。失業率が大きく改善した82年から90年の間は45の提案のうち44が可決している。他方，リーマンショックがあった2000年代後半以降は2009年から2013年まで5年間，住民投票さえなかった。一般財源保証債の発行は，景気政策に連動しておらず，不況時には公債発行による景気刺激策より，経費削減や増税による財政均衡が選ばれている（第7章参照）。

おわりに

　以上，カリフォルニア州の政治経済的な状況と州政府の行財政制度の特徴について検討してきた。最後に本章で明らかにしてきた点を要約することにする。

　第1に，カリフォルニア州の経済的な特徴についてである。カリフォルニア州は「両岸経済」の一角を担うアメリカ最大の州で，金融，不動産，情報産業等が州経済をけん引している。その一方で，「砂時計経済」と呼ばれているように所得格差も少なくない。とりわけ人口構成上大きな割合を占めているヒスパニック層で低所得者が多く，教育，福祉等の公共サーヴィスの需要を高める要因となっている。

　第2に，カリフォルニア州の政治，行政的な特徴である。伝統的に革新主義運動の影響が強い地域であったため，政治制度もそれを反映していた。権力の集中を防ぐために，知事以外に，副知事，法務長官，州務長官，教育長等の多くの公選職が置かれている。また，直接民主主義が取り入れられ，他の州に増してイニシアティヴを通じた直接立法が頻繁に行われている。このため，権力関係が輻輳化し知事の意思決定が組織全体に浸透しない問題や提案13号のように住民が草の根的に財政制度を変更できる特徴を有していた。

　第3に，カリフォルニア州の予算，財政制度の特徴についてである。予算の採決には長年，2/3要件が採用されてきたため，野党共和党の政治的プレゼンスが高くなり予算を巡る政治的攻防が激化していた。また，住民や議会による財政提案がしばしば発意され，減税，歳出制限，特定財源化といった様々な財政制度が住民投票を通じて決定されていた。さらに州の一般基金の財政構造は，教育，健康・福祉を主体とする経常経費を個人所得税，売上税の二大財源で支えているといった特徴を有していた。

注
(1) 州の多様性については，Donovan, Mooney and Smith (2013), pp. 17-35 参照。
(2) 富樫 (2003), pp. 173-179参照。最近では幾分，二極から分散化，多極化の方向が見られつつある。

(3) 製造業の生産額は1980年が588億4700万ドルで州内総生産額の17.9%を占めていた。2008年には割合は半減している。数字の出所は California Department of Finance (2000), p. 59.
(4) 事業所数は4万4296か所，従業員数は144万8000人，生産付加価値額は2544億9700万ドルである。U. S. Department of Commerce (2011), p. 635 参照。
(5) Gerston and Christensen (2011), pp. 10-11.
(6) 投票行動では白人は依然，マジョリティである。2000年では73%の投票者は白人であった（2000年の白人の人種構成は53%）。Lawrence (2004), p. 57.
(7) その一方，高齢者人口の割合は白人が圧倒的に高い。California Department of Finance (2008), p. 21 参照。
(8) California Department of Finance (2007), P-1 Report Table. 2 より算出。
(9) Townley and Schmieder-Ramirez (2008), p. 34.
(10) カリフォルニア州では5歳以上で英語以外の言語を使用する州民の割合は42.3%と多い。この割合は全米で最も高く，全米平均（19.7%）の2倍に達している。U. S. Department of Commerce (2011), p. 51 参照。
(11) *Ibid.*, p. 460.
(12) *Ibid.*, p. 463.
(13) California Budget Project (2011), p. 40.
(14) Gerston and Christensen (2011), p. 12.
(15) 予算案以外の法案については一般拒否権（General Veto）を有する。
(16) シュワルツネッガー知事の場合，刑務所，医療保険，水，公教育，財政赤字などのテーマを対象に任期中16の特別会を招集した。Gerston and Christensen (2011), pp. 97-98.
(17) 知事の任用できるポストは全公務員の1%程度に過ぎない。*Ibid.*, p. 98.
(18) 保険事業者に対する監視，保険料改定の承認が役割。以前は，商工・住宅・交通局の事業の一部であったが，1988年の住民投票103号で公選職に代わった。他の公選職の役割については，中邨 (1991), p. 128が詳しい。
(19) 2005年にはシュワルツネッガー知事が公立学校予算の執行を31億ドル留保したため，ジャック・オコンネル（Jack O'Connell）教育長官が知事を相手取り訴訟を提起した。2008年に知事が予算が可決されるまで州職員の給与を連邦最低賃金水準に引き下げようとしたとき，ジョン・チャン（John Chiang）会計監査長官がこの命令を拒否した。*Ibid.*, p. 103.
(20) Ting, Arsneault and Stambough (2011), pp. 126-129.
(21) 中邨 (1991), pp. 133-139参照。
(22) California Department of Finance (2008), p. 253.
(23) フルタイムの議員を置く州はわずか9州しかない。
(24) 再選禁止のような厳しい規定を持つ州はカリフォルニア州以外にはアーカンソー州，ミシガン州しかない。

㉕　Provost (2007), p. 122.
㉖　中邨 (1976), p. 175参照。
㉗　ノンパルチザン制（地方選挙では政党が関われないようにする制度）やクロスファイリング制（党員に関わりなく政党の予備選挙に出馬できる制度）は，政党のボスの力を弱める役割を果たした。前掲書 p. 187参照。
㉘　直接民主主義については，Gerston and Christensen (2011), pp. 24-28 を参照。
㉙　カリフォルニア州のイニシアティヴの説明については賀川 (2005) 参照。
㉚　Miller (2013), p. 148 参照。
㉛　Ibid., pp. 137-145 参照。
㉜　住民投票を行うには有権者登録が必要となるため，投票者は高所得の高齢白人層が多く，マイノリティは少なくなる。他方，マイノリティの多い選挙区の議員はマイノリティの要望を反映する傾向がある。このため住民投票に比べ議会選挙の方が，リベラル色が強くなる。こうした「2つの選挙民問題（two constituencies problem）」があるため，カリフォルニア州ではイニシアティヴが増える傾向があるという見方もある。Ibid., p. 138 参照。
㉝　例えば，たばこ税の場合，税収の90％は，「カリフォルニア子供と家族の第一信託基金（California Children and Families First Trust Fund）」，「巻きたばこ・刻みたばこ生産付加税基金（Cigarette and Tobacco Products Surtax Fund）」，「肺がん基金（Breast Cancer Fund）」の3つの特別会計の財源となっている。
㉞　カリフォルニア州の予算制度については，Decker (2009), pp. 5-32 参照。
㉟　具体的には，財政部から4月に予算指示書（technical budget instruction），7月に予算政策報告（budget policy letter），8月に年次物価報告（annual price letter）が提出される。
㊱　議会分析局の分析官は合同議会予算委員会（Joint Legislative Budget Committee）が採用する。無党派の立場で知事予算案を分析し，修正案を勧告することを使命としている。かつては財政部並みにスタッフが充実していたが，1990年の提案140号で議会の経常経費が38％削減されたことを受け，議会予算局のスタッフも縮小している。
㊲　野党がビッグ5による非公式交渉にも参加できたのは2/3要件によるものである。しかし多数決に変更後も野党の影響力はなくならない。増税に関しては2/3要件が維持されるためである。Janiskee and Masugi (2011), p. 95.
㊳　1979年以降一度も，知事の拒否権は無効にされていない。Decker (2009), p. 22.
㊴　年度内成立は憲法に規定されていても罰則があるわけではない。
㊵　継続予算には所得税の還付，福祉給付が含まれる。また，連邦労働関係法上，予算が成立しなくても州職員の給与は支払われる。Cummins (2015), p. 48.
㊶　State of California Franchise Tax Board (2010), Tables. B-4A.1 参照。
㊷　この法律でカウンティの売上税の税率を1.25％とし，市の売上税の最高税率は1％と決められた。

(43) この税率は2004年7月1日から2009年3月31日までに採用された州税率である。地方税率分（1％）は含めていない。詳しくは，表7-5参照。
(44) California State Board of Equalization, *Annual Report* 参照。
(45) California State Board of Equalization (2010), pp. 22-26 参照。
(46) Decker (2009), p. 67.
(47) 法人フランチャイズ税は州内で活動する法人に対して課税され，法人所得税は法人所得の源泉が州内にある場合，課税される。Provost (2007), p. 187.
(48) これ以外に特別会計の税源としてハイウエー利用税がある。これは自動車の燃料に1ガロン18セントで課税しハイウエーの建設維持費の目的財源となっている。
(49) カウンセラーや図書館司書も最低水準である。Plank and Loeb (2013), p. 373 参照。
(50) Gerston and Christensen (2011), pp. 120-121.
(51) CalWORKsの概要については小林 (2010)，pp. 104-108.
(52) Gerston and Christensen (2011), p. 120.
(53) *Ibid*., p. 124.
(54) NCSL (National Conference of State Legislatures) の住民投票法案データベース (Ballot Measures Database) 参照。
(55) 住民投票で可決された294件の内，前者は144件，後者は150件である。ただし，公債提案の中でも財政提案の性格を持つものが3つほど重複して含まれる。便宜上，公債提案として処理した。
(56) 小泉 (2004)，pp. 195-196参照。
(57) 地方債の場合は，住民投票は2/3の賛成が必要となる。地方債と異なり，州債の場合，償還財源のために増税が自動的に行われないためである。Fulton and Shigley (2005), p. 325 参照。
(58) Working Partnership USA (2006), p. 38 参照。

第2章
地方政府の財政と財源調達

はじめに

　カリフォルニア州の地方政府（2007年）は58のカウンティ（County），478の市（City），1044の学区（School District），そして3294の特別区（Special District）から構成されている。カウンティや市は様々な行政サーヴィスを提供する一般目的政府で，学区は教育，特別区はそれ以外の特定のサーヴィスを提供する特定目的政府である。後に見るように，こうした複数の地方政府が重層的に複雑な形で様々な公共サーヴィスを供給しているのである。

　第1節では，それぞれの地方政府の仕組みと財政制度の特徴について検討する。また，第2節では，カウンティ，市の財源調達手段について検討する。ここでは自主財源である地方税と税外収入（料金収入他），依存財源である州補助金（State Subventions）と資本調達（Capital Financing）の仕組みについて，住民投票制度と関わらせながら論じていくことにする。

　なお，地域の再生を目的としたコミュニティ再開発公社（Community Redevelopment Agencies）も課税権，起債権を持つため，地方政府と同様，その特徴を検討していくことにする。

第1節　地方政府の仕組みと財政

（1）カウンティ——役割の二重性と州補助金への高い依存性

　カウンティとは州によって創設された地方政府である。州の行政単位としてまた地方住民の政府としての二重の役割を兼ねている。前者の役割として，選

挙,裁判,健康・福祉,税徴収等がある。後者の役割として,警察,刑務所,消防,道路維持,交通システム,衛生,財産・婚姻・死亡の記録の管理等がある。さらに市を形成していない地域（未法人地域：unincorporated areas）(3)や市の規模が零細で単独でサーヴィスが供給できない市に対して行政サーヴィスを供給する場合もある。(4) カウンティの行政は州の行政単位の役割を担っているので連邦や州のマンデイトによるものが多い。またこれらの役割を財政的に果たすために課税権,起債権を有している。

　カウンティの政府組織は,5人の理事から構成される理事会（Board of Supervisors）が統治する。理事会はカウンティの政策や予算の決定,執行部局の監督,職員の採用等を行っている。通常,権力の分立を目的に立法と行政はそれぞれ独立しているが,カウンティでは理事会が両者を兼ねている。理事は選挙で選出され任期は4年である。また理事以外にも警察署長（Sheriff）,地区検察官（District Attorney）,財産税評価官,徴税・財務官（Tax Collector/Treasure）,会計検査官（Auditor）,カウンティ書記官（County Clerk）等も選挙で選出される公選職である。

　カウンティには2つのタイプがある。政府組織や運営等を州の一般法で定めている一般法カウンティ（General-Law County）と住民が採択する憲章に基づきその組織や運営を変更できる裁量をもつ憲章カウンティ（Charter County）の2つである。大半のカウンティは前者に分類されている。後者の憲章カウンティは14団体しかないが,人口規模の大きい都市的なカウンティ（例えば,ロサンゼルス,サクラメント,サンディアゴ,サンタクララ等のカウンティ）程,憲章カウンティとなっている傾向が強い。

　なお,カウンティは市と異なり,1907年以降,新設はなくその数は不変的である。(5) このため,1000万人を超える人口を抱えるロサンゼルスカウンティからわずか1200人足らずの人口しかないアルパインカウンティまで多様である。

　次に,カウンティの財政構造である。2008-09年度のカウンティの歳入額は494億4800万ドルである（表2-1）。(6) 主に政府間収入（54.2％）,租税（23.9％）,経常サーヴィス料（Charges for Current Services）（11.7％）,特別分担金（Special Benefit Assessments）(7)等（3.3％）から構成されている。

　政府間収入はほぼ連邦補助金,州補助金から構成され,大半は使途が限定さ

表 2-1 カリフォルニア州のカウンティ財政（2008-09年度）

(単位：100万ドル，％)

歳　入	金額	割合	歳　出	金額	割合
租税	13,059	23.9	公的保護費	16,102	32.8
財産税	11,612	(88.9)	司法	4,414	(27.4)
売上税・利用税	578	(4.4)	警察	4,495	(27.9)
その他	869	(6.7)	拘置・矯正	5,245	(32.6)
特別分担金等	1,647	3.3	その他	1,948	(12.1)
特別分担金	11	(0.7)	公的扶助費	14,896	30.3
免許料	530	(32.2)	福祉	10,198	(68.5)
罰金	1,106	(67.1)	社会サーヴィス	3,621	(24.3)
財産収入	767	1.6	一般扶助	324	(2.2)
政府間収入	26,807	54.2	その他	681	(4.6)
州	16,121	(60.1)	健康・衛生費	8,889	18.1
連邦	9,850	(36.7)	精神医療	4,046	(45.5)
その他	836	(3.1)	公衆衛生	2,995	(33.7)
経常サーヴィス料	5,772	11.7	医療	1,207	(13.6)
雑収入	808	1.6	その他	641	(7.2)
その他	587	1.2	一般政府費	4,871	9.9
			道路・施設費	1,855	3.8
			公債費	1,542	3.1
			レクリエーション・文化費	507	1.0
			教育	483	1.0
合計	49,448	100.0	合計	49,143	100.0

注）（　）の数値は項目別の割合を示す。
出所）California State Controller's Office（2011a），pp. xiii-xvi 参照。

れている特定補助金である。政府間収入の割合の高さはカウンティが州の下部機関として，福祉や健康サーヴィス等を提供する役割を担っているからである。例えば州補助金（連邦から州を経由して配分される補助金も含む）の4割，連邦補助金の7割は公的扶助（Public Assistance）の財源となっている。

租税収入の構成比は財産税88.9％，売上税・利用税4.4％，その他6.7％で，財産税収が大半を占めている。その他の地方税には後で見る不動産移転税，滞在者税，公益事業利用税等が含まれる。

一方，同年度のカウンティ歳出額は491億4300万ドルである。主に公的保護費（Public Protection）（32.8％），公的扶助費（Public Assistance）（30.3％），健康・衛生費（Health and Sanitation）（18.1％）等から構成されている。

公的保護費には司法，警察，拘置・矯正，消防といった治安維持的な経費か

ら治水，土壌・水質管理，予防検査に関する経費まで広く含まれている。もっともその大半は，司法，警察，拘置・矯正の3つの費目で占められる。公的扶助費は福祉，社会サーヴィス，一般扶助（General Relief），退役軍人サーヴィス等の経費である。大半は福祉，社会サーヴィスから構成されている。健康・衛生費は，保健，医療，精神医療，薬物・アルコール中毒者対策，衛生といった経費である。福祉，医療サーヴィスの支出が多いのが特徴であるが，景気後退期にはこれらのサーヴィスに対する需要が拡大するためカウンティの財政を悪化させる要因となっている。

カウンティ全体の長期債務残高（2009年6月末）は214億993万ドルである。長期債務残高の構成比は①リース購入債務（Lease-Purchase Obligation）47.0％，②年金債務債（Pension Obligation Bonds）30.4％，③その他の長期債（Other Long-Term Debt）15.8％，④一般財源保証債1.8％，⑤レベニュー債3.1％等である。カリフォルニア州憲法では州政府同様，地方政府の起債に関しても住民投票による承認が義務づけられている。リース購入債務の発行は州債発行に該当しないため住民投票にかけなくてもよい。このため，一般財源保証債の割合が低く，リース購入債務の割合が高くなっているのである。

（2）市 ── 自治的な創設と多様な自主財源

カウンティを創設したのは州であるのに対して，市は住民の要望に基づき創設された地方政府である。市はカウンティが提供している以上のサーヴィスをコミュニティの住民が望む場合，自分たちの人種的な同一性の維持を望む場合，隣接する大都市から自分たちの課税基盤を守る場合，さらには貧困な住民に対する公共サーヴィスの負担を回避する場合等，様々な理由で設立されている。

市の役割は警察，消防，下水道，ごみ処理，公園，レクリエーション，道路・交通管理，図書館，土地利用等の広範な住民サーヴィスを提供することにある。こうした役割を担うため課税権，起債権を有している。

市のタイプもカウンティ同様，州の一般法に基づき運営される一般法市（General-Law Cities）と憲章に基づき独自の運営がなされる憲章市（Charter Cities）の2つに分かれる。一般法市が全体の8割近くを占める。憲章市は118団体に過ぎないが，州内の大都市はすべて憲章市である。

一般法市の場合，5人の理事から構成される理事会（City Council）が統治する。理事は住民の選挙で選出され，任期は4年である。一方，憲章市の場合，理事数は独自に定めることが可能である。例えば，ロサンゼルス市の場合，理事数は15名，サンノゼ市は10名，サンフランシスコ市は11名，サンディアゴ市は8名である。

市の執行体制については，革新主義運動の影響でほとんどの市で「理事会－支配人制（Council-Manager system）」を採用している。つまり，理事会が行政に関して高い知識や知見を有する人物をシティ・マネージャー（City Manager）として採用し，シティ・マネージャーに市の日常業務の管理や予算の編成，執行部局の長の任用など市の行政運営を担わせているのである。これとは反対に，サンフランシスコ市のように，市長を住民の選挙で直接選び，市長に強い権限――拒否権，予算管理，幹部職員の採用等――を与える「強市長制（Strong Mayor）」を採用している市もある。近年，ロサンゼルス市も市長の権限を強化しており，フレズノ市，オークランド市，サンディアゴ市も強市長制に転換している。

次に，市の財政構造である。2008-09年度の市の歳入総額は542億1600万ドルで，主な構成は経常サーヴィス料金（37.6％），租税（34.8％），政府間収入（9.0％）等である（表2-2）。カウンティと異なり，租税や経常サーヴィス料金などの自主財源の割合が高く，移転財源の割合が低い。また，公営事業の料金収入を含んでいることもあって，歳入全体に占める特定財源（Functional Revenue）の割合が高く，全体の65.2％を占めている。

それぞれの歳入項目について述べると，経常サーヴィス料金には公営企業のサーヴィス料金（水道，電気，ガス等）と警察，消防，建築等の公共サーヴィスの料金（救命・救急，建築確認，動物捕獲等）が含まれる。収入構成上大きなものは前者であるが，近年，建築確認やレクリエーション施設の利用に関する料金などが増加傾向にある。納税者の反乱以降，財産税収が減収したことがその要因であると指摘されている。

租税収入の構成比は，財産税26.6％，売上税・利用税21.6％，公益事業利用税9.3％，事業免許税5.6％等である。カウンティの場合と異なり，財産税の比重が低く税源が多様化している。

第Ⅰ部　カリフォルニア州の制度構造

表 2-2　カリフォルニア州の市財政（2008-09年度）

（単位：100万ドル，％）

歳　　入	金額	割合	歳　　出	金額	割合
租税	18,890	34.8	公共安全費	14,965	26.8
財産税	5,029	(26.6)	警察	9,894	(66.1)
売上税・利用税	4,073	(21.6)	消防	3,990	(26.7)
公益事業利用税	1,750	(9.3)	緊急医療サーヴィス	437	(2.9)
事業免許税	1,067	(5.6)	街灯	301	(2.0)
その他	6,971	(36.9)	その他	342	(2.3)
経常サーヴィス料金	20,397	37.6	公営企業費	10,821	19.3
電気	5,407	(26.6)	電気	5,926	(54.8)
水道	3,704	(18.2)	水道	4,394	(40.6)
下水道	2,955	(14.6)	ガス他	501	(4.6)
廃棄物処理	1,727	(8.5)	公共交通費	9,136	16.3
空港	1,170	(5.8)	道路・公共交通	5,068	(55.5)
その他	5,434	(26.8)	空港・港湾	3,243	(35.5)
政府間収入	4,888	9.0	その他	825	(11.0)
連邦	2,096	(42.9)	一般政府費	5,890	10.5
州	2,390	(48.9)	議会	793	(13.5)
カウンティ他	402	(8.2)	管理・補助	5,097	(86.5)
特別分担金等	1,936	3.6	保健費	5,578	10.0
特別分担金	774	(40.0)	廃棄物処理	1,710	(30.7)
免許料	523	(27.0)	下水	3,392	(60.8)
罰金	639	(33.0)	その他	477	(8.6)
財産収入	2,105	3.9	コミュニティ開発費	4,675	8.4
その他の財源	2,933	5.4	計画	705	(15.1)
債券の発行	2,309	(76.7)	建築・設計規制	1,695	(36.3)
その他	624	(21.3)	その他	2,275	(48.7)
その他	3,067	5.7	文化・余暇費	4,668	8.3
			公園・レクリエーション	2,828	(60.6)
			図書館他	1,839	(18.1)
			その他	203	0.4
合計	54,216	100.0	合計	55,936	100.0

注）（　）の数値は項目ごとの割合を示す。財産税の中には公債費の償還を目的に超過課税した税収分を含む。また，売上税・利用税の中には公共交通に関する目的財源を含む。
出所）California State Controller's Office（2011b）, p. vi, pp. xxvi-xxvii 参照。

　政府間収入は，連邦補助金（42.9％），州補助金（48.9％），カウンティ補助金等（8.2％）に分かれる。州補助金とカウンティ補助金には若干，一般財源目的の補助金も含まれる。カウンティの場合と異なり，政府間収入の割合が格段に低いのが特徴である。

　特別分担金等には，①消防，医療，警察，街灯の運営経費に対する特別分担

金（40%），②動物，自転車，建設などに関する免許・許可（27.0%），③自動車の運転違反等の罰金や保釈金（33.0%）が含まれる。財産収入には，投資収益，賃貸料，ロイヤリティーが含まれる。

　一方，同年度の歳出総額は559億3600万ドルである。歳出は，公共安全費（Public Safety）（26.8%），公営企業費（Public Utilities）（19.3%），公共交通費（Transportation）（16.3%），一般政府費（General Government）（10.5%），保健費（Health）（10.0%），コミュニティ開発費（Community Development）（8.4%），文化・余暇費（Culture and Leasure）（8.3%）から構成されている。

　カウンティと異なり公営企業費の比重が高く，福祉サーヴィスに対する支出はない。大恐慌以降，連邦，州の財源でカウンティが福祉サーヴィスを分担してきたためである。

　公共安全費は，警察，消防，緊急医療サーヴィス，街灯に関する経費から構成されており，前二者で大半を占める。公営企業費は市営事業の建設，運営に関する費用で，電気，水道の２つで大半を占める。公共交通費は道路・ハイウエー等の建設，維持修繕費で約半分を占める。一般政府費は議会費と管理・補助に関する事務的な経費から構成され，後者がその大半を占めている。保健費は廃棄物処理，下水処理，身体・精神保健サーヴィス，病院・衛生サーヴィス，墓地の運営等に関する経費で，前二者で大半を占める。コミュニティ開発費はコミュニティの開発，保全に関する経費で，建築・設計規制，計画に関する経費で割合が高い。文化・余暇費は文化・余暇活動に関する施設の建設，維持，運営等に関する経費で，公園・レクリエーション，図書館に関する経費の割合が高い。

　市の長期債務残高（2009年６月末）は586億8600万ドルある。主な構成はリース債務（Lease Obligations）（43.0%），レベニュー債（38.1%），一般財源保証債（12.5%），特別分担法債（4.0%）である。ここでもカウンティ同様，一般財源保証債は資本調達の主たる手段ではもはやなくなっている。代わりにレベニュー債とリース債務がその役割を果たしている。住民投票による起債制限がこれらの債券に課されていないことがその理由である。

（3）学区──規模の多様性と州による財政調整

　学区とは幼稚園の年長から12学年までの教育サーヴィス（K-12）を提供するために設置された地方政府で，教育財源を調達するために課税権，起債権を有している。学区の種類は次の3つに分かれる。すなわち，幼稚園から6学年もしくは8学年までの生徒を対象とする初等学校区（Elementary Districts）。7学年から12学年もしくは9学年から12学年の生徒を対象とする中等学校区（Secondary Districts）。さらに，幼稚園から12学年までの生徒を対象とする統合学校区（Unified School Districts）である。

　これまで学区の数は大幅に減少してきた。1950年には2137あったものが今日では半分の1044（2007年）である。[16] 統合再編は進展してきたが，学区の規模は多様で零細なものも少なくない。2006年において生徒数1000人未満の学区は全体の45％を占め，生徒数5000人から1万人の学区は123区，生徒数5万人以上の学区はわずか9区に過ぎない。最大は生徒数70万人を超えるロサンゼルス統合学区である。[17]

　学区は州によって創設され，州の監督に服するが，学区を統治しているのは教育委員会（School Board）である。教育委員会の委員は住民の選挙で選出される。委員の人数は通常5名である。教育委員会の最高責任者は教育長（Superintendent）である。教育長は教育委員会が任用し，学区の日常業務を管理している。ちょうど，市の理事会と支配人の関係と類似している。

　次に，学区の財政構造である。[18] 2008-09年度の学区の一般基金の歳入総額は539億3900万ドルである。収入制限財源（Revenue Limited Sources）（62.3％），他の州財源（19.6％），連邦財源（11.7％），他の地方財源（6.4％）から構成されている（表2-3）。

　収入制限財源とは，学区間の財政力の格差を調整する仕組みで，州からの補助金（210億ドル）と学区の財産税等（126億ドル）から構成されている。学区の財産税が基本収入制限額（教育の基準財政需要額とも言うべきもの）の水準を下回る場合に州補助金が交付されるため，財産税の課税ベースが少ない低資産学区程，多くの補助金が配分されることになる。序章でも述べたセラーノ対プリースト判決を受けて，こうした財政調整制度がカリフォルニア州では導入されている。

表2-3 カリフォルニア州の学区財政（2008-09年度）

(単位：100万ドル，％)

歳入	金額	割合	歳出	金額	割合
収入制限財源	33,580	62.3	人件費	33,185	63.8
州補助金	20,992	(38.9)	福利厚生費	9,856	18.9
地方財産税等	12,588	(23.3)	書籍・備品費	2,260	4.3
連邦財源	6,298	11.7	サーヴィス他費	5,272	10.1
他の州財源	10,585	19.6	小計	50,572	97.2
他の地方財源	3,477	6.4	資本支出等	1,461	2.8
合計	53,939	100.0	合計	52,034	100.0

出所）ED-Dataホームページ（http://www.ed-data.org/state/CA）より作成。

　連邦財源は障害児教育，貧困地域の学区の維持・運営，給食等の費用を補助する目的で交付される特定補助金から構成されている。他の州財源は約80の特定目的の補助金と州営宝くじ収益金の配分金から構成されている。他の地方財源としては区画税，使用料，利子所得，財産売却収入，カフェテリアの料金，図書館の罰金，寄付が含まれている。

　このように学区の財源の多くは連邦，州財源に依存しており，学区が自主的に調達できる財源の割合は全体の1/5程度に過ぎない。しかも財産税自体は納税者の反乱以降，州が税率制限を課し税収配分を行っているので，学区の課税権は厳しく制限されている。

　もっとも住民投票によって学区財源を自主的に調達できる場合もある。1つは学区の住民投票で2/3以上が賛成すれば区画税を導入することができる。2つには住民投票で55％の承認を得れば校舎の建設，建て替えの財源として一般財源保証債の発行ができる。さらに，3つには住民投票で55％が承認すれば学区内に学校施設改善区（School Facility Improvement District）を設置し，独自に改善区内における校舎建設の財源を調達（課税，起債）することができる。[19]

　一方，歳出総額は520億3400万ドルである。歳出項目は，経常経費と資本支出等に分かれ，前者が97.2％と大半を占める。経常経費の最大項目は人件費で歳入全体の63.8％を占め，次いで，教職員の年金，医療保険等の福利厚生費が18.9％，教科書や文具等の経費である書籍・備品費が4.3％である。大半が教職員の人件費とその関連経費（福利厚生）に支出されている。[20]

（4）特別区――多様な設置形態と複雑な財源構成

　特別区とは特定の領域に対して特定のサーヴィスを供給する地方政府である。サーヴィスに料金を課し企業のように経営する企業型の特別区（Enterprise Districts）とサーヴィスの受益がコミュニティ全体に及ぶため税で財源を調達する非企業型の特別区（Non-Enterprise Districts）がある。前者には，水道区，廃棄物処理区，病院区等が分類され，後者には，消防区，墓地区，図書館区，警察区等が分類される。特別区は，基本的にはカウンティや市とほぼ同一の権限を有しており，課税権や起債権を行使できる。

　特別区の種類と数は表2-4の通りである。カウンティサーヴィスエリア区（County Service Areas）（895区），消防区（372区），コミュニティサーヴィス区（Community Service Districts）（325区），墓地区（252区），カウンティ水道区（166区）で設置数が多い。カウンティサーヴィスエリア区やコミュニティサーヴィス区は複数の行政サーヴィスを提供するために創設された特別区である。近年，特別区は減少傾向（77年の3398から2007年には3294）にあるが，カウンティサーヴィスエリア区やコミュニティサーヴィス区のような複数サーヴィス型（multi-function）の特別区は逆に大きく増えている。

　特別区の統治構造は，カウンティや市の理事会が統治する依存型特別区（dependent district）の場合もあれば，住民投票で選ばれた委員会（Boards）――通常5名の委員より構成――が統治する独立型特別区（independent district）の場合もある。独立型特別区の運営は委員会が任命する管理者が行っている。数的には独立型が多く2/3を占めている。

　特別区が設立される理由は，特定のサーヴィスを提供する適正規模の政府がない場合やカウンティないし市に住民が特定のサーヴィスの提供を委任しない場合である。設置のメリットは公共サーヴィスの受益と負担が直接リンクすることにある。他方，特別区と市，カウンティが同一のサーヴィスを重複供給するというデメリットも発生している。

　次に，特別区の財政構造（表2-5）についてである。2008-09年度の特別区の歳入総額は，403億2300万ドル，歳出総額は408億5400万ドルである。この歳入，歳出総額は上で述べた企業型の特別区と非企業型の特別区の会計を合算したものである。

表 2-4 カリフォルニア州の特別区のタイプ

種　類	数	種　類	数
カウンティサーヴィスエリア区	895	交通区	15
消防区	372	堤防区	14
コミュニティサーヴィス区	325	港湾区	13
墓地区	252	図書館区	13
カウンティ水道区	166	水保全区	13
開拓区	156	空港区	10
カリフォルニア水道区	136	柑橘類有害生物管理区	10
レクリエーション・公園区	108	貯水区	8
資源保全区	96	ごみ処理区	8
灌漑区	94	有害生物管理区	6
病院区	80	自治体改良区	5
カウンティ衛生区	73	自治体公営事業区	5
衛生区	72	警察区	3
公営事業区	54	衛生・洪水管理区	2
雨水排水区	49	水補給区	2
蚊駆除・ウイルス媒介動物管理区	46	下水道区	1
洪水管理・水質保全区	42	橋・ハイウェー区	1
自治体水道区	37	合同ハイウエー区	1
水道公社	30	都市圏水道区	1
カウンティ給水区	28	立体交差区	1
慰霊区	27	有料トンネル公社	1
排水区	23	合計	3294

出所）California Senate Local Government Committee (2010), p. 19.

　前者の企業型には空港，電気，港湾，病院，交通，下水・廃棄物処理，上水道の7種類の特別区の会計が含まれている。これらの事業の歳入は基本的に料金収入からなるが，税・分担金，政府間収入，利子収入等も含まれている[26]。

　後者の非企業型には，救急サーヴィス，政府サーヴィス，墓地，図書館，公園，消防，街灯，排水施設等24種類[27]の特別区の会計が含まれている。事業の性質上，サーヴィスの受益者や受益の大きさを特定しえないものもあるため，他の地方政府同様，税を徴収している。

　なお，特別区の長期債務残高（2009年6月末）は751億3650万ドルである。レベニュー債（63.6％），リース契約購入参加証書（21.5％）が大半を占める。発行目的は，公共施設の財源調達・建設，水道事業，電気事業，下水・ごみ処理事業等となっている。特別区は他政府以上に料金収入に依存する割合が高いため，その分，レベニュー債による資金調達の割合が高くなっている。

表 2-5 カリフォルニア州の特別区財政（2008-09年度）

（単位：100万ドル，％）

企業型特別区	歳入金額	割合	歳出金額	割合
空港	422	1.7	370	1.5
電気	4,504	17.9	4,392	17.5
港湾	235	0.9	243	1.0
病院	4,205	16.7	4,037	16.0
交通	4,663	18.5	5,722	22.7
下水・廃棄物処理	3,373	13.4	3,145	12.5
上水道	7,823	31.0	7,258	28.8
（小計）	25,225	100.0	25,167	100.0
非企業型特別区	歳入金額	割合	歳出金額	割合
一般目的	12,519	82.9	11,821	75.3
公債費	2,333	15.5	3,276	20.9
資本プロジェクト	245	1.6	590	3.8
（小計）	15,098	100.0	15,687	100.0
総計	40,323		40,854	

出所）California State Controller's Office (2011c), pp. vii-viii 参照。

（5）コミュニティ再開発公社——衰退地区の再生

　以上，各地方政府の基本的な仕組みや財政について述べてきたが，カリフォルニア州の地方財政について述べる場合，コミュニティ再開発公社の財政も欠かすことはできない。2011年に廃止となったがここで紹介しておくことにする。

　コミュニティ再開発公社とは，衰退地区を再開発する目的で，市，カウンティが創設する機関である。公社の役割は衰退地域に指定されたエリア内で商工業用の建物や公共施設等の建て替え，新築を行うことで，土地の収用権も行使できる。2008年には425の公社（カウンティ31，市388設置）が存在し，市の8割が最低1つの公社を設置していた。

　公社が地方財政上の意義をもつのは，衰退地域内で資産増価税（Increment Tax）を課税でき，課税配分債（Tax Allocation Bond）を起債できるからである。資産増価税とは衰退地域における再開発事業の結果生じた資産価値の上昇分に対して課される財産税である。[28]課税配分債とは資産増価加税を償還財源とし，公共施設等の公的インフラを整備する目的で発行される債券である。つまり，公社は再開発事業の財源を課税配分債で調達し，事業後に資産増価税を通じて償還するわけである。

表2-6 カリフォルニア州の再開発公社財政 (2008-09年度)

(単位:100万ドル,%)

歳入	金額	割合	歳出	金額	割合
税と分担金	5,708	68.6	管理費	800	9.9
うち資産増価税	5,677	(68.3)	建設・改良費	1,450	18.0
その他の収入	681	8.2	長期債の元本払い	1,073	13.3
利子収入	423	5.1	利払い費	1,408	17.5
長期債の発行	983	11.8	その他	3,109	38.6
借り換え債の発行	159	1.9	その他の財源の支出	214	2.7
その他	361	4.3			
合計	8,315	100.0	合計	8,054	100.0

出所) California State Controller's Office (2011d), pp. ix-x 参照。

 表2-6に示すように,公社の歳入の実に68.3%が資産増価税で占められ,これを主たる財源として,建設・改良事業の財源や長期債の償還費用が賄われている。また,長期債務残高の65%が資産増価税を償還財源とする課税配分債によって占められている。
 このように,資産増価税の税収規模が大きいため,州内の財産税収の約12%が公社に配分される結果となっている。リバーサイドカウンティやサンバーナディーノカウンティの場合,実にカウンティ内の財産税収の25%にも及んでいた。

第2節 地方政府の財源調達と住民投票

(1) 地方税——様々な税目と課税を巡る住民投票

 カリフォルニア州のカウンティ,市では次の12の地方税を課税している。すなわち,①財産税,②売上税・利用税 (Sales and Use Tax),③取引税・利用税 (Transactions and Use Tax),④事業免許税 (Business license Tax),⑤公益事業利用税 (Utility User Tax),⑥滞在者税 (Transient Occupancy Tax),⑦文書移転税 (Documentary Transfer Tax)・不動産移転税 (Real Property Transfer Tax),⑧入場税 (Admission Tax),⑨駐車場税 (Parking Tax),⑩建設・開発税 (Construction/Development Tax),⑪メロー・ルースコミュニティ施設税 (Mello-Roos Community Facilities Tax),⑫区画税 (Parcel Tax) である。これら

表2-7 カリフォルニア州の地方税の概要

税目	税の特徴
財産税	州内に所在する不動産（土地，建物）と動産（例：モーターボート，飛行機，設備）の資産価値に課税する従価税。1978年の提案13号以降，税率，資産評価，税の徴収・配分に独自のルールが課されている。
売上税・利用税	州売上税との共有税。州が徴収し，州税率の1.25％がカウンティ，1％が市に配分される。根拠法は1955年のブラッドレー・バーンズ地方売上税・利用税法である。
取引税・利用税	州売上税に対する上乗せ税。上乗せできる税率（add-on rates）の上限はカウンティ，市合わせて2％と決められている。根拠法は，1969年のカリフォルニア取引・利用税法である。
事業免許税	市内で事業を行う個人ないし団体の特権に課す税。95％以上の市が導入している。多くが売上高を課税ベースとして比例税率を課している。
公益事業利用税	電気，ガス，上・下水道，電話等の公益サーヴィスの利用に課す税。146の市，4つのカウンティが導入。課税ベースは料金で税率は1％から11％と多様。すべて一般税である。
滞在者税	滞在者がホテル，モーテル，ロッジ等の部屋を占有する特権に対して課税する税。400超の市，55のカウンティが導入。課税ベースは料金で税率は3.5％から19.0％と多様。一般税の形が多い。
文書移転税・不動産移転税	文書移転税は，不動産の所有権の移転を記録した文書に課す支出税。456市が課税。不動産移転税は不動産の所有権の移転に課す消費税。両税とも一般税として課税されている。
入場税	ショー，演技，展示，展覧会に出席する特権に課す税。13の市が導入。チケットの価格に比例税率を課す場合や入場料の一定割合を課す場合などがある。
駐車税	市内の駐車スペースの占有に対して課す税。駐車場の事業者が代行徴収する。税率は駐車料金の一定割合とされる。23市（2004年）が導入。
建設・開発税	デベロッパーの開発行為や開発特権，もしくはデベロッパーが自治体サーヴィスを利用ないし利用可能性がある場合に課される税。半分以上の市が導入。課税対象は新築の建物，部屋数，敷地面積。
メロー・ルースコミュニティ施設税	コミュニティ施設区（Community Facilities District）の開発に関連して必要となる公共施設や公共サーヴィス（救急，レクリエーション，文化，図書館サーヴィス）の財源を調達する目的で課される税。
区画税	地方政府の施設ないしはサーヴィスの利用に対して課される税。区画当たりの比例税として課される場合もあれば，区画の大きさ，数，用途に応じて税率が課される場合もある。特別税の場合が多い。

出所）Coleman（2008），pp.14-58を参照。

第2章　地方政府の財政と財源調達

表 2-8　一般税と特別税の違い

	一般税	特別税
税の使途	無制限	特定目的に限定
理事会の承認要件	一般法市：2/3の賛成 憲章市：過半数	過半数
住民投票の承認要件	過半数	2/3の賛成
その他のルール	一般税の投票は市の理事会選挙と同時に実施することにする。ただし、理事会が一致して、緊急事態を宣言した場合には、実施されない。	特別税は一般基金と別の基金で経理する。課税当局は①税率、②収入額と支出額、③特別税が投入されたプロジェクトの状況を年次報告書で公表する。
根拠法	提案13号（1978年） 提案218号（1996年）	提案62号（1986年）

出所）表 2-7 に同じ。p. 12参照。

の税目の特徴は表2-7 に簡単に整理している。

　税体系からすると、カリフォルニア州は州法上、所得課税は州税に特化しており、個人所得税並びに法人税は地方政府に課税余地（tax room）が与えられていない。消費課税については、売上税・利用税は州との共有税であり、取引税・利用税は州税率に上乗せ課税できる付加税であるが、州から制限税率が設定されている。さらに資産課税である財産税は地方政府の独立税であるが、州政府が税率、課税ベースを制限し、地方政府間の税収配分も操作できるので、実質的には州の分与税化している。

　このように見ると、地方政府の課税上の制約は大きく見えるが、日本の法定税のような制度がないため、上記で示した事業免許税、公益事業利用税、滞在者税、メロー・ルースコミュニティ施設税、区画税を各市が自由に導入し、財源を調達している。税源の依存度は地方政府間で大きく異なり、事業免許税や滞在者税等で税収の多くを調達している市もある。

　もっとも、これらの税を地方政府が導入したり増税したり、さらに予め決められた課税期間を延長したりする場合には、理事会の承認だけでなく住民投票の洗礼を受けなければならない。表2-8 に示すように承認要件は税の種類で異なるが、一般財源である一般税（general tax）の場合は、市の理事会の2/3以上の賛成（憲章市の場合は過半数）と住民投票で過半数の承認を得なければなら

表2-9 地方税と住民投票（2002-08年）

	一般税（過半数）		特別税（2/3の賛成）		合計	
	承認	否決	承認	否決	承認	否決
取引税・利用税の導入・増税[2)]	44	37	35	43(27)[1)]	79	80
図書館目的[3)]	—	—	0	3(2)	—	—
公園・広場・動物園目的	—	—	1	2(1)	—	—
公共交通・道路目的	—	—	9	15(14)	—	—
警察・消防・救急目的	—	—	11	12(9)	—	—
事業免許税	14	7	0	1	14	8
公益事業利用税の導入・増税	5	21	1	3	6	24
滞在者税の導入・増税・延長	53	25	7	11	60	34
区画税	—	—	119	153(71)	—	—
病院目的	—	—	22	6(2)	—	—
警察・救急・消防目的	—	—	6	9(6)	—	—
消防・救急目的	—	—	50	56(32)	—	—
公園・レクリエーション目的	—	—	8	20(11)	—	—
一般目的	—	—	3	9(5)	—	—
図書館目的	—	—	12	11(0)	—	—
警察目的	—	—	3	6(1)	—	—
道路・街路目的	—	—	8	16(2)	—	—
その他目的	—	—	6	10(4)	—	—

注）1）表中の括弧内の数字は55％以上の賛成があっても否決された住民投票の数を示す。2）取引税・利用税，公益事業利用税，滞在者税はカウンティ，市の住民投票の結果である。事業免許税は市の住民投票，区画税は市，カウンティ，特別区の住民投票の結果である。3）目的とは特別税の財源の目的を意味する。
出所）表2-7に同じ。pp. 34-35, p. 38, p. 44, p. 49, p. 59参照。

ない。他方，特定財源（目的税）である特別税（special tax）の場合は，市の理事会の過半数の賛成と住民投票で2/3以上の承認を得なければならない。目的税の方が住民投票のハードルが厳しく置かれているのである。

表2-9は2002年から2008年の住民投票の状況について示したものである。滞在者税，事業免許税，一般税の場合の取引税・利用税は承認が多く，公益事業利用税，区画税のそれは少ない。滞在者税の承認件数の多さはこの税が非居住者に対する租税輸出であることが影響しているものと思われる。また，承認要件が厳しい特別税は一般税と比べ否決されるケースが多い。このため税源の使途を限定しない一般税の方が導入しやすい傾向にある[34]。

なお，地方税については租税提案（tax initiative）の対象にもなっている。住民投票が行われる要件は前回の知事選の当該地方政府内での投票数の5％以上

の署名を集めることとされている。そして，住民投票で過半数が賛成すると住民提案は採択されることになる。

　1990年から2000年の間，住民投票にかけられた租税提案の割合と住民投票の可決率を見ると，カウンティは前者が72％，後者が50％，市は同じく64％と57％とされ，州の財政提案の場合に比べいずれも高い割合となっている。住民が地方税の問題に発言，提案しやすい環境にあると言えよう。

（2）税外収入── 財源調達手段の多様化

　租税以外の地方政府の自主財源には，料金（Fees），便益分担金（Benefit Assessments），営業許可（Franchises）がある。提案13号の導入以降，財産税に厳しい課税制限が課されたため，税外収入での財源調達が進展したと言われている。

　まず，料金についてである。料金は①公共施設や公共サーヴィスの利用に対して課される使用料（User Fees）と②料金負担者の行動を制限するために課される規制料（Regulatory Fees）に分けられる。前者には公営事業の料金や公共サーヴィスの使用料が含まれ，後者には開発影響料（Development Impact Fees）や規制料金が分類されている。

　ここでは，日本で馴染みが薄い開発影響料について取り上げる。開発影響料とは，デベロッパーが住宅，アパート，ショッピングセンター，工場を新たに建設する場合に地方政府が課す料金のことを言う。料金が賦課される根拠は，1つには開発に伴って住民の流入や企業の立地件数が増加することで新たな行政需要が高まるからである。もう1つにはその過程で発生する地域に対する負の影響（impact）を緩和する必要性が生じるからである。

　地方政府が開発影響料を課す場合，料金と開発プロジェクトが関連性を持たなければならない。例えば，図書館影響料を導入する場合，開発に伴う図書館に対する新規需要の発生が説明されなくてはならない。また，一般的に料金収入は公共施設の建設費に充当されるもので，施設の維持・管理費には充ててはならない。さらに，料金の水準は提供されるサーヴィスの供給コストを超えてはならないとされる。

　料金以外には，便益分担金と営業許可がある。前者は，公共施設や公共サー

ヴィスが企業や個人の所有する不動産に特定の便益を与える場合に課される負担金（Charge）である。不動産に特定の便益を与える公共施設や公共サーヴィスとは具体的には，道路の改良・維持，景観の保全，街灯，灌漑，下水，干拓，洪水調整等に関連するものである。所有する土地の間口，面積，単位，評価額等を基準に課税される。

後者は，事業者が地方政府から当該地域での営業権を付与されることを見返りに課されるもので，ケーブル・ビデオ営業許可（Cable and Video Franchises），廃棄物営業許可（Solid Waste Franchises），電気・ガス・水道営業許可（Electric, Gas, Water and Oil Franchises）の3つがある。カウンティ，市が事業者（例えば，ケーブル・ビデオ営業許可の場合はケーブルテレビ会社）に当該地域の道路の使用権を付与する見返りに，いわば「通行料（toll）」として営業許可を課している。

なお，先にも述べたが，提案13号後，地方政府は料金や分担金に財源の途を求めた。これらは税と異なり住民投票にかけずとも，カウンティや市の理事会の多数決で導入できたためである。これによって「擬似的な税」の導入が増えたため，1996年の提案218号では，一部の料金（資産関連料金）や分担金は住民投票の対象にされることになった。

（3）州補助金――特定補助金主体の弱い財政調整機能

カリフォルニア州のカウンティ，市に対して交付する州独自の補助金制度には次のものがある。すなわち，①自動車免許料補助金（Motor Vehicle License Fee），②自動車燃料税補助金（Motor Vehicle Fuel Tax），③提案42号ガソリン売上税補助金（Proposition 42 Gasoline Sales Tax），④公共安全に対する市民選択補助金（Citizens Option for Public Safety），⑤提案172号公共安全売上税補助金（Proposition 172 Public Safety Sales Tax），⑥住宅所有者向け財産税減税補てん補助金（Homeowners Property Tax Relief Reimbursement），⑦ウィリアムソン法減税補てん補助金（Williamson Act Subvention），⑧州マンデイト返済補助金（State Mandate Reimbursement）である。

これらの補助金の概要については表2-10に示す通りである。上記の①～⑤の補助金は使途が限定されている特定補助金で，そのうち④以外は州税の一定

第2章 地方政府の財政と財源調達

表 2-10　カリフォルニア州補助金の特徴

種　類	特　徴
自動車免許料補助金	州税である自動車免許料を原資に，カウンティ，市に配分する補助金。大半はカウンティの健康，福祉サーヴィスの財源に使途される。
自動車燃料税補助金	州税である自動車燃料税を原資に，カウンティ，市に配分する補助金。人口，自動車の登録台数，除雪等の特殊事情を勘案して配分され，道路の維持管理に使途される。
提案42号ガソリン売上税補助金	州税であるガソリン売上税を財源に，カウンティ，市に配分する補助金。財源は道路改良に使途される。
公共安全に対する市民選択補助金	州一般基金から市，カウンティ，特別区に人口をベースに配分される補助金。財源は警察サーヴィス，コミュニティの犯罪防止等に使途される。
提案172号公共安全売上税補助金	州売上税を原資に（税率0.5％分），カウンティに配分する補助金。カウンティごとの課税売上に応じて配分され，財源の使途は警察，消防，矯正，海洋での人命救助等である。
住宅所有者向け財産税減税補てん補助金	住宅所有者に対する財産税控除によって発生した減収分を補てんする補助金。市内に居住する住宅所有者数に比例して配分されている。
ウィリアムソン法減税補てん補助金	ウィリアムソン法の適用により発生した財産税の減収分（一定期間，農地，遊休地を他に転用しないことを条件に認められた財産税軽減措置）を，カウンティ，市に補てんする補助金。
州マンデイト返済補助金	州が地方政府に課したマンデイトコストを補てんするための補助金。補助金の使途に制限はない。もし州がマンデイトコストを補てんしない場合にはマンデイトは停止される。

出所）表2-7に同じ。pp.101-125を参照。

割合を地方政府に交付する形態のものである。

　⑥～⑧は一般補助金であるが，⑥，⑦は州の減税政策による地方政府の減収分を補てんするもので，⑧は州が地方政府に義務づけたマンデイトコストを補てんするものである。いずれにせよ，日本の地方交付税のように地方政府の財源保障，財政調整を目的に，財政需要と財政収入のギャップを補てんするような財政調整制度は見当たらない。あえて，交付税に類似した制度を挙げるとすると，学区で導入されている収入制限財源が挙げられるであろう。

（4）資本調達——バイパスされる住民投票

　表2-11に示すように，カリフォルニア州の長期債務の資金調達手段には，①一般財源保証債，②メロー・ルース債（Mello-Roos Bonds），③特別分担債（Special Assessment Bonds），④課税配分債，⑤リース契約購入参加証書

第Ⅰ部　カリフォルニア州の制度構造

表 2-11　カリフォルニア州の地方債の特徴

種　類	特　徴
一般財源保証債	地方政府の全信用力（具体的には一般基金を含む全基金の財源）を背景に発行される債券。信用力は高く償還利回りは低い。発行には住民投票で2/3以上の賛成を要する。
メロー・ルース債	メロー・ルース特別税を償還財源とする債券。起債対象はメロー・ルースコミュニティ施設区内の不動産もしくは耐用年数が5年以上の動産の建設等。発行には住民投票で2/3以上の賛成を要する。
特別分担債	便益分担金と地方政府からの拠出金を償還財源とする債券。起債対象は分担区に特定の便益を与える事業である。債券の発行には当該区域の資産所有者の過半数の賛成を要する。
課税配分債	資産増価税を償還財源とする債券。起債対象は再開発公社が行う再開発事業。債券の発行には公社の取締役会の投票で承認されなければならない。
リース契約購入参加証書	地方政府が設立した非営利法人を通じてリース契約購入参加証書（certificates of participation）を発行して施設（庁舎，裁判所）等建設の資金調達を行う手法。住民投票は不要な反面，償還利回りは高い。
レベニュー債	上下水道，電気，病院等の事業収入を償還財源とする債券。住民投票は不要。償還利回りは起債対象事業が市場独占的で，消費者にとって必需的であるほど，低くなる。
マークス・ルース債	マークス・ルース地方債共同法により認められた広域自治組織（Joint Powers Authorities, JPAs）が発行する債券。自治体単独で発行する場合に比べ債券のロットが大きくなるので資金調達コストを引き下げうる。発行にはJPAsの取締役会の投票による承認を必要とする。

出所）表2-7に同じ。pp.140-151を参照。

（Certificates of Participation），⑥リース収入債（Lease Revenue Bonds），⑦レベニュー債，⑧マークス・ルース債（Marks-Roos Bonds）の8つがある[43]。

　先に見たように地方政府の長期債務の発行残高で多いのは，カウンティ，市，特別区ではリース契約購入参加証書，リース収入債，レベニュー債で，コミュニティ再開発公社では課税配分債であった。起債に当たって住民投票が課されていないことが大きな理由である[44]。

　一般財源保証債の発行は，カウンティ，市の理事会と住民投票でそれぞれ2/3の賛成が必要である。2002年から2008年までのカウンティ，市，特別区における住民投票の結果を見ると，承認24件，否決30件である（表2-12）。起債目的別の投票状況は病院，消防・警察では承認が多いものの，耐震，街路・排水・治水，低所得者向け住宅では否決が圧倒的である。この時期はドットコ

表 2-12 一般財源保証債の住民投票の状況（2002-08年度）

発行目的	承認	否決
病院	6	4
消防・警察	7	5
公園・病院・レクリエーション	8	8
一般政府他	2	3
耐震	1	3
街路・排水・治水	0	4
低所得者向け住宅	0	3
合計	24	30

出所）表 2-7 に同じ。p.143参照。

ム・バブルの崩壊とリーマンショックが立て続けに起こった時期である。景気が低迷していたことが地方債発行に対する住民の厳しい評価に現れたと言えよう。

おわりに

最後にこれまで述べてきた議論を整理することにする。

第1に，カリフォルニア州の各地方政府の行財政的な特徴である。カウンティは州の行政単位であるとともに地方コミュニティの政府という二重の役割を担っていた。前者の役割に規定されて，連邦，州からの特定補助金を主たる財源に福祉や医療サーヴィスを提供していた。市は住民が自治的に創設した政府で，税，料金収入を主体に治安，公営事業，交通，レクリエーション等，広範な住民サーヴィスを提供していた。学区は教育サーヴィスの供給主体で，学区間の財政格差を解消するため，財政調整機能を有する州補助金により財源が賄われていた。特別区は，カウンティ，市を補完し特定の領域で特定サーヴィスを提供するため創設された政府で，企業型特別区は料金収入で，非企業型特別区は租税・分担金等を財源としていた。さらに，コミュニティ再開発公社は，資産増価税を償還財源に課税配分債を発行し，衰退地域の再開発事業を行っていた。

第2に，カウンティ，市の財源調達についてである。地方税は財産税をはじめ12の税目から構成されている。所得課税はなく，売上税・利用税に上乗せ課

税する税(取引税・利用税),土地,区画の大きさ(メロー・ルースコミュニティ施設税,区画税),売上高(事業免許税),料金(滞在者税,公益事業利用税,駐車場税,入場税)等を課税ベースとする税が課税されていた。増税を行う場合には住民投票で承認されなくてはならないが,特別税は一般税に比べ承認要件が厳しいため,住民投票による否決割合が高い。税外収入には,料金,便益分担金がある。これらは提案13号後,擬似的な税として多用されていったが,一部は税同様,住民投票の対象となった。州補助金には,税収(自動車免許料や自動車燃料税)の一部を交付する特定補助金と州の減税額やマンデイトコストを補てんする一般補助金があったが,財政調整を目的とした補助金はなかった。さらに,資本調達については,一般財源保証債は住民投票による起債制限が課されているためマイナーな役割しか果たしておらず,リース契約購入参加証書やレベニュー債が多用されていた。

注

(1) 州によってはタウンシップ,タウン,ビレッジという一般目的政府が設置されているが,カリフォルニア州の場合,こうした地方政府は設置されていない。

(2) Gerston and Christensen (2011), p. 129.

(3) 2007年の市以外の居住人口は658万1511人,全人口の17.4%である。例えば,ラッセンカウンティの人口は3万5804人,面積は4557.3平方マイル。カウンティ内にある唯一の市であるスーザンビル市の人口は1万7921人,面積は5.9平方マイルである。カウンティの約半数の人口は未法人地区に居住している。California Department of Finance (2008), pp. 14-18 参照。

(4) ロサンゼルスカウンティの場合,警察,消防,救急等のサーヴィスを幾つかの市と契約を結び供給している。Cahn, Schockman and Shafie (2010), p. 105 参照。

(5) カウンティを新設する場合,新設を希望するカウンティのエリアの住民とそれ以外の住民双方の住民投票で過半数を得なければならない。このことがカウンティ新設のネックとなっている。Ting, Arsneault and Stambough (2011), p. 147.

(6) 公営企業分を含むと歳入総額は559億100万ドル,歳出総額は567億4700万ドルである。空港,病院,ごみ処理,交通といった事業が行われている。

(7) その他には免許・許可・フランチャイズ料(Licenses, Permits and Franchises)と罰金・過料・反則金(Fines, Forfeitures and Penalties)を含めた。

(8) 一部,住宅所有者向け財産税減収補てん補助金のように使途が制限されていない補助金もある。California State Controller's Office (2011a), p. ix 参照。

(9) *Ibid.*, p. ix 参照。

⑽　市を創設する場合，コミュニティ住民による市創設の請願（投票者の最低25%），当該コミュニティが属しているカウンティの地方政府形成委員会（Local Agency Formation Commission）における市としての財政的自立性に関する検討と同意，さらに，コミュニティ住民の住民投票による過半数の承認といった手続きが必要である。Field（2009），p.114.
⑾　Gerston and Christensen（2011），p.131, Ting, Arsneault and Stambough（2011），p.147. また，岡部（2009），p.105では提案13号以降，税源確保を目的に市の設立が進んだ点を指摘している。
⑿　一般市と憲章市の政府形態，選挙等の違いについては牧田（2013），p.10。なお，人口3500人以上の市しか憲章を持てない。
⒀　サンフランシスコ市は1911年から一市一カウンティの形態をとっている。このため，11名の理事が理事会を構成する一方で，市長を置いている。
⒁　市長は政治マシーンと強い関係を持っていたため，革新主義運動の結果，理事会が採用するシティ・マネージャーに多くの権限を与えることになった。Gerston and Christensen（2011），p.134.
⒂　ただし公営企業の設置は市間で大きく異なる。電気料金の51.7%はロサンゼルス市の収入によるものである
⒃　学区の数については，Bollens and Scott（1951），p.122.
⒄　Townley and Schmieder-Ramirez（2008），p.45.
⒅　公立学校会計は一般基金，特別基金，資本プロジェクト基金，公債基金等の複数の基金に分かれている。ここでは学区の財政運営に関する基本的な基金である一般基金を対象に検討した。
⒆　学区の財源調達と住民投票について塙（2016）が詳しい。
⒇　人件費には，教員だけでなく，事務職員，図書館司書，ソーシャル・ワーカー，カウンセラー，運転手，給食・営繕職員の経費も含まれる。
㉑　領域は大半がカウンティ内に納まるが，中にはカウンティを超える規模のものもある。California Senate Local Government Committee（2010），p.2.
㉒　水道区は使用者に水道料金を課し病院区ではベッドに料金を課し患者に負担を求める。また，契約，雇用，不動産の購入，訴訟等の権限も有している。
㉓　カウンティサーヴィスエリア区は動物管理，図書館，除雪，雑草の駆除などの32のサーヴィスまで供給することが可能である。カウンティサーヴィスエリア区は過去30年で168増加し，コミュニティサーヴィス区は112増加している。Ibid., p.6.
㉔　すべてのカウンティサーヴィスエリア区は依存型特別区である。Ibid., pp.6-7.
㉕　他のメリットとして，①市やカウンティと異なり，コミュニティが必要とする公共サーヴィスだけを提供できる。②特別区はカウンティ，市と異なり狭域で住民数も少ないため迅速に対応できることが挙げられる。デメリットは，①サーヴィス（例えば，水道，下水道）ごとで特別区が編成されているため，地域計画の立案や調整が困難である。②特別区が複数存在することで住民にとってどのサーヴィスに

対し誰が説明責任を負っているのかわかりにくいといった指摘がなされている。*Ibid.*, pp. 11-12.

(26) 例えば，交通区は財産税や売上税を課税し，水道区も財産税を課税している。

(27) *Ibid.*, p. vii 参照。

(28) 都市再生と TIF (Tax Increment Financing) のメリットについては前田 (2006), p. 116, 難波 (1999), pp. 241-242参照。

(29) California Legislative Analyst's Office (LAO) (2010a), pp. 2-3.

(30) 1910年の税源分離で，州税から地方税に転換した。

(31) 分与税の説明については神野・小西 (2014), p. 37参照。

(32) サンパブロ (San Pablo) 市は一般基金収入に占める事業免許税 (2005-06年度) の割合は53.2%，ビバリーヒルズ市は25.8%である。公益事業利用税のそれは，ホルトビル (Holtvill) 市で35.5%，コンプトン (Compton) 市は35.0%である。滞在者税のそれはヤントビル (Yountvill) 市は67.8%，アバロン (Avalon) 市は59.0%，マンモスレイクス (Manmoth Lakes) 市は55.1%である。Coleman (2008), p. 37, p. 42, p. 47 参照。

(33) 岡部 (2009), p. 94参照。

(34) 州と比べ地方の方が租税に関する住民投票の可決率が高いとされる。理由として，利害集団の大きな反対がないこと，小さなコミュニティでは大した反対運動が起こらないこと，地方レヴェルでは税の問題は政治的にふれにくい問題と見なされていないことが指摘されている。Cummins (2015), pp. 243-244.

(35) Gordon (2004), pp. 7-18 参照。

(36) Coleman (2008), p. 78 参照。

(37) デベロッパーが寄付 (dedication) の形で負担を負う場合もある。開発料金はたいていこの資産の寄付の代わりに賦課されている。

(38) 他にも交通影響料 (Traffic Impact Fee)，学校影響料 (School Impact Fee)，公園影響料 (Park Impact Fee) などがある。学校影響料については第4章参照。

(39) 不動産でなく企業自体に賦課する便益分担金もある。これは事業改良区 (Business Improve Districts) 内に立地する企業に対する分担金で，事業免許税と合わせて徴収されている。例えば，観光のような事業を促進する目的でエリア内の企業に分担金を課しイベント事業の財源に充てている。

(40) 料金は税と区別して定義されている。すなわち，料金とはサーヴィスに対する対価で，サーヴィスを供給する「合理的な見積原価 (estimated reasonable cost)」を超過しないものである。これを超過するものを租税に分類している。

(41) ニューヨーク州の一般交付金のような制度もない。川瀬 (2012), p. 109.

(42) 短期資金の調達手段として，公債収入つなぎ証券 (Bond Anticipation Notes)，補助金収入つなぎ証券 (Grant Anticipation Notes)，租税・収入つなぎ証券 (Tax and Revenue Anticipation Notes)，コマーシャルペーパー (Commercial Paper)，短期借入 (Short-Term Lease) がある。

⑷3 さらに詳しい説明は小泉（2012）を参照。
⑷4 メロー・ルース債もメロー・ルース施設区が開発段階で人口が少ない場合，少数の地主の投票で発行できるといった起債制限の抜け道もある。第4章参照。

第Ⅱ部

「納税者の反乱」と現代カリフォルニア州財政史

第3章
財産税を巡る反税運動と納税者の反乱
―― 1960〜1970年代 ――

はじめに

　本章は，カリフォルニア州における1978年の提案13号の成立過程に焦点を当て，提案13号がどのような財政史的な文脈の中で登場したのかを検討するものである。

　周知の通り，提案13号は地方政府の基幹税である財産税に対して厳しい課税制限を課した住民提案である。この提案が住民投票で可決されたことで，カリフォルニア州の地方政府は税収のほぼ半分を失うことになり，財政運営に大きな衝撃を受けることになった。この出来事はカリフォルニア州だけでなく，その後の全米各州の課税・歳出制限運動やレーガン税制改革にも大きな影響を与え，一般に納税者の反乱と呼ばれている。

　このため，提案13号の登場をニューディール以降の大きな政府から小さな政府への転換点として位置づける研究も少なくない(1)。確かに，提案13号の提案者や支持者の政治的なメッセージの中に，政府の無駄の削減や大きな政府批判を見ることもできるし，こうした運動の知的基盤を担っていたのが公共選択学派のジェームス・ブキャナン(2)やサプライサイダーのアーサー・ラッファーであったこともそのことに関係していると言えよう(3)。

　しかし，実際，提案13号が登場した政治プロセスに着目すれば，「小さな政府論」とは別の，財産税制度が持つ矛盾とそれに対する納税者の反税運動（anti-tax movement），さらには財産税の負担軽減策を巡る州議会の政治的な対応の遅れや拙さといった問題が見えてくる。その意味で最近注目されている「小さな政府」の実現を理念とする「ティーパーティー運動（Tea Party

Movement)」とは本質的に大きく異なると言えよう(4)。

さて，本章では次のような構成で議論を行う。まず，第1節で，アメリカの財産税制度を概説し，70年代当時，財産税が抱えていた問題点について検討する。第2節で，60年代のカリフォルニア州の財産税評価制度における問題点と納税者の反税運動の展開について検討する。さらに，第3節で，納税者の反税運動が提案13号に結実する政治プロセスについて検討し，住民提案の財政的な意義について明らかにする。

第1節　70年代アメリカにおける財産税の諸問題

（1）財産税の仕組みと沿革

　財産税とは不動産（土地，建物）を主たる課税対象とし，その資産価値に応じて課税する従価税である(5)。同じ資産税である資本移転税，贈与税，キャピタルゲイン税と異なり毎年課税されるため経常税に分類される。

　国際的には課税ベースを資産価値とする点で，同じ地方不動産課税であるイギリスのレイト（Rate）やオーストラリアの土地税（Land Tax）とは区別される(6)。レイトは課税ベースが賃貸価格であり，土地税は建物を除く土地（敷地）だけを課税対象としているからである。

　財産税の課税権者は州，地方政府であるが，税収の大半が地方政府の税収であるため実質的に地方税化している。地方政府にとっては上位政府と競合しない独自財源としての性格を有する。また，財政理論上も財産税は課税ベースの非移動性（immobility）や税収の安定性（stability）の点で最適な地方税と評価されている。

　財産税の基本的な税額算定の仕組みは次のようなものである。まず，①課税対象となる資産（居住用資産，事業用資産，農業用資産等）を種類別に分類し個別に資産評価を行う。次に，②その評価額に資産ごとで異なる評価率を乗じ，これらを合算して課税価格（taxable value）を算出する(7)。そして，③課税価格に税率（ミル表示）(8)を乗じ納税額を算出する。税率は財政当局が経常経費と債務償還費をカバーするのに必要な財産税収の大きさを見積もり，その金額で課税価格を割ることで求められる。このため，税率設定は時々の地方政府の財政

第3章　財産税を巡る反税運動と納税者の反乱

需要の大きさを反映することになる。なお，財産税の負担を軽減する制度として，住宅免税・税額還付制度（homestead exemption or credit），サーキットブレーカー制度（circuit breaker），財産税延納制度（property tax deferral）が設けられている[9]。

　次に財産税の沿革についてである。財産税はアメリカ独立以前から各植民地で伝統的に導入されてきた税である。例えば，ボストンではピューリタンの住民が教会と子弟の宗教教育のための経費として財産税を負担したと言われている[10]。当時の財産税は，人頭税，罰金，料金，内国消費税，関税の補完税で「能力原則（faculty principle）」に基づく税として認識されていた[11]。このため，個人の不動産，動産（奴隷，時計，荷車，現金のような個人財産を含む），さらには所得も課税対象としていた。しかし，能力原則と言っても実際には資産評価の実施は困難であり，家屋はドア，窓，煙突等の数に従い評価し，土地は種類（林野，牧草地，耕地等）ごとに分類し1エーカー当たりで同一の金額で評価し課税していた。

　また，財産税は当初，資産ごとにばらばらに課税する分類財産税の形をとっていたが，1830年代以降，財産税の統一課税運動（Uniformity Movement）が起こった。これは州憲法で財産税の資産を均一に課税するように規定する運動であった。多くの州でこの運動が普及したのは不動産，動産を均一的に課税することは課税の公平の観点から支持されたためである。その結果，分類財産税から資産を均一的に課税する一般財産税（General Property Tax）に変化したのである。

　しかし，一般財産税化は課税実務上の困難に直面し，長くは続かなかった[12]。資産形態が多様化する中，様々な動産（有形動産（衣装，家具等），無形動産（株，債券等））を市場価値で評価することは困難であったためである。また，動産は移動可能性が高く地域的な税率差がある場合には課税回避が容易であった。このため，動産への適正な課税は暗礁に乗り上げ，不動産を中心とする現在の財産税へと形を変えることになったのである。

　なお，州と地方との間での財産税の課税分離は30年代の大恐慌を通じて決定的に進んだ。州はこの時代に税源の多様化を図り，財産税を実質的に地方に税源移譲させたのであった。

（2）70年代における財産税の諸問題

「旧税は良税（old tax is good tax）」という言葉がある。財産税は先にも見たように，アメリカ建国よりも古い歴史を持つ旧税であるが，良税であったという評価は当てはまらない。連邦政府の政府間関係諮問委員会（Advisory Commission on Intergovernmental Relations, ACIR）の調査では，70年代，財産税に対する国民の不満が極めて高かったことが示されている（図3-1）。

この時期，財産税は「最悪な税」と答えた国民が一番多かったのである。60年代に大統領経済諮問委員会（President's Council of Economic Advisers）の議長を務めたウォルター・ヘラー（Walter W. Heller）も「あらゆる税は不人気であるが，財産税はその中でも最低の税に違いない」と酷評し，財産税を「アメリカ税制の病んだ巨人（sick giant）」と表現した。

財産税が巨人であった理由は，70年代の税収構成から確認できる。財産税はアメリカ全体の州・地方税収（72年度）の39％，地方税収の実に84％を占める主要税源であったためである。とりわけ学区の教育財源としては重要な役割を持っていた。

では，なぜ財産税は病んだ税であったのだろうか。70年代の財産税に関する評価を見ておこう。財産税に対する不満は負担の不平等にあった。それは，①州間，地域間で負担格差が大きかったこと，②事業資産に比べ個人資産が重課されていたこと，③非課税資産が多く課税資産に負担がしわ寄せされていたこと，④富裕者より貧困者の負担が重かったことが挙げられている。

1つ目の州間の負担格差は表3-1で示す通りである。これらの格差は州間での課税資産の扱い，税率，負担軽減措置の適用等の違いに依拠していた。制度上の違いは根本的に財産税制度が州ごとで独自に発展してきたこと，州の課税権は州の権限であるため連邦政府が介入できないことを反映している。

また，より狭い地域間においても負担格差は大きかった。課税評価額が大きい地域はそうでない地域と比べ，低税率で高税収，高サーヴィスを享受していた。例えば表3-2に示すように，デトロイト市郊外のインクスター（Inkster）市とディアボーン（Dearborn）市の場合，生徒1人当たりの課税資産額の違いは財産税率，教育サーヴィスの差となって表れている。これは財政調整制度を内蔵していないアメリカ地方財政特有の問題で，70年代以降，全米各州で起こ

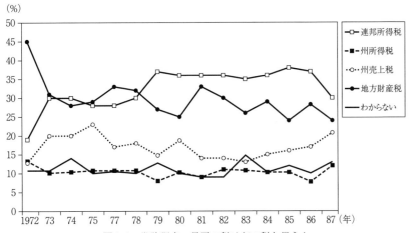

図 3-1 世論調査：最悪の税はどの税と思うか

出所）ACIR (1987), p.5 より作成。

る教育財政訴訟の背景となっていた。

2つ目の事業資産と個人資産の評価においても大きな違いがあった。大企業の事業資産の場合，資産評価を軽減する措置が採られていた反面，当該地域の財政需要を賄うために，家計の資産評価は引き上げられていた。当時，消費者運動の旗手で財産税に対する反税運動も組織したラルフ・ネダー（Ralph Nader）は「財産税の評価制度ほどスキャンダラスなものはない」として次のような例を挙げていた。

「西テキサスのパーミアン盆地では，世界有数の石油ガス会社の資産に対しては50％以上低く評価されていた。その結果，当該地域の小事業主や個人家主が地方政府の財政需要の1/3も負担させられている……国全体を見ても，企業特区は非常に差別的な方法で財産税の特別な優遇措置を受けている。恣意的な財産税の過小評価を通じて，そうした産

表 3-1 州別の州・地方財産税負担額（1972年度）

	所得千ドルに対する財産税負担額（ドル）
高負担州	
サウスダコタ	73
モンタナ	72
カリフォルニア	71
マサチューセッツ	71
ウィスコンシン	67
低負担州	
ルイジアナ	24
アラスカ	23
ケンタッキー	23
デラウエア	21
アラバマ	14
全米平均	49

出所）Harriss (1974), p.13 参照。

表 3-2 ミシガン州インクスター市とディアボーン市の財産税の負担格差（1969年）

	税率（ミル）	生徒1人当たりの財産税収（ドル）	生徒1人当たりの課税資産（ドル）	生徒数（人）	評価率（%）
インクスター市	32.9	171	6,600	4,800	50
ディアボーン市	23.15	917	40,000	21,631	50
州平均	24.0	—	—	—	—

出所) Worsnop (1971), p.4 参照。

業は地域のコミュニティを汚染していることの対価さえ払っていない」[15]。70年代，消費者運動が高まる中，財産税の評価の恣意性は企業の社会的責任論と相俟って社会問題化していたのである。

3つ目の財産税の非課税資産の問題も負担格差を生み出していた[16]。地域内に多くの非課税資産（政府，非営利組織の資産）が立地する場合，課税資産が相対的に重課されることになる[17]。例えば，ニュージャージー州のニューワーク（Newark）市では税率84.4ミルと国内で最も高い財産税負担を強いられていた反面，経常予算の43%に匹敵する赤字を抱えるほどの厳しい財政状況にあった。理由は，市の面積の6割が免税資産であったためである。ニューヨーク市も同様で市の34%の資産は免税資産であった。中には当時世界第3位の高さを誇るクライスラービルディングのような商業施設も所有が非営利組織であったため免税とされていた。

4つ目の所得階層間の問題でも逆進的な負担の問題が生じていた。シンクタンクのタックス・ファンデーション（Tax Foundation）の推計（表3-3）によれば，所得に占める財産税の割合は年2000ドル未満の所得階層（税引き後所得）の場合，6.9%であるが，1万5000ドル以上のそれでは2.4%であるとされた。全租税の負担構造と比較すると対照的であることがわかる。また，高所得層の財産税の負担感が低い理由として，①財産税は連邦，州所得税で所得控除が認められていた点，②低所得の賃借人は家主の財産税が賃貸料に転嫁されつつもこの所得控除が活用できない点，③資産価値の高い家屋程，転売回数も多いため市場価格を反映して適正に課税されている点が指摘されていた[18]。

（3）財産税の資産評価制度の問題

以上に加え，当時，批判の対象となっていたのが資産評価制度の問題である。

表3-3　家計所得における財産税の負担構造（1965年）

所得階層	所得に占める財産税負担の割合（％）	総所得に占める全租税負担の割合（％）
全家計	3.8	30.4
2,000ドル未満	6.9	28.1
2,000—2,999ドル	5.2	26.7
3,000—3,999	4.7	29.7
4,000—4,999	4.2	29.1
5,000—5,999	4.2	29.4
6,000—7,499	3.8	28.5
7,500—9,999	3.5	28.5
10,000—14,999	3.3	30.6
15,000以上	2.4	44.0

出所）Harriss（1974），p.43参照。

　財産税の算定方法は冒頭でも述べた通り，各課税資産を評価し，評価率を乗じて課税ベースである課税価格を算出する方法である。財産税の課税ベースの算定は所得税や消費税と異なり，実際の市場取引を介在しないという困難さを伴う。所得税の場合は労働市場で得た所得を課税ベースとし，消費税は財・サーヴィス市場での売買価格を課税ベースとする。しかし，財産税の場合，課税資産のすべてが市場で毎年売買されているわけではなく，市場価値を何らかの手法で推計して課税ベースとしなければならない。このため資産評価にはそれを担う地方政府の財産税評価官の評価手法，評価能力，さらに価値判断など多様な要素が影響することになる。

　資産評価は当時どの程度，正確になされていたのであろうか。これを数量的に把握する試みとして，資産の売買価格に対する評価額の割合（sales-to-assessment ratio，売買価格対評価）を見る方法がある。表3-4に示すように，農家を除く戸建住宅（single-family home）を対象にその評価割合を見ると，売買価格よりもずっと低い状況で，州間でも大きな差があることがわかる。この割合は全米23州（コロンビア特別区も含む）の中位値が32.6％にあるのに対して，最高のオレゴン州は87.1％，最低のサウスカロライナ州はわずか4.0％と大きな開きがあった。しかもこの割合の違いは州間だけにととまらず，州内のコミュニティ間でも確認されていた。

　州間で売買価格対評価の割合が異なるのは，各州が州憲法ないしは州法で異

表3-4　戸建住宅（農家を除く）の売買価格対評価額の割合（1971年）

州	割合（％）	州	割合（％）
オレゴン	87.1	ペンシルベニア	26.6
ケンタッキー	83.8	ニューヨーク	25.8
ニュージャージー	58.3	インディアナ	23.5
マサチューセッツ	49.3	コロラド	20.7
コロンビア特別区	47.5	カリフォルニア	20.0
ウイスコンシン	46.7	オクラホマ	18.2
ミシガン	41.5	テキサス	18.0
イリノイ	37.8	ノースダコタ	15.1
オハイオ	36.9	ルイジアナ	13.1
ワシントン	36.1	ミネソタ	8.5
バージニア	34.8	サウスカロライナ	4.0
テネシー	32.6	全米中央値	32.6

出所）Harriss（1974）, p.28.

なる評価率を適用していたためである。ACIRによればこれは30の州で行われておりインディアナ州33.3％，ワシントン州50％，カンザス州30％，カリフォルニア州25％と多様であった。[21]

しかし，州法上決定された評価率よりも低い割合で評価されていたのが常であり，しかも評価の割合は州外，州内ともに評価格差が生じていたのである。このように法的に決められた評価率よりもさらに低く評価する方法を部分的評価（fractional assessment）と言う。部分的評価が行われる背景には次のような問題があった。

第1に，地方政府の政策判断によるものである。州は財産税の免税額や地方政府の教育補助金の交付額の基準を財産税評価額に置いていた。このため地方政府が地方内の納税者の負担軽減や補助金の増額に期待するならば，評価額を意図的に引き下げることも行われていたのである。[22]

第2に，評価官に対する政治的な影響の問題が挙げられていた。評価官は地方政府の首長や議員同様，多くの州で公選職であるため，地域の選挙民により選出される。72年では26州が公選制で，12州が公選制と政治任用制の併用型を採っていた。[23]このため評価官は有権者からの政治的な圧力を受けていたのであった。選挙で選出されるためには有権者の資産を低く評価したり，評価を低くする替わりに賄賂を要求したりするなどの政治的な腐敗も見られていたのである。[24]

第3に，評価官の評価技術や評価能力にも問題があった。評価官に対して研修や資格を求めない州も少なくなかったし，そうした制度があった州でも最低限のものに過ぎなかったのである。このため，①居住用資産に比べ資産の異質性の高い事業用資産（例えば工場とショッピングセンター）の評価は困難である，②資産評価の方法が評価官の間で統一化されていない，③評価替えの頻度が資産間で異なっており，市場価格とのかい離が少なくないといった様々な問題点を抱えていた。

　以上，70年代における財産税の諸問題について述べてきた。当時のニクソン政権でも国民の財産税に対する不満は認識されていた。とりわけこの時期，教育財政訴訟の関連で，教育財源としての財産税の在り方が問題視されていたのである。ニクソン大統領は70年に教育財政委員会（Commission on School Finance）を立ち上げ，財産税に替わる代替財源案を議論させており，72年には同委員会は教育財源として，財産税を全廃し連邦付加価値税（National VAT）を導入する案を提示していた。しかし，ACIRはこの案に批判的な立場を採り，全米知事会（National Association of Governors）も州売上税の課税権と抵触することを嫌って反発していた。財産税の課税権は憲法上，連邦になく，州にあるため州の協力なしには進展しなかったわけである。付加価値税案の頓挫後，ニクソン政権は財政調整制度である一般歳入分与（General Revenue Sharing）の導入に向かった。ニクソン自体はこれが財産税減税に効果があると述べていたが，後の納税者の反乱の勃発を見る限り，財産税に対する減税効果は必ずしも大きくはなかったと推測できよう。

第2節　カリフォルニア州における財産税に対する反税運動

（1）60年代サンフランシスコ市における評価官汚職

　さて，1978年のカリフォルニア州の提案13号はどのような歴史的経緯を経て登場したのであろうか。ここでは60年代に起こった財産税に対する2つの出来事を中心に見ていく。1つはサンフランシスコ市の財産税評価官汚職の問題である。もう1つはロサンゼルスカウンティを中心に起こった納税者の抗議運動である。前者は財産税の評価率を州法で統一化させる改革の契機になり，後者

は住民提案による財産税改革を生む契機となった。この2つの出来事が70年代に重なり，提案13号への動きを作ることになったのである。まず前者の問題についてみていくことにしよう。

1965年7月カリフォルニア州では財産税の評価官ラッセル・ウォルデン（Russell Wolden）らの汚職が大きな政治的スキャンダルとなった。事件の概要はこうである。ジェームス・トゥック（James Took）租税コンサルティングで働く会計士ノーマン・フィリップ（Norman Phillip）がオフィスから事件の詳細が記された書類をサンフランシスコ・クロニクル紙に内部告発したことで露見した。その書類には租税コンサルタントが財産税評価を引き下げることを見返りに顧客から賄賂を受け，その一部が資産評価に直接関与したウォルデンら評価官に渡っていることが示されていた。

ウォルデンはサンフランシスコ市で27年もの長期に渡り財産税評価官に選出されてきた人物である。彼は同市の商業地区で事業用資産を居住用資産よりもはるかに高い割合で評価し，一部の事業者（サンフランシスコ市の事業者数の7％）から選挙の寄付や賄賂を受け取る見返りに，評価率を引き下げていたのである。当時，州憲法上，評価率は資産に別なく50％に統一されていたが，カウンティの評価官によりそれを下回る部分的評価が行われていたのである。

このスキャンダルは州全体の評価官の信頼を失墜させることになった。捜査の過程でウォルデンだけでなく，他のカウンティの評価官も同様の不正に関与していたことが明るみになった。ウォルデンは8件の収賄容疑で起訴され刑務所で服役することになった。他の評価官も収監されたり，自殺を図ったりした。

その後，この汚職問題に対処するため，1967年に州議会は下院法80号（A.B. 80, Petris-Knox法）を可決し，次の内容の改革を行った。すなわち，①71年までに州全体の評価率を25％に統一し再評価を3年おきに行う，②納税者の不服申し立て（filing appeals）期間の延長を行う，③カウンティの不動産鑑定人（appraiser）に鑑定人資格の保持と研修の義務づけを行う，④州税率査定審査委員会に地方の評価手続きを監視する権限の強化を行う等であった。

事件後，早々と評価率の統一化と州税率査定審査委員会の権限強化が行われたのは事件の直前に州議会でも財産税制度の改革案が論じられており，改革リストには評価率の統一化も含まれていたためである。しかし，下院では財産税

改革を意図した下院法2270号は可決されたが，上院では，評価官が反対したこともあって廃案になっていた。それが評価官のスキャンダルが暴露され状況が一変したのである。

下院法80号の成立により資産評価制度は一新され，評価手続きに絡む汚職の再発防止が期待されたが，評価率の統一化はその後，大きな禍根を残すことになった。これにより居住用資産の評価率は大幅に引き上がり，財産税の負担が増大したのである。先にも述べた通り，評価官の裁量でほんの一部の事業用資産の評価率は引き下げられていたとはいえ，事業用資産の評価率の平均は35％，居住用資産は戸建住宅では9％，アパートのような複数世帯住宅（multi-family home）では10〜14％で評価されていた[34]。つまり，サンフランシスコ市の居住用資産は9％で評価されていたものが25％に引き上がり，事業用資産は逆に35％から25％に引き下げられたのである。評価官の部分的評価は汚職の問題を伴っていたとはいえ，従来，事業用資産に比べ居住用資産を引き下げていたのであった。これは選挙の洗礼を受ける評価官は企業よりも得票に結びつく住民の負担を低めざるをえなかったためである。

それにも関わらず下院法80号がすんなり議会で承認されたのは，新聞の報道も手伝って，評価官が不当に事業用資産を引き下げ，その負担が居住用資産に転嫁されているという構図が社会的に出来上がっていたことや下院法80号の導入に反対すれば評価官の汚職を認めることに等しく反対し難い状況にあったためである。カリフォルニア州議会でも震源地のサンフランシスコ市議会でも主だった反対はなかった[35]。企業側は逆に評価率の引き下げに繋がるとして，カリフォルニア商工会議所（California Chamber of Commerce）のような団体は下院法80号を支持していた[36]。唯一反対したのは信頼を失った評価官協会（Assessor's Association）であった。

住民が事の真相を理解できたのは評価率が引き上げられ財産税の納税通知が届いた時であった。この時，「不正の評価官を戻せ（Bring Back the Crooked Assessor）[37]」というステッカーを張った車がサンフランシスコ市内に現れ，ウォルデンの恩赦を求める政治家の動きもあったとされた。この出来事は財産税の反税運動に火をつけるきっかけになったのである。

91

（２）評価制度の矛盾と納税者の反税運動

　サンフランシスコ市の評価官汚職が露呈した同じ60年代の半ば，ロサンゼルスカウンティでも納税者の財産税に対する抗議運動が起こった。これは，評価官のフィリップ・ワトソン（Philip Watson）が1964年にロサンゼルスカウンティの全資産に対して評価率を25％に統一したことにより起こった事件であった。一カウンティだけとはいえ，下院法80号が成立する3年前に，評価率を統一化した理由は，当時，事業者から居住用資産に比べ事業用資産が高く評価されるのは州法上，違法であるという批判を受けていたためである。60年代前半，ロサンゼルスカウンティでは事業用資産は市場価格の45％で評価されていたのに対して，居住用資産は21％に過ぎなかった。ワトソン自身，そうした不満を持っていた事業者たちの支援を受けて62年にロサンゼルスカウンティの評価官に当選した人物であったため，着任後，評価率の統一化に着手したのである。[38]

　この結果は先のサンフランシスコ市の例と同様，住民の不満を高めることになった。64年11月，ロサンゼルス市郊外のアルハンブラ（Alhambra）市に居住するトラック運転手マイケル・ルビノ（Michael Rubino）は一気に600ドルも引き上げられた財産税の納税通知を受け取ることになった。[39]彼は抗議集会を開催し，2000人もの参加者を集めた。そして，ルビノは1000人の抗議者を率いてロサンゼルスカウンティの理事会に乗り込み，ワトソンに評価の引き下げを約束させたのである。

　その後，アルハンブラ市での運動は下火になったが，財産税に対する抗議運動はロサンゼルスカウンティを中心に続くことになった。当時の財産税に対する不満の背景には，地価の高騰に伴う評価増の問題，4年ないし5年おきの再評価を機に財産税負担が急増する問題，さらに，重要なのは「最有効使用理論（highest and best use theory）」に基づく評価手法の問題があった。[40]

　最有効使用理論とは当該資産が潜在的に最も高い価値で最善に使用（highest and best use）されたと仮定して資産価値を評価する方法である。例えば，ある家屋が実際に売却されるかどうかに関わらず，ガソリンスタンドやアパートの敷地，商業施設に利用された場合，どのような資産価値をもつかで評価されていたのである。このため，潜在的に高い資産価値をもつ資産の所有者には重い税負担が課税されたのである。

66年にはロサンゼルスカウンティで様々な団体が抗議運動を展開した[41]。当時の抗議団体として，ビバリー・ウイルシャ家屋協会（Beverly-Wilshire Home Association），サンフェルナンドバレー資産所有者協会（San Fernando Valley Property Owner's Association），サンタモニカ財産税納税者協会（Santa Monica Property Taxpayers' Association），ラスヴァージネス開発協会（Las Virgenes Development Association），カルバー市拠点のロサンゼルスカウンティ抗議協会（Culver City-based Los Angeles County Protest Association），ロサンゼルス資産所有者協会（Los Angeles Property Owner's Association）があった。

7月には700人が抗議集会に集まり，ビバリー・ウイルシャ家屋協会が資産評価の上昇幅（10％）の制限と財産税率の引き下げ等を決議した。8月にはロサンゼルス市内のイーグルロック（Eagle Rock）で700人程度が集会を開き，財産税率を1％に制限する請願署名を行った。サンタモニカではサンタモニカ財産税納税者協会のビル・オコナー（Bill O'Connor）が財産税の課税制限，州全体に渡る評価額の引き下げ，動産に対する財産税の廃止を訴えた。

さらに，ユニークな抗議運動として，ハリー・クラウン（Harry Crown）の活動があった。彼は財産税の課税額が1964-65年度の1195ドルから翌1965-66年度に2495ドルに引き上がったことに怒り，自分の土地に「売り地　ワトソンの荒れ地（Watson's Wasteland）にようこそ　家を買ってあなたの資産をロサンゼルスカウンティに没収させよう[42]」と書かれた看板を立てて抗議活動をした。クラウンの怒りの矛先は先に挙げた最有効使用理論に対するものであった。

「私の文句は税率に対してではない……ワトソンとその仲間が課した評価にある。評価なしに課税されない……この短絡的な評価のやり方はひとえに架空の価値である最有効使用の説明に依るものである。不平等な評価によって過剰な税負担がかかることで，金銭的な危機，困窮，そして最終的には資産の損失を伴うことになる[43]」。

同様に，最有効使用理論がもたらした破滅的な税負担の例として，当時，次の事例も報道されていた。「退職夫婦が新築のアパートの側に住んでいるという理由で，彼らの小さな家には年1800ドルの税負担が課されると評価された。この夫婦の総所得は年1900ドル[44]」に過ぎなかったにも関わらずである。

また，最有効使用理論の問題は66年7月，州議会の下院歳入・課税委員会

(Assembly Revenue and Taxation Committee) の公聴会でも取り上げられた。最終報告書の中で，25年も用途変更がされなかった戸建住宅の敷地がアパートの敷地として評価されていた矛盾も指摘されていた。[45]

（3）抗議運動から住民投票への展開

　以上述べてきた抗議運動は州知事選でも問題となっていた。1967年，州知事に就任したロナルド・レーガンも選挙戦で財産税の減税――課税制限及び評価制限，家財に対する財産税の廃止，在庫に対する財産税の廃止――を政策の1つに掲げていた。

　就任後はこの財産税減税と共にパット・ブラウン（Pat Brown）前知事の残した財政赤字を削減するため，1968-69年度に8億6500万ドル規模の増税（売上税の1％の増税，酒税，たばこ税の増税，所得税，法人税の増税）を行うことになった。[46]最大の目玉は所得税の増税で，課税ブラケットを3段階新たに増やし，最高税率を10％に引き上げ，累進度を高めた。その後，所得税収が増え黒字に転換した。財政均衡と財産税減税のために増税――収支均衡的な税制改革――を行うこのプランは後のサプライサイダー的なレーガン改革――減税が成長と増収を生む――とは隔世の感があった。

　財産税減税については，67年に高齢者財産税救済法（Senior Citizens Property Tax Assistance Law）が成立し，高齢者向けのサーキットブレーカー制度が導入された。これは家計所得が1万ドル以下の62歳以上の高齢世帯を対象とする軽減制度で，資産評価額のうち初めの7500ドルまでの部分に課される財産税の一定割合を所得に反比例して還付する仕組みであった。[47]先に見た最有効使用理論により過重な負担を強いられる高齢者世帯の問題に対応しようとした試みであった。また，これと同時に，増税による財源で，68-69年度に1億9000万ドル規模の財産税減税が準備された。しかし下院で4つの減税法案が提起されたものの上院ですべて廃案となった。

　当時，上院が財産税改革に消極的であった理由は，①財産税の問題は地方政府の問題であり，財産税負担が過重ならば地方政府が支出削減や減税をすればよい，②公共部門は拡大しており財源が必要である，③税制改革案には財産税減税の補てん財源として売上税の増税が含まれている，④財産税減税の恩恵は

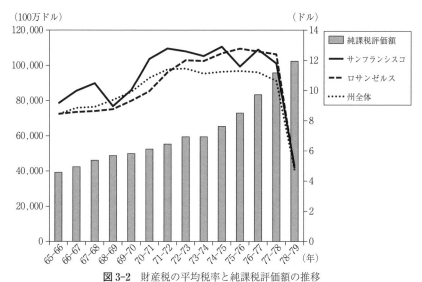

図3-2 財産税の平均税率と純課税評価額の推移
出所）California Department of Finance (1979), p.154 他，各年度版より作成。

家計よりも財産税の負担が重い企業に向かうといった点が挙げられていた。[48]

このように議会の対応は消極的であったが，60年代後半から70年代初めにかけて財産税の負担額は重くなっていった。図3-2に示すように州全体の財産税の平均税率（＝財産税額/純課税評価額（Net Assessed Value，総資産評価額から免税額を除いた金額））は65-66年度8.53ドル（純課税評価額100ドル当たり）から72-73年度11.46ドルに増加していた。サンフランシスコやロサンゼルスでも同様の傾向が見られた。

こうした中，住民提案を通じて財産税を改革しようとする動きが開始された。主導したのは後に提案13号の請願者となるハワード・ジャービスと先に挙げた財産税評価官のワトソンであった。ジャービスが財産税の反税運動を始めるきっかけは62年の小さな集会に参加したことであった。その集会で財産税の負担が原因で高齢者が転居を迫られている現状を知り同情したのである。一方，財産税の評価，徴税側に立つワトソンが財産税改革をしようとしたことについては，住民からの財産税に対する厳しい批判を受けての行動と一般には受け止められていた。[49]

彼らは68年に別々に提案を発意している。ジャービスの提案は財産税（ただ

し公債費の償還財源の調達部分は除く)を全廃するというものであったが,住民投票の要件に必要な署名数を集めることはできなかった。

一方,ワトソンの提案はこの要件を満たし,68年10月に提案9号として住民投票にかけられることになった。提案の内容は,①財産税で財源を調達するサーヴィスを警察,消防,一般政府サーヴィス等の資産関連サーヴィス(property-related services)に限定し,教育,福祉などの対人サーヴィス(people-related services)を5か年間で段階的に外す,②資産関連サーヴィスを調達する財産税率を市場評価額の1%にする,③公債の償還財源の調達については超過課税を認めるといったものであった。

提案9号が住民投票にかけられることになり,州議会もこれに対する対応を余儀なくされた。議会分析局(LAO)によれば,この提案が可決された場合,教育,福祉等の対人サーヴィスは地方から州に財政負担が移るため,州財政に45億ドルもの追加財源が必要になると予測されたためである。知事も州議会もワトソン提案を阻止する方向に動いた。同年,議会は代替案である提案1-A号を作成した。提案1-A号は州憲法改正を伴うため,提案9号同様,住民投票にかけられることになった。

提案1-A号は居住用資産の評価額のうち750ドルを免税とする住宅免税制度と企業在庫の15%を免税する措置を内容としていた。68年の住民投票では,ワトソンの提案9号と州議会の提案1-A号の選択となった。提案9号は草の根団体——「財産税制限委員会(Property Tax Limitation Committee)」や「正義のための市民委員会(Committee for Citizens for Justice)」——の支持を集めたが,州に教育,福祉の財政責任を課す場合の財源の問題や州売上税,所得税の増税の問題が危惧された。このため,投票の結果は,提案9号は賛成214万6010票対反対457万97票で否決され,提案1-A号は賛成350万368票対反対305万8978票で承認されることになった。

しかしその後も財産税減税を目的した住民提案の発意が続けられた。70年にはカリフォルニア教員組合(California Teachers Association)がスポンサーとなった提案8号が住民投票にかけられた。住宅免税の引き上げ(1000ドル)と福祉,教育費の州負担の増額を目的とした提案であったが,住民の支持を得られなかった。

72年にはワトソンが2度目の住民提案を行った。内容は①財産税に1.5％の税率制限を課す，②福祉，教育費の負担を地方政府から州政府に移管する，③州は補てん財源として法人税，売上税，たばこ税，酒税を増税するといった内容であった[53]。この提案は提案14号として住民投票にかけられたが否決された。酒，たばこ事業者や教育関係者からの反対だけでなく，レーガン知事からも企業と消費者に18億ドルもの増税を強いるとして批判された[54]。

このとき州議会は提案14号に対抗して，同年，上院法90号を可決させていた。内容は①住宅免税額の引き上げ（750ドルから1750ドル），②市，カウンティ，特別区の財産税率の凍結[55]，③学区の支出制限，④在庫に対する免税割合の引き上げ，⑤州のマンデイトコストを地方政府に補償するといったものであった。財産税の減税財源として，州売上税の増税，福祉改革による経費節減，さらには州所得税の源泉徴収制度の導入による増収分が見込まれた。

この当時，財産税評価率が統一化され，財産税の負担も増加していったが，ワトソン提案のようなドラスティクな提案は支持されなかった。多くの住民は州の減税措置で満足していたのである。実際，後述するように，住宅免税の引き上げや税率凍結は負担の押し下げに一時的ではあるが奏功したのであった。

なお，ワトソンの提案にレーガンは反対の立場をとっていたが，減税自体に反対というわけではなかった。それを示すものとしてレーガン自身も73年に提案1号を発意していた。提案を作成するに当たって，経済学者のウィリアム・A・ニスカネン（William A. Niskanen），クレッグ・スタブルバイン（Craig Stubblebine），さらにミルトン・フリードマン（Milton Friedman）らが力を貸していた[56]。

内容は①州政府の支出の伸びを州の個人所得の伸び率に抑制する，②州税の改革には両院議員の2/3の絶対多数の承認を必要とするであった。しかし，この提案が州の公共サーヴィスの切り下げだけでなく，地方政府への負担の転嫁や財産税の増税をもたらすとの批判を喚起し，議会与党である民主党や公務員組合が反対することになった。

住民投票の結果，否決されたが，その内容は，後に見る提案13号（増税の2/3要件），1979年の提案4号（歳出制限）に継承されることになった[57]。

第3節　70年代の政治経済的な状況と提案13号の可決

(1) 資産インフレと財産税の負担増加

　60年代の財産税の反税運動や住民提案の動きは，70年代に一層盛り上がり78年の提案13号の成立に結実した。なぜ，70年代に提案13号は多くの州民の支持を受け可決されたのであろうか。70年代の経済状況や財産税の負担構造の変化，財産税を巡る住民の反税運動と州議会の対応について見ていくことにしよう。

　70年代アメリカは対外的にはベトナム戦争とオイル・ショック，対内的には「偉大な社会」関連の社会保障プログラムの増大によって，60年代とは対照的にインフレが大幅に上昇することになった。カリフォルニア州でも70年の消費者物価指数（カリフォルニア州都市部過重平均）は37.9％だったものが，提案13号可決の前年の77年には59.5％と21.6％も上昇した。1960年（29.2％）から70年の間はわずか8.7％しか上昇しなかったのと比べると急激なインフレが到来したことがわかる。このインフレによって，地価や住宅金利が上昇したことで，宅地の開発コストが増加することになった。加えて，カリフォルニア環境質法（California Environmental Quality Act）によって住宅の建築確認や審査が厳格化されたことや土地利用規制によって宅地開発に歯止めが課されたことも住宅供給コストを高める要因となった。

　他方，州の人口増加は60年代に引き続き進行し，70年の2003万人から提案13号が可決された前年の77年には2411万人と400万人も増加した。この時期，宇宙，航空，防衛産業等が成長したことが影響したのであった。この人口の増加に伴い社会構造も変化し，核家族化や郊外化も進展して住宅需要を増大させることに繋がった。

　こうした住宅供給コストの上昇と住宅需要の増加は，土地投機の問題も加わり，一層，地価高騰を招くことになった。財産税の純課税評価額は72-73年度の596億1300万ドルから77-78年度には962億6400万ドルの1.6倍に膨らんだのである（図3-2）。

　ただ，先ほど述べた72年の上院法90号により税率凍結や住宅免税額の引き上げが行われたため，全体の平均税率は73-74年度には低下（72-73年度11.46ドル

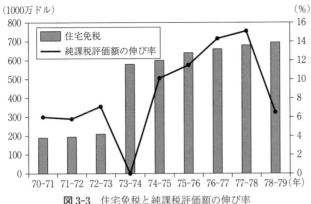

図3-3 住宅免税と純課税評価額の伸び率
出所）図3-2に同じ。

から73-74年度11.16ドル）した。しかしこれは一時的なものに過ぎず，74-75年度から純課税評価額が増加することに伴って，税負担も増加し平均税率も高止まることになったのである。

　この理由は，財産税の負担軽減制度の効果が低下したことによる。住宅免税は資産評価額の一定額を控除する制度であったため，資産インフレで評価額全体が上昇する場合にはその効果は薄れることになった。図3-3に示すように，住宅免税は72-73年度の20億5100万ドルから73-74年度に57億3800万ドルと2.8倍に増加した。そのことによって純課税評価額の上昇は抑制されたが，免税額の引き上げは74-75年度以降なかったため，抑制効果は低下することになり，純課税評価額の対前年度伸び率は上昇していった。

　同様に，税率凍結も高齢者対象のサーキットブレーカーも評価額が上昇する場合には負担軽減効果は限定的であった。その結果，表3-5に示すように，全米比較で見ても財産税の負担水準は高位に維持されることになった。

　このように財産税の評価額が上昇したにも関わらず，地方政府はなぜ負担水準を引き下げる手段を講じなかったのだろうか。その理由として次の要因が挙げられる。

　第1に，下院法80号の成立により財産税評価に対する評価官の裁量が失われたためである。このため以前のように部分的評価によって資産評価を引き下げ，財産税負担を緩和することができなくなったのであった。

表3-5 カリフォルニア州の所得1000ドル当たりの州・地方税負担額の推移(1970-80年度)

(単位:ドル)

	州・地方税	全米ランク	州所得税	全米ランク	州一般売上税	全米ランク	財産税	全米ランク
70-71	137.3	8	14.26	18	20.25	28	67.45	3
71-72	149.4	4	19.53	16	21.31	25	71.09	4
72-73	149.1	5	18.48	20	21.44	24	70.21	2
73-74	140.1	7	15.85	23	23.48	20	62.84	6
74-75	145.9	3	19.48	18	26.81	13	62.71	5
75-76	148.9	4	21.23	17	26.86	15	64.13	6
76-77	154.9	3	23.53	17	28.03	15	65.14	4
77-78	158.0	4	26.74	11	28.79	14	63.57	5
78-79	120.6	24	23.91	17	28.44	14	30.37	35
79-80	121.7	14	28.35	11	29.36	16	28.41	33
80-81	114.9	17	25.39	12	27.98	12	27.84	35

出所) California Department of Finance (2002), pp. 218-219.

　第2に,税率の小幅な引き下げは行われても,評価増を相殺できる程,税率を大幅に引き下げられなかったためである。州全体で居住用,事業用資産の別なく同一の税率が課されていたため一律的な税率の引き下げは大幅な税収減を招く。よって税率引き下げは自然と小幅になったのである。[61]

　第3に,複数の地方政府(カウンティ,市,学区)が個々バラバラに財産税を課税していたため,統一的に税率を引き下げることはできなかったためである。各地方政府は,それぞれ必要な財政需要を満たすよう財産税率を設定していたため,各政府で合計した税率については関心が向かわなかった。

　第4に,州から地方政府に対する補助金の交付額の算定(学区への教育補助金やカウンティへの医療,福祉補助金(Medi-CalやSSI/SSP))の根拠として財産税の評価額が置かれていたためである。財産税の評価額が増加すれば自動的に補助金交付額は減少する——この現象はスリッページ(slippage,ずれ)と呼ばれる——ため,地方政府は税率の引き下げに躊躇したのであった。[62]

　第5に,地方政府自体も当時の人口増加を背景とした財政需要の拡大(教育,福祉等)やインフレによる人件費の上昇で,税負担の引き下げは困難と考えていたためであった。

　他方,財産税以外の州税の負担はどうだったのであろうか。州所得税も州一般売上税も負担額は増加し全米比較でもランクが上昇している(表3-5参照)。そのことによって,州・地方税全体の負担は増加していたのである。所得1000

ドル当たりの州・地方税合計額は70-71年度の137.3ドルから77-78年度には158.0ドルに上昇し、全米のランクでも8位から4位に上昇している。

　この間の州所得税の増加の原因は、インデクセーションが無かったためインフレ期にはブラケットクリープが発生したことと、71年に源泉徴収制度が導入されたことによるものである。また、州一般売上税の増加の原因は税率6％と全国で最も高い水準にあったことによる。これらはレーガン知事期の税制改革の所産で、高い財産税負担に加え、州所得税、州一般売上税の増加は納税者の不満を高める結果になったと予想することができる[63]。

　ところで、納税者の負担を尻目にカリフォルニア州の財政規模はこの間、急激に増大し、膨大な財政黒字が累積したのであった。68-69年度から提案13号の前年の77-78年度までの10年間で、カリフォルニア州の一般基金歳入額（知事予算ベース）は41億2900万ドルから134億7900万ドルと3.3倍に増加し、財政収支の黒字は77-78年度には38億8600万ドル（歳入の28.8％）に達したのである。

　このように黒字が増加した背景として、ジェリー・ブラウン知事——レーガンの後任として75年から就任。また現知事（2016年）でもある——の政治的な思惑があった。知事は次期大統領選への出馬を考えており、ニューヨーク市の財政危機と対照的にカリフォルニア州は大幅な黒字を抱えていることを選挙でのアピール材料と考えていた[64]。そのため、知事は財政黒字を縮小し税負担を軽減することに積極的でなかったと言われている。

　もっとも直接的には財政黒字を積み増したのはブラウンの政治方針にあったとしても、その元を辿れば、レーガンの所得税改革の問題に突き当たる[65]。先に述べたように、レーガンの改革——最高税率の引き上げ、源泉徴収制度の導入——は所得税をマネーマシーン化していったのである。彼の政治信条であった小さな政府論とは対照的に「大きな政府」が創り出されたのであった。

（2）提案13号の登場と州議会の混迷

　次に、提案13号の成立直前の反税運動の展開と州議会の対応について見ていこう。72年のワトソンの2度目の提案以降も、財産税減税の住民提案は発意されていた。76年のハワード・ジャービスによる提案は次のようなものであった[66]。すなわち、①財産税の税率を資産価値の1％に制限する、②新たな特別分担金

を禁止する，③すべての財産税の免税を原則廃止する，であった。しかし，宗教施設等は財産税の免税措置に恩恵を受けていたため反対者も多く，結果的に住民投票に必要な署名数を集めることはできなかった。

その1か月後，提案13号の提案者の一人であるポール・ギャンが住民提案を発意した。だがこれも必要な署名数を集めるには至らなかった。内容は，①財産税の税率を資産価値の1.5％に制限する，②住宅免税を2万ドルに引き上げる，③財産税を教育，福祉の財源としない，④州税を増税する場合には州議会で2/3以上の賛成を必要とする，であった。この提案の草稿者はワトソンであったため，先のワトソン案とよく似ていた。

さらに，この時期3つ目の住民提案が発意された。サンタクルーズカウンティのソクエル・カリフォルニア納税者協会（Associated California Taxpayer of Soquel）によるものであった。その内容は，財産税の評価額を75年の水準に戻し，評価額の伸びを消費者物価の上昇率で調整するとしたものであった。この案も必要な署名数を獲得できなかった。

これらの提案はすべて住民投票に至らなかったが，後の提案13号につながるアイディアはすべて出揃っていた。ジャービスの案にある財産税の税率制限，ギャンの案にある州税の増税要件（2/3以上の両院の賛成），さらにソクエル・カリフォルニア納税者協会の案にある評価制限がそれである。

翌77年の春，ワトソンの仲介で別々に財産税の課税制限運動を行ってきたジャービスとギャンが出会い，合同で減税案を発意することに合意した。そして，この提案が後の提案13号となったのである。内容は以下の通りである。

①財産税の最高税率を評価額の1％（各地方政府の合算税率）にする。ただし，すでに投票によって承認された過去の債務の償還に必要な財源を調達する場合には例外とする。財産税はカウンティが徴収し州が法律に基づき配分する。

②財産税の課税ベースは1975年3月1日の資産の市場価値（full cash value of property）に戻す。毎年度の資産評価額の上昇率は消費者物価指標の伸び率に制限しその上昇率は年2％を超えてはならない。しかし転売による資産所有者の変更や建物の新築の場合には，時価で再評価される。

③州政府が増収を目的に税制を変更する場合には州議会の両院の2/3以上の

賛成を必要とする。

④市，カウンティ，学区が地方特別税（local special tax）を導入する場合，住民投票で2/3以上の賛成を必要とする。

⑤州，地方政府は財産税に加え，財産に対する売買もしくは取引に課税してはならない。

既に述べた通り，これまでの提案の内容を組み合わせたものであった。ジャービスとギャンの提案は77年12月には住民投票に必要な150万人もの署名を集めることに成功し，翌78年6月には住民投票に付されることになった。多くの署名を集めることができたのはボランティアによる個別訪問やダイレクト・メールでの活動が功を奏したためであったが，提案の内容がわかりやすく，減税規模も76億ドルと大きく，しかも長期的に減税の効果が続くものと理解されたためでもある。とりわけ，急激な資産インフレで財産税負担が増大する中，財産税の評価額自体を引き下げることは，住民にとって大きな魅力となった。先ほど述べた税率凍結，住宅免税，さらに高齢者向けサーキットブレーカーは資産インフレの前ではもはや効果が期待できなかったためである。

ところでこの時期，州議会も財産税の問題に無頓着なわけではなかった。提案13号が登場する前年の77年から州議会でも財産税の軽減に向けての3つの議員提案がなされていた。すなわち，上院法12号（ジェリー・スミス（Jerry Smith）上院議員提案），下院法999号（ウイリィ・ブラウン（Willie Brown）下院議員提案），上院法154号（ニック・ペトリス（Nick Petris）上院議員提案）であった。

これらの案には，年齢の別なく一定所得以下の納税者を対象に財産税を還付するサーキットブレーカー制度が盛り込まれていた。提案13号のような所得に関わりない一律的な減税案ではなく低所得者向けのサーキットブレーカーが採用された理由は次の2つにある。1つは知事，議会与党ともにリベラルな民主党であったため，低所得者向けの所得再分配政策が好まれていたこと。2つには知事が財政黒字を財産税減税に費消することも，減税財源を増税で賄うことも消極的であったため，減税のターゲットを低所得層に絞り減税規模を縮小せざるを得なかったためである。

一方，減税規模と補てん財源はそれぞれ異なり，上院法12号の減税規模（6

億500万ドル）が最も小さく，減税の補てん財源も州の財政黒字を当てにしていた。他方，下院法999号（減税規模7億7500ドル）と上院法154号（9億2500万ドル）は，減税規模はやや大きく，州の財政黒字だけでなく増税も予定していた[70]。さらに違いとしては，上院法12号と下院法999号には地方政府の歳入に歳入制限（revenue limit）を設け，財産税率（資産ごとに異なる税率を課す分類課税にする）を制約する仕組みが設けられていたが，上院法154号には地方政府の減収を配慮してそうした制度は盛り込まれていなかった。

さて，上記の法案の審議過程についてである。上院法12号は地方政府の反対もあり下院で否決されたが，上院法154号は下院に送付された後，下院法999号の要素を組み込み修正可決され上院へ再度送付された。しかし，上院ではこの修正案を否決したため，両院の代表者（両院の与野党の代表者，知事）からなる予算協議会が開催されることになった[71]。

協議会で練られた修正案は，①サーキットブレーカー（家主に対する5.5億ドル，賃借人に対する2.85億ドルの減税）制度の導入，②地方政府に対する歳入制限（資産別の分類課税付）の適用，③州政府に対する歳入制限の適用，④銀行・法人税の増税の見返りに企業在庫に対する財産税の全廃，⑤長期キャピタルゲインの課税所得への算入率の拡大（不算入率を50％から25％），⑥一般法市とカウンティへの入場税，事業免許税，駐車場税，公益事業利用税の課税承認等であった[72]。

この案については様々な利害集団の反発を生んだ。元来，上院法154号の後援団体であったカリフォルニア税制改革協会（California Tax Reform Association）[73]は，家主向けの財産税の減税規模が小さい反面，企業に恩恵のある企業在庫の免税措置が盛り込まれたとし，不支持を表明した。また，地方公務員組合やカリフォルニア労働連盟からは地方政府の減収を招く歳入制限に対して反発が生じた。さらに，産業界からも公益事業利用税，事業免許税の増税，キャピタルゲイン課税について不満が噴出した。

このため，同案は下院では可決されたものの上院では否決されることになった。当時の上院の党派構成は40議席中，民主党が26議席，共和党が14議席であった。予算が絡む法案の通過には出席議員の2/3以上の賛成が必要であったが[74]，14人中13人の共和党議員が反対し，26人中10人の民主党議員が反対したのであ

った。

　これによって再度，予算協議会が開催され，再修正案が議論されることになった。再修正案の内容は，①家主向けの減税額の拡大（1億ドル追加），②自動車免許料の引き上げ，③企業在庫に対する財産税の廃止，④銀行・法人税の増税，⑤歳入制限と追加的な地方税に対する課税承認の見送り等であった。

　サーキットブレーカーの減税規模は前回と比べ大きくなり，減税の対象者も家主の割合の2/3に及び，中所得層まで広がることになった。また，利害関係者の反発を考慮して歳入制限や追加的な地方税の承認は取りやめた。しかし，財産税減税の補てん財源として新たに自動車免許料の引き上げが盛り込まれたため，道路関係者や農業者の反発が新たに生じた。

　この再修正案は上院に送られ採決されたが，今回も否決された。14人すべての共和党議員と1人の民主党議員が反対し4人の民主党議員が欠席したことで，僅か2票差で2/3の賛成が得られなかったのである。この結果，議会は州の重大な政治課題である財産税減税を前に何ら成果も残さず休会を迎えることになった。

　こうした経緯を見ると，州議会が財産税減税案を可決できなかった大きな理由として，採決における絶対多数ルールとそれに乗じた野党の議会戦術の問題が見えてくる。カリフォルニア州では両院で2/3の賛成がなければ予算に関わる法案は承認されない。下院を絶対多数で通過しても，上院で過半数しか賛成しなければ法案は通過しない。つまり，120人の議員（上院議員40人，下院議員80人）のうちわずか14人の上院議員が反対すれば法案は成立しないことになる。

　このため，2/3要件の下では野党共和党のプレゼンスは大きく高まる。予算協議会の修正案も共和党――企業在庫に対する財産税非課税――に配慮して作らざるをえない。しかしそうなれば逆に，民主党議員やその支持団体の離反を招くことに繋がる。しかも共和党からすれば，議会が停滞すれば民主党の失点を選挙民に演出できるので，選挙戦術として予算協議会の修正案に一切妥協する必要はないのである。実際，この戦術が奏功して，その後の選挙で，共和党は上院で3議席，下院では7議席増やすことに成功したのである。

　さて，この議会の休会後に，先のジャービスとギャンの減税提案の運動が始まり，提案13号が登場することになった。休会明けに州議会はこの事態に驚愕

し，78年に対抗案を急きょ準備することになった。それが上院法1号（ピーター・ベーア（Peter Behr）議員提案）である。

内容は，①居住用資産に対する財産税の税率の30％削減，②地方政府に対する歳入制限の導入，③賃借人に対する州所得税の税額控除額の引き上げ，④福祉受給者に対する税額控除の適用，⑤高齢者向けサーキットブレーカーによる還付額の増額，⑥州政府に対する歳入制限の導入と目標値の設定（州歳入を個人所得の増加率の1.2倍に抑制），⑦州税増税の見送りであった。上院法1号は議会を通過し，78年3月に知事も承認した。

ただし，上院法1号には，①の居住用資産と他の資産を区別して課税する分類課税が含まれていたため，執行に際しては州憲法の改正を必要とした。州憲法では全資産に同一評価率，同一税率を適用することが規定されていたためである。このため，議会提案として提案8号が作成され，住民投票にかけられることになった。その内容は，①居住用資産とそれ以外の資産の適用税率を区別し，居住用資産に低税率を課すこと，②居住用資産の税率を引き下げた場合，他の資産の税率を代替的に引き上げることを禁じるというものであった。このため，提案8号が住民投票で可決されれば，上院法1号が施行されるため，提案8号は提案13号に対する対案と位置づけられた。

提案13号との比較で言えば，提案13号は財産税全体の税率制限と資産評価の伸びを抑制することで負担軽減を意図していたのに対して，提案8号は資産評価の抑制自体を対象とせず，居住用資産に対する適用税率の引き下げと地方政府の歳入制限を通じて負担増を抑えることを意図していた。しかし，両者の減税規模は大きく異なった。提案8号が承認されることで執行される上院法1号の減税規模は16億ドルで，提案13号の規模（76億ドル）に遠く及ばなかった。

（3）提案13号を巡る対立と住民投票

78年6月の住民投票に向けて提案13号の選挙運動がはじまった。提案13号の支持層は，共和党員，家主，納税者団体，農業団体，企業団体，経済学者（ミルトン・フリードマンやアーサー・ラッファー）らであった。選挙キャンペーンの財源はダイレクト・メールの勧誘等による少額の寄付から集められた。

これに対して，提案13号に反対の立場に立ったのは，政治家（多くは民主党

系），カリフォルニア納税者協会やカリフォルニア商工会議所といった経済団体，教育界，新聞社，地方公務員とその労働組合であった。提案13号の反対キャンペーンの資金の多くはカリフォルニア教員組合，公務員労組，債券業者から提供された[75]。

提案13号と提案8号を巡っては様々な議論が展開された。カリフォルニア州では住民投票に際して，州務長官より『カリフォルニア投票者パンフレット（California Voters Pamphlet）』が配布される。パンフレットには住民提案の内容と州の議会分析局よる財政効果の分析，さらに，提案者の意見とそれに対する反対者の異議が併記されている。この資料を使って，2つの提案の議論を紹介することにする。

まず，提案13号に対する議会分析局の財政分析についてである[76]。主に次の点が指摘されていた。

第1に，提案13号が可決された場合，地方政府は，78-79年度に約70億ドルの減収を被り，予想税収額の57％が失われることになる。また，地方政府は税源基盤が縮小するため，一般財源保証債の発行に支障を来し，社会資本の整備が制約されることになる。

第2に，地方政府が減収分を増税で賄う場合，提案13号は地方特別税（目的税）に厳しい課税要件を課しているため税収調達が困難となる。州の財政黒字を活用して補てんする場合も一時凌ぎに過ぎず，次年度以降は経費を削減するか州税の増税を余儀なくされる。しかも，州一般売上税，州所得税に対する増税の場合であれば，家計の負担は増えることになる[77]。

第3に，減収の補てんが困難な場合，現行の地方サーヴィスや雇用の削減が余儀なくされる。長期的には財産税の減収と地方支出の削減はカリフォルニア州の個人所得と雇用に重大な経済効果を与えることになる。

第4に，財産税に評価制限を課すため，インフレ期には財産税の増収が見込めなくなる。将来，地方政府に追加的な財源が与えられない場合，政府サーヴィスの削減は余儀なくされる。また，資産が売買されるときに再評価されるため，長期的には家主の財産税負担が増大することになる。なぜなら，商業資産や産業資産と比較して居住用資産の場合の方がより頻繁に売買されるからである。

以上のように，提案13号に対しては悲観的な分析がなされていた。次に，提案13号の支持者と反対者の議論である[78]。論点を整理すると次の４つの点が挙げられる[79]。

　第１に，70億ドルの税収ロスの補てんについてである。支持者は減収の影響は70億ドルでなく50億ドル程度と見込む。また，政府支出の10％から15％は無駄であるし，たとえ70億ドル削減してもまだ十分な税収があるとする。反対者は，地方の公共サーヴィスを維持するためには税収ロスを州所得税，州一般売上税の大幅な増税により補てんすることを余儀なくされるとする。

　第２に，経費削減の地方政府への影響についてである。支持者は，減税しても，財産税で従来，財源調達されたサーヴィス——街灯の維持，下水，ごみ処理，警察，消防——については十分賄うことができるとする。反対者は税収ロスが補てんされない限り，公園，ビーチ，博物館，図書館などの経常財源は削減される。教育費の場合，ほぼ40億ドルもの経常的な教育予算が削減され，教育の質も低下すると警告する。

　第３に，減税の恩恵についてである。支持者は減税により財産税の負担は公平，公正で，負担能力内に収まることになるとする。また，減税によって家賃は引き下げられ賃借人にも恩恵が及び，企業も負担が減るので州内に留まることになるとする。反対者は減税の恩恵の2/3には事業用，工業用資産のオーナー，アパートのオーナーに向かうとする。居住用資産の家主は財産税減税により，連邦，州所得税の負担が増える[80]。賃借人には減税の恩恵が向かう絶対的な保証はなく逆に，所得税や売上税の負担が増えることになるとする。

　第４に，その他の論点として，支持者は，老人に対する財産税の軽減措置や教会，慈善団体への免税措置もなくならないとする。反対者は財産税の減税は地方政府のレベニュー債を債務不履行に追いやり，学校，病院，福祉施設の建設に必要な一般財源保証債の発行を制限することになるとする。また，地方自治を弱め，地方がコントロールしてきたコミュニティのプログラムの管理は州や連邦の役人の手に渡る。さらに，78年７月以降，家を購入する人には不当に高い税負担がかかることになるとする[81]。

　一方，提案８号の財政効果と支持者並びに反対者の議論についてである[82]。議会分析局は提案８号の財政効果について次のように分析していた。すなわち，

第3章　財産税を巡る反税運動と納税者の反乱

提案 8 号は，州議会に分類課税の導入を認める権限を与えるだけの州憲法改正案に過ぎず，提案 8 号自体は直接的に州・地方政府に対する財政効果をもたない。しかし，居住用資産の税率と他の資産に対する税率との差が大きければ減税効果も大きくなるとしていた。ただし，提案13号の場合と異なり，減税規模等，具体的な数値は明示されていなかった。[83]

　支持者とそれに対する反対者の論点は提案13号の場合と異なりシンプルで，負担軽減効果に関するものであった。[84]すなわち，支持者は，財産税の問題は居住用資産の評価額が他の資産に比べ大きく増加することにあるため，居住用資産の税率を引き下げれば負担軽減ができるとしていた。加えて，居住用資産の税率を下げても，賃貸，農業，事業への増税は生じないと主張していた。

　これに対して反対者は，提案 8 号は資産評価についてはふれていないため，税率を引き下げても評価が上がれば税負担は引き上がる。また，居住用資産の税率は下がっても賃貸物件の評価は下がらないため，賃借人の負担は増えると批判していた。

　さて，この時期，提案13号の支持者と反対者の間での選挙運動もヒートアップしていた。反対者は，提案13号の可決が増税や公共サーヴィスの大幅削減をもたらすとしたネガティヴ・キャンペーンを張った。例えば，コマーシャルでは「学校のクラス規模は 2 倍になり，警察は危機的な水準まで削減される」と宣伝され，サンフランシスコ市では公立図書館の閉鎖予告が掲示された。オークランド市では 6 つの消防署の閉鎖，半分の信号機の撤去，動物園の廃止が通知されるといった有様であった。[85]また，提案13号が可決されると45万1000人の雇用が失われ，失業率は 1 年で7.2%から10%に跳ね上がるとしたUCLAの研究者の悲観的な予測が繰り返し選挙戦で流された。[86]

　こうした「脅し戦略（scare tactics）」に対して提案13号の支持者は，政府の無駄を告発する運動で応酬した。当時，注目された提案13号のテレビコマーシャルでは次のような文章が映し出された。「毎年，カリフォルニアの政治家は世界中に法外な視察旅行に行き，豪華なホテルに宿泊し，その請求書は納税者が払うことになる。提案13号に賛成ならこの種の政府の無駄な支出を終わらせることになります。しかし，もしパリに政治家を派遣したいなら，提案13号に反対を。財産税を2/3に削り，誰がボスかを政治家に示そう」。[87]

両者の政治的なプロパガンダでは，財産税の軽減の在り方は後景に追いやられ，提案13号に反対して公共サーヴィスを維持するか，提案13号に賛成して小さな政府を選ぶかが前面に現れた。

投票前の事前の世論調査（78年の4月）では，提案13号の支持は不支持をやや上回る程度で拮抗状態にあった。反対に提案8号の方が支持は高かったのである。アンチ提案13号の脅し戦略が奏功したかに思われた。しかし次の2つの出来事が事態を逆転させることになった。

1つには，次年度予算である1978-79年度予算の5月改定案で大幅な財政黒字が生じる見通しが持たれたことである。5月改定案では34億ドルの黒字が新たに生じることが判明し，提案8号で予定されている減税財源16億ドルと合わせると50億ドルもの黒字が生じると予想された。この巨額な黒字の存在は財産税減税が公共サーヴィスに深刻な影響を及ぼすとしたネガティヴ・キャンペーンを完全に打ち消す役割を果たした。

2つには，例年と異なり前倒しで資産評価替えの結果が納税者に通知されたことである。ロサンゼルスカウンティでは評価替えを行った結果，78年には前年比で17.5%も財産税の評価額が引き上げられることになった。従来はこの評価替えを反映した財産税の納税通知は7月に納税者に発送されるところが，財産税評価官のアレックス・ポープ（Alex Pope）が5月に前倒しで公表してしまったのである。これは納税者の激しい怒りを買う結果となった。急きょカウンティ理事会は資産評価の凍結を宣言したものの，州の税率査定審査委員会はこの措置を違法とし納税額の引き下げは無効となった。これにより納税者は大幅な評価増が来ることを確信し，提案13号の支持は大きく広がる結果となった。例年同様，住民投票後の7月に納税通知が発送されたなら異なる結果が生じたかもしれない。

さて，78年6月6日に遂に住民投票が行われることになった。提案13号は賛成428万609票，（全体の64.8%），反対232万6167票（35.2%）の圧倒的多数で可決された。その一方，州議会が提案した提案8号は賛成297万2424票（47.0%），反対334万5622票（53.0%）で否決されることになった。

ロサンゼルス・タイムス紙の世論調査に基づく提案13号と提案8号の投票属性の違いは表3-6の通りである。提案13号の支持者は，白人で保守，中所得の

表3-6 提案13号の投票者の属性と支持率（ロサンゼルス・タイムス調べ（1978年7月6日））

属性		提案13号	提案8号	属性		提案13号	提案8号
支持政党	共和党	78%	36%	教育水準	高卒	76	34
	民主党	57	52		大卒	54	55
イデオロギー	リベラル	45	63	所得水準	8千ドル未満	55	56
	中道	65	47		8千〜1.5万ドル	67	43
	保守	82	28		1.5万〜2.5万ドル	68	41
資産保有	家主	72	39		2.5万ドル以上	63	49
	賃借人	47	62	人種	黒人	42	71
教育水準	中卒	72	35		白人	67	43

出所）Baratz and Moskowitz (1978), p.11 参照。

持家層であった。逆に黒人でリベラル，低所得層の賃借人では支持率が低かった。この層は逆に提案8号の支持が高かった。住民投票は持家層と賃借人の意識の違いを反映したものとなっているが，より詳細な世論調査の分析として，政治学者のジャック・シトリンの研究が有名である。この研究は提案13号を支持した層は財産税の軽減を望んでも，大胆な経費の削減を望まなかったことを明らかにしている。

シトリンの言葉で言うと"Get Something for Nothing（財産税減税してもサーヴィスは得たい）"であったわけである。常識的には減税と経費節減は同一のことを意味し，減税要求は経費節減を伴うことになる。しかし，提案13号を支持した保守層でさえ減税を望んでも広く政府支出全般──福祉的経費，政府行政費は例外として──を削減することは望んでいなかったとされる。つまり，提案13号は提案者や支持者らの政治的プロパガンダでは小さな政府を目指す運動とされたが，世論調査の分析では，法外に高くなった財産税に対する異議申し立てを行った運動に過ぎなかったと解されていたのである。

おわりに

最後に，これまで述べてきた本章の内容を整理しておくことにする。

第1に，提案13号の原因についてである。従来は，小さな政府論や福祉国家批判の文脈で提案13号の登場は位置づけられていた。しかし実際には，60年代の財産税評価官による汚職や最有効使用理論に基づく評価方法の問題が背景に

あって，住民の反税運動が展開したのであった。もっとも，財産税の評価制度に関わる問題はカリフォルニア州独自の問題ではなく，全米各州で共有される問題でもあった。財産税に対する国民の不満は大きく，70年代には連邦レヴェルでも財産税を廃止して付加価値税に代替すべきであるとした大胆な議論も行われていた。つまり，所得税や消費税でなく財産税の問題故に納税者の反乱が起こったのであり，提案13号の支持者の政治的なレトリックを別にすれば，ニューディール以降，大きくなった政府を打倒するために納税者の反乱は起こったわけではなかったのである。

第2に，提案13号の可決を巡るカリフォルニア州の特殊性についてである。提案13号の登場の直接的な原因として，70年代の資産インフレの進行とそれに伴う財産税の負担の増加，所得税のブラケットクリープによる財政黒字の発生と納税者の反発といった要因が挙げられる。他方，提案13号の可決に至る政治プロセスを見ると，カリフォルニア州の政治制度や政治状況の特殊性に影響された面が大きかったと言えよう。納税者の反税運動が住民提案の形で展開できたのは，カリフォルニア州が全米でも少ない住民提案制度（13州）を認めていた州であったことによる。また，州議会の財産税対策が"too little, too late（規模が小さすぎで，決まるのも遅すぎる）"であったことがジャービスらの住民提案を成功させる要因となったが，それは州議会が予算案や税制案に対して厳しい承認要件（2/3ルール）を課していたことと不可分であった。他の州同様，過半数ルールならば議会の対応はもっと迅速であったに違いない。

第3に，住民提案制度に関する評価である。カリフォルニアでは州政府レヴェルでも地方政府レヴェルでも居住用資産に対する財産税減税には消極的であった。州が減税措置を行えば，州は減収分の補てん財源を増税等で用意しなければならなかったためである。一方，地方が税率を引き下げる場合には，均一課税の制約やスリッページの問題があり，大幅な減収を伴う恐れがあったためである。しかし，住民提案によってドラスティクな財産税の減税案が提示された場合には，州も対抗措置（72年の上院法90号による住宅免税と税率凍結，78年の上院法1号による分類課税と歳入制限）を繰り出す必要にかられることになる。財産税減税に関わる住民による提案のすべては提案13号を除き，立法化されることなく中途で頓挫することになったが，住民提案は州議会の対応を促進させ，

税制のイノベーションを生み出すきっかけにもなったと言えよう。また，成功した提案13号の事例から，間接民主主義の象徴である議会が政治的なデッドロック状態にある場合，それに代わって，直接民主主義的手法である住民投票が大胆な税制改革を断行できる可能性を持ったことも示された。

　第4に，住民提案による税制改革は自ずと普遍主義的な性格を持つことである。カリフォルニア州では議会も知事もリベラルな民主党系であったため，財産税減税案は所得再分配的なサーキットブレーカーが選択された。しかし，サーキットブレーカーの場合，受益者は主に低所得層に選別され，減税規模も小さくなる。一方，住民提案の場合，一定の署名数を集めなければ住民投票のステージに進めないため，より多くの支持を取り込めるような「普遍主義的」な案にならざるをえなくなる。提案13号の税率制限や評価制限は所得に関わりなくすべての持家層が一律的に受益者となり，減税規模も議会提案と比べ破格に大きくなっている。だが，こうした「普遍主義的」な要求は財政に過大な負担をかけるのが通例で，その実現性について疑問視される。しかし，レーガン知事の税制改革とインフレで所得税がマネーマシーン化し財政黒字を生み出したことがこの要求を受容させることに繋がった。皮肉にも小さな政府論者のレーガンが創った「大きな政府」が，「普遍主義的」な提案13号を成立させる財政基盤となったのであった。

注
(1) 肥後 (1979) は「アメリカ全土の各州の中産階級が支持政党の枠を超えて合流し，1930年から定着した「大きな政府」路線に軌道修正を求めて反乱を始めた」(p.13) と述べている。藤岡 (1991) は，「当時，ほとんどの納税者が，増税がもはやサービスの増加を伴っていないと考えていた……提案13号の支持者のほとんどが福祉支出の削減を望んだ」(p.35) としている。
(2) ピーターソン (1996), p.174参照。
(3) 小林 (1995), p.52, 藤岡 (1991), p.34参照。
(4) 藤本・末次 (2011), p.30参照。
(5) 大半の州，地方で動産は課税対象から外れ不動産を中心に課税している。アメリカ財産税の仕組みについては，Pound (2002), pp.2-9. 邦文献では前田 (2005) 参照。
(6) 地方不動産税の国際比較として，篠原 (1999), p.29参照。

(7) 評価率を利用する理由は，税率を変えることなく資産（事業用資産と居住用資産）ごとに異なる税負担を課せることや政策的な理由等による。Ibid., p.3 参照。
(8) 税率表示にはミル（mill：ミルは1セントの1/10）が使用される。1ミルは課税価格1000ドル当たり1ドルを納税者が負担することを示す。
(9) 住宅免税制度は住宅評価額から一定額を免除する方式で，住宅税額還付制度は財産税納税額の一部を納税者に還付する方式である。サーキットブレーカー制度は，財産税の納税額が納税者の所得の一定割合を超えた場合，負担の軽減が行われる仕組み（税の還付）である。さらに，財産税延納制度は高齢で低所得の納税者に延納を認める仕組みで，納税者が住宅を売却したときに，延納分（利子分を含め）の納税を行う仕組みである。各州ともこうした制度を活用しながら納税者の財産税の負担感を抑制する努力がなされている。Ibid., pp.5-24.
(10) 1676年のボストンタウンの記録では納税者の名前，土地の広さ，家屋価値，家畜の数，工場の価値，個人資産の評価額が記載されていた。また，財産税の評価・徴収は保安官が担っていた。Carlson (2005), p.6 参照。
(11) Worsnop (1971), p.6 参照。
(12) 片桐 (1993), p.86参照。
(13) Ibid., p.1.
(14) 数字の出所は Harriss (1974), p.13, Fisher (1999), p.94 参照。
(15) Worsnop (1971), p.2 参照。
(16) Ibid., p.4 参照。
(17) 非課税資産に対する減収分を州が補てんした場合はその損失は相殺される。
(18) 資産価値の低い家屋は，転売回数も少ないため，逆に高く課税される恐れがあると考えられていた。
(19) 例えば，不動産の市場価格が3万ドルで課税評価額が1.5万ドルの場合，この割合は50％になる。
(20) 州内のコミュニティ間の売買価格対評価の分散値として，27州の中位値が14％で，最高のルイジアナ州で42％，最低のユタ州で4％と大きな差が表れていた。Harriss (1974), p.30 参照。
(21) ACIR (1974), p.7.
(22) マサチューセッツ州の場合，4万ドル未満の純資産を持つ低所得層の高齢者は4000ドルの家屋免税を受けることができた。評価を下げれば免税の対象となった。Paul (1975), p.4.
(23) ACIR (1974), p.264.
(24) コロンビア大学の財産税研究の泰斗であるローレンス・ハリスは「評価官を政治的な圧力に晒しておきたいという誘惑は理解しうることだ。家主，農家，事業主などは投票権を行使して自分の評価を相対的に低くとどめておきたいと思うのだろう」と述べていた。Harriss (1974), p.25.
(25) ボストン市の200の家屋のサンプリング調査では1955年から68年まで70％が評価

替えが行われず，15％はその間，たった1度しか評価替えをしていなかった。Paul (1975), p. 9.
⑳　Martin (2008), pp. 79-83.
㉗　他方，関口 (2015) はアメリカが基軸国である点に注目して，付加価値税が導入されなかった原因を考察している。
㉘　他方，歳入分与が財産税の増加を抑制したとする分析もある。古川 (2006), p. 161.
㉙　評価官スキャンダルについては上杉 (1992), p. 328も紹介している。
㉚　60年代以前にも財産税に対する納税者の反税運動（例えば，1957年にはロサンゼルス郊外のサンガブリエルバレー (San Gabriel Valley) の運動）は行われていた。しかし，この時点では地域的で組織力の低い運動でしかなかった。財産税の問題が州全体の問題として認識されたのは1965年のサンフランシスコの事件からである。Schulman (2001), p. 205.
㉛　この書類には顧客の所有する資産評価額，評価の引き下げ額，評価官にキックバックされた金額が記載されていた。例えば，ジェームス・トゥックからサンジャクインカウンティの評価官への手紙には，「同封されているのは，あなたの評価官選挙のための小切手です。これはアメリカン・キャン (American Can) 社が納税申告の1週間後に自発的に行ったものです。選挙ではあなたが圧勝することを心から希望します」と記されていた。Paul (1975), p. 95.
㉜　なお，後に述べるロサンゼルスカウンティの評価官のフィリップ・ワトソンも有罪ではなかったが起訴はされていた。Doerr (1998a), p. 11.
㉝　他にも，評価官は資産評価が上昇した資産の所有者に通知を行うこと，評価官は納税者に対して資産評価額の判断基準となった全資料を開示すること，評価官は5万ドル以上の動産を保有する事業者に4年ごとに調査を要求できることが盛り込まれた。Ibid., p. 12.
㉞　事業用資産が居住用資産よりも高くても不満はなかった。理由は公式の評価率は50％であったがそれより引き下げられていたこと，赤字企業の場合，評価官が評価率をさらに調整する措置を採っていたこと，適用税率が低く負担感が低かったことが挙げられている。Paul (1975), pp. 108-109.
㉟　当時，評価官の不正がなくなれば企業に適正な課税ができ住宅の財産税負担も減ることになると理解された。州の法務長官の推計では不正な評価により年2億ドルも企業は税逃れしているとされた。カリフォルニア市連盟 (League of California Cities) ではその数字を4.8億ドルとしていた。Kuttner (1980), p. 34 参照。
㊱　カリフォルニア州下院議会では満場一致で通過したが，上院の歳入・租税委員会 (Senate Revenue and Taxation Committee) ではサンフランシスコ選出のユージン・マッカティア (Eugene MacAteer) 議員の反対に遭い膠着状態となった。彼はサンフランシスコで評価率を見直した場合の結果を知っていたのである。しかし，民主党のパット・ブラウン (Pat Brown) 州知事の圧力で法案は通過することにな

った。知事選の共和党対抗馬のロナルド・レーガンが財産税汚職で知事批判をしたことが影響していた。Paul (1975), pp. 101-102.
(37) Lo (1990), p. 12 参照。
(38) 当然，そのことは個人家主の財産税の負担を増やすことを結果とするが，ワトソンは，財産税の適用税率をカウンティ理事が引き下げれば負担の上昇は避けうると考えていた。しかし，税率引き下げはなかった。Martin (2008), pp. 53-54.
(39) Lo (1990), p. 71 参照。
(40) Doerr (1998a), p. 13 参照。
(41) *Ibid.*, pp. 13-14 参照。
(42) *Ibid.*, p. 14 参照。
(43) *Ibid.*, p. 14 参照。
(44) Fox (2003), p. 47 参照。
(45) Doerr (1998a), p. 15 参照。
(46) Adams (1984), pp. 147-149. 前任者のブラウン知事は一般基金の10％もの赤字に直面して，会計操作で収支を黒字に見せかけていた。
(47) 例えば，家計所得1万ドルの家計場合，評価額7500ドルの部分に課税される財産税額のうち4％が控除されるが，5000ドルの家計所得ではこの控除の割合が54％に，1400ドルの家計所得では96％に引き上げられる。数字については73年の時点のもの。ACIR (1974), p. 58 参照。
(48) Doerr (1998a), p. 16 参照。
(49) 「たぶん，それほどびっくりされていなかった。法に従い税を毎年上げることで，税務職員に苦しめられた人々からワトソンは辛辣な罵りを受けていたからである」。Fox (2003), p. 47.
(50) Doerr (1998a), p. 17 参照。
(51) Chapman (1998), p. 14 参照。
(52) 投票者の28％しか賛成しなかった。*Ibid.*, p. 14.
(53) この他，セラーノ・プリースト判決を受けて，各学区に生徒1人当たり825ドルの収入を保障する教育財政調整制度の導入を盛り込んでいた。Levy (1979), p. 73.
(54) Kiewe and Davis (1991), p. 89 参照。
(55) 70-71年度ないしは71-72年度のどちらか高い方の税率に凍結する措置が採られたが，70年代，資産評価が上昇する中，税負担を引き下げる効果は一時的であった。Chapman (1998), p. 55 参照。
(56) ピーターソン (1996), p. 176参照。
(57) Adams (1984), pp. 158-160.
(58) 数字の出所は California Department of Finance (2000), p. 72 参照。
(59) Chapman (1998), p. 16 参照。
(60) Tipps (1980), pp. 70-71 参照。しかもサーキットブレーカーは一旦，納税者が財産税を支払わなければ還付されないため，不満も大きかった。

⑹₁　Chapman（1998），p. 18.
⑹₂　Tipps（1980），p. 76 参照。
⑹₃　財産税の負担感は大きかった。財産税の課税ベースは資産価値であるため，退職後の高齢者や低所得層などフロー所得が固定的な階層には資産インフレの最中には負担感が大きくなる。このため，財産税を支払うために自宅を売却して出ていく「涙の旅（追い出し）」効果が働くことになった。また，所得税，売上税と異なり，徴収が年に2度しかなく一時に多額の負担を強いられること，資産インフレ下では3年おきの資産評価後には大幅に負担が上昇することも納税者の反税意識を高めることになった。
⑹₄　ニューヨーク市の財政危機については横田（2008）参照。
⑹₅　Goldberg（2010），p. 43 参照。
⑹₆　Doerr（1998b），p. 8 参照。
⑹₇　ロサンゼルスで1974年に4万5000ドルで資産評価された家屋の財産税負担は1310ドルであった。77年に再評価されれば評価額は9万ドルに上昇し，財産税負担も2860ドルに引き上がった。わずか短期間で2倍以上の負担増は財産税の「追い出し効果」を現実のものにした。Tipps（1980），p. 70 参照。
⑹₈　Doerr（1998b），pp. 4-5 参照。
⑹₉　他方，先に述べたように州の財政黒字はこの時期，大幅に増大しており減税のターゲットを絞る考え方は根拠を失っていた。*Ibid.*, p. 5 参照
⑺₀　下院法999号の税制改革案は，企業在庫に対する財産税を免税する措置，銀行・法人税の引き上げ，所得税のインデクセーション化と課税ブラケットの追加である。上院法154号には，所得税の課税ブラケットを追加し最高税率を20％に引き上げることとすべてのキャピタルゲイン（1000ドル以上）を課税所得に算入することが盛り込まれていた。
⑺₁　Tipps（1980），p. 73 参照。
⑺₂　歳入制限は地方政府の減収を招くため，これを抑制するための措置としてこれらの地方税の導入が提案された。
⑺₃　上院法154号に対してはカリフォルニア税制改革連盟，市民行動連盟（Citizen's Action League）が後援し，全州規模の組織的な支援活動が展開されていた。
⑺₄　財産税のサーキットブレーカーを拡大する場合，地方政府への財源補てんは州が行うため，州予算と密接に関連している。
⑺₅　Doerr（1998b），pp. 10-11.
⑺₆　California Secretary of State（1978），p. 60 参照。
⑺₇　反面，財産税の65％を企業が負担しているため，財産税減税は企業の負担を引き下げることになる。
⑺₈　支持者はハワード・ジャービスとポール・ギャン，州上院議員のジョン・V・ブリッグス（John V. Briggs）である。反対者は南サンフランシスコ大学公共問題センター長のヒューストン・I・フルールノア（Houston I. Flournoy），ロサンゼルス市

長のトム・ブラッドレー（Tom Bradley），カリフォルニア・コモンコーズの州議長（State Chairman, California Common Cause）のグレー・シルブ（Gary Sirbu）である。

(79)　*Ibid.*, pp. 58-59 参照。
(80)　財産税の納税額は連邦，州所得税の申告時に所得控除できるので，財産税減税は片方で増税となる。
(81)　提案13号では既存の資産の評価額に関しては1975年の市場価格に戻すが，1978年7月1日以降に新築された建物や売買された資産はその時点の時価で評価するとしていた。
(82)　*Ibid.*, p. 36 参照。
(83)　提案8号の承認後，上院法1号が施行されれば，具体的な減税額が明らかになるが，提案8号自体には居住用資産の税率引き下げ幅や減税規模は明記されていなかった。このため，議会分析局でも具体的な数字を挙げていない。
(84)　提案者はブラウン知事，州上院議員のジェリー・スミス（Jerry Smith）である。反対者は州上院議員のビル・リチャードソン（Bill Richardson）と州下院議員のデーヴ・スティアリング（Dave Stirling）である。
(85)　Doerr (1998b), p. 11 参照。
(86)　Rabushka and Ryan (1982), p. 26 参照。
(87)　Fox (2003), pp. 86-87.
(88)　ロサンゼルス・タイムス紙の世論調査（4月24〜27日）では提案13号に対する賛成が47％，反対40％と差が7％に対して，提案8号は賛成49％，反対29％と差が20％で，圧倒的に提案8号の支持率は高かった。Sears and Citrin (1985), p. 28 参照。
(89)　*Ibid.*, p. 27 参照。
(90)　Levy (1979), p. 85 参照。戸建住宅の評価額については50％から100％の間で上昇するところもあった。
(91)　Citrin (1979), p. 127 参照。

第4章
納税者の反乱後の税財政構造の変容
―― 1980年代 ――

はじめに

　本章の目的は80年代のカリフォルニア州・地方財政を対象に，1978年の提案13号の可決後の財政状況の変化を考察するものである。

　前章で示したように，提案13号の成立を巡っては，支持者と反対者の間で激しいキャンペーン合戦が繰り広げられていた。支持者は，財産税を大幅減税すれば，政府の無駄がなくなり，投資環境としての魅力も引き上がると展望していたのに対して，反対者は，地方政府は基本的な税源を失うため公共サーヴィスは大幅に削減され住民生活に大きな打撃が生じると警鐘を鳴らしていた。

　さて，提案13号の可決後から10年。80年代のカリフォルニア州の経済，財政にどのような変化が現れたであろうか。本章は次のような構成でこの課題を論じることにする。まず第1節で提案13号可決後，80年代における州，地方財政の制度改革について検討する。次に，第2節で80年代のカリフォルニア州の経済状況の変化，政府規模や課税水準等の財政状況の変化について検討する。第3節では州，カウンティ，市，特別区，学区のそれぞれの財政構造の変化について分析し，さらに第4節で新たなインフラ財源として登場したリースバック方式やメロー・ルース型財源調達方式等の特徴について検討することにする。

第1節　提案13号可決後の制度改革

（1）州による財産税の配分と地方政府の救済

　提案13号は住民投票で可決後，カリフォルニア州憲法に第13条A（課税制

限)として盛り込まれることになった。その条文の内容は次の通りである。

まず第1節では財産税に対する1％の税率制限とカウンティによる財産税の徴収並びに州法による財産税収の配分が規定された。

第2節では評価額を1975年時点の金額に一旦戻し，インフレ率に基づき毎年の評価額の改定率を決め，その上限を年2％とすることが規定された。また，1975年以降，購入，建設，所有者の移転が行われた資産の評価については，その時点で時価評価することも規定された。

第3節では州税の増税の要件として，州議会の上下両院で2/3以上の議員の賛成を要することが規定された。

さらに第4節では市，カウンティ，特別区では住民投票で2/3以上の賛成がなければ特別税（special taxes）を課すことはできないことが規定されたのである。

この州憲法の改正を受け，地方政府は財産税に対する課税権を実質的に喪失した。地方政府は財産税の税率設定についても地方政府間の税収配分についても権限を失ったのである。また，財産税の表面税率は，従来，州全体で平均2.67％であったため大幅な減収が生じた。1977-78年度の財産税収は124億ドルであったのに対して，78-79年度のそれは54億ドル（56.5％減）と70億ドルもの減収が生じたのである。

州税率査定審査委員会によれば，この減税の恩恵の40％は商業，工業，農業並びに不動産業に向かい24％は個人家主に，22％が連邦政府に，さらに14％が州政府に向かったとされた。連邦，州が減税の恩恵を受けたのは，財産税は連邦，州所得税の所得控除の対象であったため，両政府に増収効果が発生したためである。いずれにせよ，住民の反財産税運動の成果の多くは家主よりも企業や政府が獲得する皮肉な結果になったのである。

さて，1978年6月6日の提案13号の可決を受け，知事と州議会は急遽，財産税の大幅減税に備えた制度改革に迫られることになった。新年度（78-79年度会計）が始まる7月1日までの僅か3週間で州議会は上院法154号をまとめ上げたのである。上院法154号のポイントは，1つには大幅減税した財産税を地方政府間にどのように配分するのかということ，2つには，財産税の減収によって生じた地方政府の財源不足をどのように補てんするのかということであった。

第**4**章 納税者の反乱後の税財政構造の変容

表4-1 提案13号可決後の地方政府別の歳入への影響推計額

(単位：100万ドル，％)

	カウンティ	市	学区	特別区	合計
77-78年度の歳入①	7,740	5,292	12,125	5,368	30,165
提案13号前の財産税②	3,801	1,348	6,468	781	12,448
②の政府間の配分割合	30.5	10.8	52.0	6.3	100.0
提案13号後の財産税③	1,565	542	2,929	368	5,404
③の政府間の配分割合	29.0	10.0	54.2	6.8	100.0
財産税減収額④（②-③）	2,236	806	3,539	463	7,044
財産税減収額/歳入（④/①）	28.9	15.2	29.2	8.6	23.4
州の財政黒字の配分額⑤	1,493	250	2,267	162	4,172
純損失額⑥（④-⑤）	743	556	1,272	301	2,872
純損失額/歳入（⑥/①）	9.6	10.5	10.5	5.6	9.5

注) サンフランシスコはカウンティに含む。学区には初等・中等学区とコミュニティ・カレッジ区を含む。
出所) State of California Commission on Government Reform (1979), p. 113 参照。

　1つ目の課題に対して上院法154号は財産税収の配分を過去の徴収額をベースに配分するように決めた。すなわち，過去3年間で徴収された財産税額の平均額（公債償還を目的に課税された金額は除く）に応じて配分することになったのである。その結果，州の政府改革委員会（Commission on Government Reform）によれば地方政府別の税収配分の割合は提案13号前後でほぼ変化が生じないと推計された。各地方政府の配分割合はカウンティが30.5％から29.0％，市10.8％から10.0％，学区52.0％から54.2％，特別区6.3％から6.8％とほぼ同一の割合であった（表4-1参照）。

　また，2つ目の課題に対して上院法154号は州の財政黒字（41億7200万ドル）を次の2つの手段を使って配分することにした。1つは州が地方政府にブロック補助金を交付する「財政援助（bailout）」である。もう1つは州が地方政府の特定サーヴィスを引き受ける「経費負担（buy-out）」である。市，学区，特別区に対しては財政援助が行われ，市に2.5億ドル，学区に22.7億ドル，特別区に1.6億ドルがそれぞれ配分された（表4-1の⑤参照）。一方，カウンティに対しては財政援助と経費負担の2つが行われ，合わせて14.9億ドルが配分された。カウンティの医療，福祉サーヴィスの財源（Medi-Cal, SSI/SSP, AFDC, BHI，食料切符の事務負担，精神医療，薬物中毒プログラム）は州が負担することになったのである。[6][7]

　この2つの手段により財産税の減収の影響は大幅に抑制されると推計された。

カウンティの場合,歳入の影響は28.9%から9.6%に緩和され,市は15.2%から10.5%,学区は29.2%から10.5%,さらに特別区は8.6%から5.6%に抑制されると推計されたのである(表4-1参照)。

しかし,財政税減収の影響は完全に相殺されたわけではないため,地方政府は減収分を補てんするために自主財源の強化や経費の節減,さらには人員削減を余儀なくされた。

自主財源の強化はカウンティ,市,特別区で合わせて約1.7億ドルの増収が見込まれた。例えば,カウンティの場合,ごみ処理サーヴィス料金,公園・レクリエーション料金,計画・設計サーヴィス料金を課した。また,市では入場税,滞在者税の増税に加え,特別消防サーヴィス料,街路補修料金(Street, Sidewalk, and Curb Repair Service),下水道料金,開発事業者への負担金といった料金で負担増が図られた。

経費の節減はカウンティの場合は公立図書館,文化・レクリエーション,市の場合は図書館,公園・レクリエーション,公営企業への繰出金で影響が大きかった。しかし,カウンティも市も警察,消防,福祉,公共事業のような基幹的なサーヴィスの削減は抑制していた。他方,人員削減については影響が大きく,ほぼ2万6300人が提案13号後にレイオフされた。その後8500人が再雇用されたので1万7800人が純減されることになった。また,提案13号後に多くの地方政府は雇用の凍結を行い,8万2000人の欠員が生じたとされた。

ところで,上院法154号は急拵えの緊急措置であったため,その1年後,より恒久的な制度が構築されることになった。それが79-80年度(79年7月)から施行された下院法8号であった。下院法8号の内容は,①地方政府間に配分する財産税の割合を変更して,学区への配分を減らし,市,カウンティ,特別区の割合を増やす,②州は恒久的にカウンティが負担している健康・福祉費の財源の一部を負担する,③学区の財産税の配分割合を減らすことの見返りに,学区に対する財政援助の割合を増やす。その際,セラーノ対プリースト判決を受けて貧困学区に財政援助を厚く配分する工夫を行う,④特別区に配分される財産税の一部をカウンティに設置する特別区増強基金(Special District Augmentation Fund)に積立て,カウンティ理事が特別区に資金を交付する,⑤州に財源不足が発生する場合,州政府の財政援助を削減できる仕組みを組み

表4-2　財産税の地方政府間の配分割合

年度	カウンティ	市	学区	その他
77-78	30%	10%	53%	7 %
78-79	26	9	54	11
79-80	32	13	39	16
80-81	33	13	39	15
81-82	33	13	38	16
82-83	33	13	38	16
83-84	33	13	37	17
84-85	33	13	37	17
85-86	33	13	37	17
86-87	33	13	36	18
87-88	33	13	36	18
88-89	33	13	36	18
89-90	33	13	36	18
90-91	33	13	35	19

注）その他には特別区，再開発公社が含まれる。
出所）Chapman（1998），p.69 参照。

込むことができるであった（実際，81-82年度の財政危機下で財政援助は停止された）。

　この結果，各地方政府の財産税の割合は表4-2のように変化した。カウンティ，市の財産税の配分割合を増やしたのは，上院法154号の欠点を見直すためであった。その欠点とは財産税の配分が単純に過去の配分実績を基準としていたため当該団体が地域開発政策を行っても課税ベースは増加せず増収効果も発生しないことにあった。増収効果を高めるために，税収配分を課税ベースの所在地基準（situs basis）に改め，カウンティ，市に増収効果が一層現れるように配分割合を厚くしたのである[16]。

　他方，学区の財産税配分額が減り，その分，州からの補助金で補てんする措置（後で説明する収入制限財源制度）が採られた。しかしそのことによって，富裕学区と貧困学区間での財政調整がさらに進み財政格差が緩和されることになったのである[17]。

　なお，こうした提案13号に伴う財政制度改革の結果は住民にどのように受け止められていたのであろうか。ロサンゼルス・タイムス紙が提案13号の可決1年後（79年10月）に行った世論調査（成人1128人が回答）では，提案13号の印象について，良いと回答したのが62%，悪いが31%，わからないが7%となって

表4-3 提案13号に対する印象についての
アンケート調査

調査日時	良い	悪い	わからない
1979年10月	62%	31%	7 %
1978年8月	65	30	5
1978年4月	52	35	13
1978年3月	39	31	30

出所）Skelton（1979）参照。

表4-4 提案13号後の公共サーヴィスの影響についてのアンケート調査

	利用していない	改善した	悪化した	変わらない	わからない
公園・レクリエーション	28%	5 %	18%	43%	6 %
図書館	37	4	16	34	9
公共交通	48	6	13	24	9
道路維持	13	11	17	49	10
ごみ	15	6	10	60	9
学校	27	4	30	25	14
警察	25	6	17	42	10
消防	32	8	9	41	10

出所）表4-3に同じ。

いた（表4-3）。提案13号の可決直後の78年8月と比べ評価はほとんど変わっていなかったのである。また，提案13号の可決後の公共サーヴィスの影響として，「改善した」と答えた割合よりも「悪化した」と答える割合が多かったが，教育以外の項目については「変わらない」とする回答が最も多かった（表4-4）。「利用していない」，「わからない」の項目と合計すると7，8割が含まれることになる。教育以外の公共サーヴィスへの影響は多くの住民には実感できなかったと言えよう。

ここから，州政府の財政支援によって提案13号の反対者が危惧した地方財政の危機は回避され住民生活にさほど深刻な影響を与えなかったと推測できるであろう。

（2）財政提案とその影響

提案13号の可決以降，住民，議会による財政提案が増加し，州・地方財政に影響を与えることになった。80年代の代表的なものとしては，州・地方政府に歳出制限を課した提案4号（1979年）と教育財源の安定確保を目的とした提案

98号（1988年）が挙げられる。

　提案4号は提案13号の共同提案者であるポール・ギャンが発意したものである[20]。79年の住民投票では賛成258万720票（74.3%）対反対89万1157票（25.7%）で可決された。歳出制限自体は既に1973年にレーガン知事が提案1号として議会提案しており，1978年にも州議会が上院法1号で歳入制限の形で歳出予算に縛りを設けようとしていた。しかし州憲法に歳出制限を盛り込むまでには至らなかった。提案4号の内容は次のようなものであった。

　①州並びに個々の地方政府の歳出予算の伸び率を生計費（cost of living）の伸び率と人口の伸び率の合計額に制限する[21]。②予算が歳出制限を超過した場合，超過分を納税者に還付する。③州は地方政府にマンデイトを課した場合，州がその費用を負担する。④歳出制限が課される予算は基本的に租税によって財源が調達される部分に限定され，連邦基金，公債基金[22]，料金，寄付からの財源による予算は制限されないとした。ただし，料金の水準が合理的なサーヴィスの供給コスト（reasonable cost）を超えている場合は税と同様に見なされ歳出制限が課されるとしたのである[23]。

　ところで，この歳出制限は効果を発揮したのであろうか。確かに，86-87年度には州予算が歳出制限を超えたため，11億ドルの州所得税の還付が行われた[24]（第5章図5-3参照）。しかし，このような例は他にはなかった。その理由は，提案4号を修正する財政提案がその後現れ，歳出制限の実効性を弱めたためである。例えば，提案98号（1988年）は歳出制限を超える税収の一部を納税者に還付するのでなく，教育財源に配分することを認め，提案99号（1988年）ではたばこ税の増税分で調達された諸経費（たばこの健康被害の治療や研究に関する経費，災害復旧・環境保護に関する経費等）は歳出制限から除外する措置を認めたためであった。さらに，90年代には歳出制限を一層，緩和する措置も採られることになった。

　一方，地方政府の中には提案4号の縛りを外そうとした団体も現れた。例えば，先端企業が立地し急速に発展する地域では税源基盤が増加しても提案4号の歳出制限があったため，地域開発を思うように推進することができなかった。このため，8つの市では歳出制限を変更する住民投票を行い可決されたのであった[25]。

次に，提案98号である。これは州の教育財源に最低保障額を課す提案である。80年代，生徒1人当たりの教育費は大きく低下したが，これに危惧した教育関係者（州教員組合，州父兄会）が提案98号を発意したのである。1988年の住民投票では賛成468万9737票（50.7%）対反対450万503票（49.3%）の僅差で可決された。

提案では，K-14（幼稚園からコミュニティ・カレッジまで）の教育財源を確保する目的で，次の2つの定式のいずれかを選択して教育費の最低保障額（minimum funding level）を決定できるようにしたのである。すなわち，①86-87年度における一般基金歳入に占める教育財源の割合を超える金額か②前年度の教育費を生計費と生徒数（正確には平均日常出席者数）の伸び率で調整した金額のどちらかである。ただし，両院の2/3以上が同意する場合に限って，提案98号の執行は1年間に限って停止できるとした。また，提案4号で設定した歳出制限を超える税収が発生した場合，その超過分の半分は納税者に還付せず教育財源に配分するとしたのであった（88-89年度の場合，5億ドル）。

これによって教育費は上の定式で自動的に決定されるようになったため，州の予算審議で他の経費と競合せず安定的に財源が確保できるようになった。しかし他方で，教育費の決定において，政府や議会の裁量が及びにくくなったという問題点も現れた。

さて，この2つ以外にも80年代には多くの財政提案が可決された。例えば，州所得税にインデクセーションを導入した提案7号（1982年），州営宝くじの販売を許可し，収益金の34%を教育財源に活用するとした提案37号（1984年），州の自動車免許料の一部をカウンティ，市に配分するとした提案47号（1986年），財産税以外の地方税（使途制限のない一般税）を増税する場合には住民投票で過半数の賛成を必要とするとした提案62号（1986年）である。

また，財産税の再評価の例外規定を設ける提案も多く可決された。提案8号（1978年11月）では自然災害による被災者住宅の建て替え。提案7号（1980年）ではソーラーシステムの設置。提案23号（1984年）では地震安全基準（earthquake safety ordinances）に従って改築された建物。提案31号（1984年）では消火設備の設置，提案50号（1986年）では被災した資産の建て替え。提案58号（1986年）では配偶者間並びに配偶者と子供間で移転される資産。さらに提案

60号(1986年)では55歳以上が所有する新居。これらをすべて再評価の対象から除外したのであった。いわば住民投票によって憲法上の免税規定を増やし負担軽減を図っていったのである。

なお,廃案となったが,提案13号のもう1人の提案者であるハワード・ジャービスが発意した提案9号(1980年)がある。これは州所得税の税率を現行(1978年)の半分以下に制限する提案であった。提案が可決した場合の財政効果として,州所得税は80-81年度に49億ドル減収し,州から地方政府への補助金も30億ドル減少すると推計された。ブラウン知事は州財政が著しく悪化するとして強く反対し事前の世論調査でも反対が多かった。このため,80年の住民投票では39％しか賛成票が集まらず否決されたのである。

以上見てきたように,課税制限を課した提案13号に次いで歳出制限を課す提案4号が可決されたが,すぐにこれを緩和する提案(提案98号,99号)が可決された。また,提案9号には住民の支持は広がらず否決された。これらの事実から,提案13号を引き起こした納税者の反乱は財産税の課税制限運動であっても,恒久的に「小さな政府」を志向する運動ではなかったことが示唆されよう。

第2節　80年代の州経済と財政

(1) 州経済とラッファー・カーブ

提案13号の可決後,以上述べた財政制度の改革が行われたが,80年代のカリフォルニア州の経済,財政はどのような影響を受けたのであろうか。

当時,提案13号を積極的に支持したサプライサイド経済学者のアーサー・ラッファーは,提案13号の可決後の州経済の見通しについて次のように語っていた。

「財産税を減税すれば,企業は州内で事業活動を拡大する。この拡大は新たな雇用を生み,より多くの投資,さらには実質賃金の引き上げをもたらす。売上,所得,その他の活動は拡大するであろう。売上税,所得税などもみな増収するだろう」。

具体的には,①カリフォルニア州の個人所得は少なくとも10年間で1100億ドルの増加が見込める,②財産税の減収は生じても,財産税以外の州,地方税が

第Ⅱ部 「納税者の反乱」と現代カリフォルニア州財政史

表4-5 カリフォルニア州の経済と財政

暦年	州内総生産の対前年伸び率	国内総生産の対前年伸び率	州の失業率	州政府の財政収支（100万ドル）
78	14.9%	13.1%	7.1%	3,886
79	11.9	11.6	6.2	2,905
80	11.2	8.7	6.8	1,998
81	12.3	11.9	7.4	349
82	6.7	4.1	9.9	5
83	8.4	8.4	9.7	-591
84	13.7	11.4	7.8	428
85	9.3	7.1	7.2	1,321
86	7.2	5.8	6.7	436
87	10.1	6.1	5.8	548
88	9.7	7.6	5.3	4
89	8.5	7.7	5.1	857
90	7.5	5.6	5.8	41
91	2.0	3.0	7.7	-1,715
92	2.1	5.5	9.3	-2,963

注）州内総生産の対前年伸び率は経常ドル（current dollars）ベース。財政収支は財政年度の金額であるため、78年（暦年）の財政収支は77-78年度（財政年度）の金額を表示。
出所）California Department of Finance (2000), p. 22, p. 58 参照。Fleenor, ed. (1997), p. 33参照。California Department of Finance, Summary Schedules and Historical Charts, Chart. A 参照。

増収するため、税収自体は40億ドルの純増となる、③さらに経済成長により福祉受給者が減ることで社会福祉費が削減でき財政黒字が生まれる。これによって、④教育、警察、消防のような住民生活にとって必要なサーヴィスはほとんど削減されない。

さらに、カリフォルニア州の投資環境についても、①他州からの資本・労働の流入が加速する、②州、地方債の格付けは州・地方税収によって元利償還が約束されるため高まる、③州内の企業の売上や利潤は他州の企業と比べ改善することになる、であった。当時、一世を風靡したラッファー・カーブを根拠に以上の議論を組み立て、提案13号後のバラ色の未来を予測していたのである。[31]

さて、この予測は実際に当たっていたのであろうか。表4-5はカリフォルニア州の州内総生産（経常ドル）の対前年伸び率と失業率の推移を見たものである。提案13号の可決直後の78年、79年は州内総生産の対前年伸び率は国内総生産の伸び率よりも高く、失業率も7.1％から6.2％に低下していた。

また、提案13号の企業活動に対する影響を調査したカリフォルニア大学のラ

第4章　納税者の反乱後の税財政構造の変容

　リー・キンベル（Larry Kimbell）とデビット・シャルマン（David Shulman）の研究によれば，カリフォルニア州の石油，航空機，製造業，小売業，公営事業，金融機関は他の州の同業種と比較して77年5月から79年5月にかけて8.4%業績が向上したと評価されていた。エコノミスト誌の記事でも「カリフォルニア住民が提案13号を可決させて18か月……州の経済は活況を呈している。これまでのところ提案13号は州経済にとって良好で，成長を刺激しているという評価がエコノミスト，学者，金融の専門家，企業のリーダー，さらには政府の役人の間でさえ今や広く合意されている」と述べられていた。

　このように見ると，提案13号は経済成長を促す効果を持ったように思えるが，その直後，カリフォルニア州は景気後退に直面することになった。州内総生産の伸び率は82年に大きく低下し，失業率も悪化した。79年の6.2%から82年には9.9%に上昇した。

　景気の悪化は財政状況にも影響した。州財政の黒字（一般基金ベースの財政収支）は提案13号後の地方政府の財政支援により減少していたが，景気の悪化に伴い82-83年度には5億9100万ドルの赤字に転落したのである（表4-5中の83年（暦年）の欄に表示）。州債（一般財源債）の格付けも80年にムーディーズ社はAaaからAaに，スタンダード＆プアーズ社ではAAAからAA＋に格下げしたのである。その後，80年代半ばに景気は回復し失業率も改善したが90年代初めに再度，厳しい不況に直面し失業率の上昇と財政赤字を経験することになった。

　10年スパンで見ると州経済の動向は全米の経済動向と同調して推移しており提案13号の経済効果は見出し難いと言えよう。また，82-83年度の財政赤字と州債の格下げを見てもわかるように減税が税収効果をもたらすとしたラッファー効果も現れなかったのである。

　ところで，1987年の州議会の合同予算委員会（Joint Legislative Budget Committee）では提案13号の検証を目的とした公聴会が開催されている。提案13号の経済効果を分析したクレモント・マッキーナ大学のクレッグ・スタブルバイン教授は，カリフォルニア州の個人所得の推移から「提案13号の効果は明確に認識できない」と証言している。

　スタンブルバインの分析に従って示したのが図4-1である。全米（カリフォ

第Ⅱ部 「納税者の反乱」と現代カリフォルニア州財政史

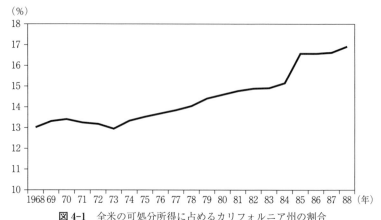

図 4-1 全米の可処分所得に占めるカリフォルニア州の割合

出所) California Department of Finance (2000), p. 64, Edwards, Gold, Fleming and Paisley (1993), p. 53 参照。

ルニア州分を除く)の可処分所得に占めるカリフォルニア州の可処分所得の割合の推移を見ると, 74年と85年を契機にカリフォルニア州の割合が増加しているが提案13号が可決された78年, 79年には所得の割合を大きく変化させる兆しは現れなかったのである。先に見たキンベルとシャルマンの評価と異なり, 短期的な効果も明らかでないとされる。

いずれにせよ提案13号の成立時にラッファーらが予測した楽観的な経済状況は短期的にも評価は分かれ, 中長期的にも確認できなかったと言えよう。しかしながら, 提案13号の反対者が危惧したような公共サーヴィスが途絶する程の大きな危機も生じなかった。先に述べたように州が財政黒字を取り崩して地方財政を救済したため, パニックは起こらなかったためである。

(2) 財政規模・課税水準の変化と住民意識

次に提案13号の州, 地方財政への影響について少し詳しく見ていこう。提案13号の可決直後の状況については既に述べたが, それから10年, 州・地方財政にどのような影響が現れたのであろうか。

まず, 財政規模の推移である。州, 地方間の政府間財政関係は緊密なので, 州と地方を合わせた直接一般歳出 (General Direct Expenditure) の推移を見ることにする (図4-2)。提案13号可決前の77-78年度の直接一般歳出は368.7億ド

第4章 納税者の反乱後の税財政構造の変容

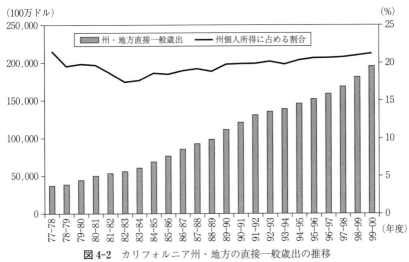

図4-2 カリフォルニア州・地方の直接一般歳出の推移

出所) U.S. Department of Commerce (1974) 他, 各年度並びに California Department of Finance (2000), p. 61 より作成。

表4-6 カリフォルニア州の州・地方直接一般歳出

(単位：ドル)

	加州		全米平均		全米ランク	
	人口比	所得比	人口比	所得比	人口比	所得比
1977	1,654	213	1,355	195	6位	18位
1982	2,218	180	1,986	181	12	30
1987	3,240	186	2,857	186	10	29
1991	4,266	205	3,930	184	11	28
1996	4,935	184	4,659	180	13	24
2001	6,956	204	6,150	195	7	24

出所) U.S. Department of Commerce (1979), p. 90, p. 94 他各年度版より作成。

ルで州個人所得に対する割合は21.5％であった。提案13号可決後の78-79年度は州・地方の直接一般歳出は374.7億ドルで州個人所得に対する割合は19.6％に低下し82-83年度はさらに558.3億ドルで17.4％まで低下している。

また，全米ランクにおいても82-83年度は人口比で12位，個人所得（1000ドル当たり）比で30位と他州と比較して歳出規模が大きく低下したことが示されている（表4-6）。その後，個人所得に占める割合は増加に転じたが90-91年度でも19.9％と提案13号以前の水準に復位しておらず，他州と比較してもランクは低い水準のままであった。

表 4-7　カリフォルニア州の州・地方税の負担水準

(単位：ドル)

	個人所得に対する州・地方税負担額	州別ランク	個人所得に対する所得税負担額	州別ランク	個人所得に対する財産税負担額	州別ランク
1977-78	157.99	4位	26.74	11位	63.57	5位
78-79	120.63	24	23.91	17	30.37	35
80-81	114.92	17	25.39	12	27.84	35
85-86	109.98	24	26.84	10	28.72	31
90-91	111.96	22	27.15	15	31.36	29
95-96	113.38	24	25.69	14	29.96	32
99-00	120.69	8	39.92	4	26.37	36

注）個人所得1000ドル当たりの金額で表示。
出所）California Department of Finance (2002), pp. 218-219.

　このことは税負担についても同様であった。個人所得（1000ドル当たり）比で見た財産税の負担額は77-78年度の63.57ドルから78-79年度には30.37ドルに大きく低下している（表4-7）。財産税が半減することによって州・地方税の負担額も大きく低下し77-78年度の157.99ドルから78-79年度には120.63ドルに低下している。全米ランクも4位から24位に下がり，80年代は回復が見られなかった。

　このように80年代のカリフォルニア州は歳出規模においても税負担においても厳しく抑制されたが，州民の世論はどのようなものであったのであろうか。住民の税や政府に対する意識調査を行ったフィールド研究所（Field Institute）のマーヴィン・フィールド（Mervin Field）の州議会の公聴会証言を見ていくことにする。以下はその要点である。

　第1に，納税者の反乱当初と比較して10年後の87年には税の高さを問題視する意見が減ったことである。「コミュニティ，州が直面する最も差し迫った問題は何か」という質問に対して，「高い税」と答えたものが77年は30％であったが87年は5％に低下したのである。

　第2に，小さな政府を好み，大きな政府を嫌う意見が減ったことである。「好ましい政府の大きさはどれか」という問いに対して，80年は「小さな政府」という答えが60％であったが87年は49％に低下し，逆により「大きな政府」とした回答が同期30％から42％に増加したのである。

　第3に，提案4号の歳出制限を変更すべきとした意見が増えたことである。

「提案4号の是非」について，79年の投票時は賛成74％，反対26％であったが，87年は現行維持が49％，改正すべきが40％に変化したのである。

第4に，州，地方政府は効率的であるとした意見が増えたことである。「政府は税を使って効率的に仕事をしているか」の問いに対して市の場合は良い，まずまずであると答えた割合は80年66％から87年79％に，州の場合は57％から73％に引き上がったのである。

このように，80年代，州・地方の財政規模は抑制されたが，住民はそれを一定評価して受けとめ，さらなる政府の削減を求めていなかったことが示される。

第3節　州・地方政府の財政的な変化

（1）州財政の状況——所得課税への依存と州補助金の拡大

次に，州と地方財政を分けて，80年代の財政状況の変化について見ていく。まず，州政府の財政規模の変化である。図4-3に示すように州政府の1人当たりの総歳出額(38)（インフレ調整済み，2003年ドル表示）は77-78年度の1727ドルから87-88年度の2251ドルに大きく増加している。この間，歳出が厳しく抑制されたカウンティ，市の推移と比較すると非常に対照的である。

また，州の財政規模の拡大に伴って歳入と歳出の構成は次のように変化している。まず歳入構成である。表4-8で連邦政府からの財政移転を加えた一般歳入（General Revenue）ベースで見ると(39)，政府間移転収入の割合が低下し，租税収入，諸収入，経常サーヴィス料の割合がそれぞれ増加している。政府間収入の割合の低下はこの間のレーガン政権の新連邦主義政策(40)を反映したものである。レーガン政権は82年に特定補助金のブロック補助金化を，86年には一般歳入分与制度の廃止を行ったが，こうした一連の補助金改革がカリフォルニア州の政府間収入の低下にも影響したのである。

連邦補助金が削減される中，州の歳入を支えたのが租税収入，その中でも所得課税（個人所得税＋法人税）であった。所得課税の割合は77-78年度の28.1％から87-88年度の31.1％に増加し，政府間収入を抜いて最大の歳入項目となっている。歳入の増加寄与率（77-78年度から87-88年度）も最も高く所得課税33.3％，売上税19.9％，政府間移転19.1％，諸収入10.0％となっている(41)。この

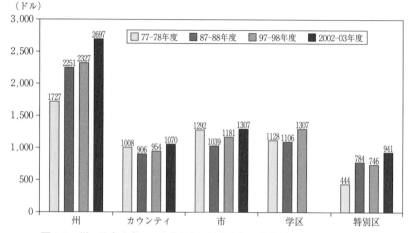

図 4-3 州,地方政府の1人当たりの総歳出額の推移(インフレ調整済み)
注)学区については2002-03年度のデータはない。
出所)Center for Government Analysis (2005), p. 45, p. 103, p. 169, p. 202, p. 217 参照。

表 4-8 州政府の一般歳入の推移

(単位:100万ドル,%)

	77-78		82-83		87-88		92-93		97-98	
	金額	割合	金額	割合	金額	割合	金額	割合	金額	割合
政府間移転	6,755	28.3	8,868	25.4	13,036	23.0	25,478	29.9	30,894	27.8
税収	15,018	63.0	22,260	63.6	36,075	63.6	49,418	58.1	67,714	61.0
一般売上税	4,987	20.9	7,767	22.2	11,515	20.3	16,672	19.6	21,302	19.2
所得課税(個人,法人)	6,709	28.1	10,203	29.2	17,646	31.1	21,928	25.8	33,372	30.0
その他の税	3,322	13.9	4,290	12.3	6,914	12.2	10,818	12.7	13,040	11.7
経常サーヴィス料	1,240	5.2	2,116	6.1	3,506	6.2	5,965	7.0	7,667	6.9
諸収入	833	3.5	1,729	4.9	4,067	7.2	4,227	5.0	4,813	4.3
一般歳入合計	23,846	100.0	34,973	100.0	56,684	100.0	85,088	100.0	111,088	100.0

出所)U. S. Department of Commerce (1977) 他,各年度版より作成。

所得課税の増加によって歳入構造の所得弾力性が高まることになった。

次に,歳出についてである。表4-9で全基金を対象に,歳出のプロジェクト別構成の推移を見る。構成比の大きい項目は,健康・福祉費,初等中等教育費(K-12)で,この2つの経費は80年代から90年代初めにかけて増加傾向が見られている。他方,歳出を経常経費(State Operations),地方補助(Local Assistance),資本的経費(Capital Outlay)の3つに分類する機能別構成で見ると,地方補助の割合が最も高く,80年代にはその割合が一層増加しているので

第4章 納税者の反乱後の税財政構造の変容

表 4-9 州政府の総歳出（全基金対象）の推移

(単位：100万ドル，％)

プロジェクト別歳出	77-78 金額	割合	82-83 金額	割合	87-88 金額	割合	92-93 金額	割合	97-98 金額	割合
初等中等教育費	3,682	17.4	8,727	23.4	14,543	26.4	20,922	24.3	25,557	25.5
高等教育費	3,210	15.2	5,173	13.9	7,994	14.5	9,925	11.5	12,083	12.1
健康・福祉費	8,433	39.8	15,487	41.5	19,382	35.2	36,152	42.0	38,683	38.6
矯正・更生費	388	1.8	818	2.2	2,279	4.1	3,312	3.8	4,426	4.4
事業・取引・住宅費	1,410	6.7	1,792	4.8	3,440	6.3	6,390	7.4	6,833	6.8
その他	4,047	19.1	7,090	19.0	7,380	13.4	15,752	18.3	19,428	19.4
合計	21,170	100.0	37,295	100.0	55,018	100.0	86,063	100.0	100,177	100.0
機能別歳出										
経常経費	7,078	33.4	12,508	33.5	15,310	27.7	20,509	23.9	26,972	27.0
地方補助	13,266	62.7	24,059	64.5	38,442	69.6	63,107	73.7	70,368	70.5
資本的経費	825	3.9	719	1.9	1,503	2.7	2,031	2.4	2,468	2.5

注) 87-88, 92-93, 97-98年度については機能別分類から分類不能な経費を除外している。
出所) California Department of Finance, Summary Schedules and Historical Charts, Chart. C-1, Chart. F 参照。

ある。健康・福祉費，初等中等教育費の大半は地方補助から構成されている。前者は，カウンティへ，後者は学区への補助金として配分されこの2つの経費の増加が地方補助の割合を高めているのである。

このように，80年代は所得課税に依存して州は財政規模を拡大し，財産税の減収で困窮していた地方政府，専ら，カウンティと学区に対して地方補助を増加させていったわけである。

(2) カウンティ財政の状況——州補助金への依存

次に，カウンティの財政状況を見ていくことにする。図4-3に示すようにカウンティの歳出は州のそれとは対照的に80年代に厳しく抑制された。インフレ調整済みの住民1人当たりの歳出額は77-78年度の1008ドルから87-88年度の906ドルに低下したのである。この緊縮財政下において，カウンティの財政構造はどのように変化したのであろうか。

まず，歳入構成の変化（表4-10）である。財産税の割合は提案13号を機に低下しており，77-78年度33.1％から82-83年度23.1％に低下し，その後も構成比は低いままであった。財産税以外の税収（売上税等）や税以外の自主財源（財

表 4-10　カウンティ歳入の推移

(単位：100万ドル，%)

	77-78		82-83		87-88		92-93		97-98	
	金額	割合	金額	割合	金額	割合	金額	割合	金額	割合
租税	3,033	36.4	2,758	26.1	4,497	27.6	5,989	24.3	4,344	15.5
財産税	2,763	33.1	2,440	23.1	4,011	24.6	5,372	21.8	3,480	12.4
売上税	204	2.4	249	2.4	288	1.8	304	1.2	392	1.4
その他	66	0.8	69	0.7	198	1.2	313	1.3	472	1.7
特別分担金	—	—	—	—	1	0.0	3	0.0	19	0.1
免許・許可	71	0.9	111	1.0	185	1.1	233	0.9	313	1.1
罰金	80	1.0	172	1.6	273	1.7	281	1.1	605	2.2
財産収入	157	1.9	380	3.6	408	2.5	590	2.4	702	2.5
政府間移転	4,205	50.4	6,135	58.0	9,222	56.6	14,525	58.9	17,681	63.0
州補助金	1,987	23.8	3,684	34.8	6,101	37.5	9,417	38.2	11,359	40.5
連邦補助金	2,208	26.5	2,451	23.2	3,087	19.0	4,964	20.1	6,062	21.6
その他	10	0.1	21	0.2	34	0.2	139	0.6	259	0.9
経常サーヴィス料金	719	8.6	869	8.2	1,345	8.3	2,224	9.0	2,999	10.7
その他	71	0.9	132	1.2	347	2.1	813	3.3	1,396	5.0
一般歳入合計	8,336	100.0	10,578	100.0	16,280	100.0	24,654	100.0	28,057	100.0
公営企業収入	369	4.2	1,856	14.9	3,256	16.7	4,125	14.3	4,966	15.0
総歳入	8,705	100.0	12,433	100.0	19,537	100.0	28,779	100.0	33,023	100.0

注）総歳入は一般歳入に公営企業収入を合計したものである。
出所）California State Controller's Office (1977a) 他の各年度版より作成。

産収入，経常サーヴィス料金等）の割合も低く，構成比は増加していなかった。

さらに，連邦補助金もレーガン補助金改革を受け，減少傾向にあった。この間，財産税の減収を補てんし，カウンティ財政を支えたのは州補助金で，構成比は77-78年度の23.8%から82-83年度には34.8%に増加し財産税を抜いて第1の財源となっている（連邦から州を経由して配分される補助金も含む）。

一方，歳出の変化は一般政府，道路・公共施設（Public Ways and Facilities）の構成が減少し，公的保護，公的支援の割合が増えている（表4-11）。公的保護は司法，警察，拘置・矯正等の経費から構成され，公的支援は福祉が大半を占め，残りは社会サーヴィス，一般扶助等の経費から構成されている経費である[43]。

一見すると，カウンティは州補助金の増額によって財産税の減収の影響を緩和できたかに思えるが，実際は異なる。カウンティは補助金依存度が高まることで，財政ストレスも高めることに繋がったのである[44]。

表 4-11　カウンティ歳出の推移

(単位：100万ドル，%)

	77-78		82-83		87-88		92-93		97-98	
	金額	割合	金額	割合	金額	割合	金額	割合	金額	割合
一般政府	1,516	18.8	1,319	12.8	2,792	17.0	2,291	9.3	2,421	8.8
公的保護	1,559	19.3	2,733	26.5	4,393	26.8	6,789	27.5	8,271	29.9
道路・公共施設	408	5.0	504	4.9	686	4.2	897	3.6	1,006	3.6
健康・衛生	1,122	13.9	1,141	11.1	1,714	10.5	3,762	15.3	4,696	17.0
公的支援	3,248	40.2	4,295	41.7	6,381	38.9	10,171	41.2	9,783	35.4
教育	105	1.3	129	1.3	188	1.1	239	1.0	247	0.9
レクリエーション・文化	106	1.3	129	1.3	171	1.0	249	1.0	242	0.9
公債費	20	0.2	55	0.5	65	0.4	261	1.1	958	3.5
一般歳出合計	8,084	100.0	10,305	100.0	16,389	100.0	24,659	100.0	27,624	100.0
公営企業支出	377	4.5	2,096	16.9	3,528	17.7	4,570	15.6	5,108	15.6
総歳出	8,461	100.0	12,401	100.0	19,917	100.0	29,229	100.0	32,732	100.0

注）総歳出は一般歳出に公営企業支出を加えたものである。
出所）表 4-10 に同じ。

　第2章でも述べた通り，カウンティは州の下部機関としての役割と未法人地域における地方政府としての役割を有している。前者の役割として，福祉，矯正，裁判のような州法により義務づけられたサーヴィスの提供があり，後者の役割として，道路建設，消防，図書館，警察等の住民ニーズに対応したサーヴィスの提供がある。前者の義務的なサーヴィスは80年代増加が著しく，80-81年度から85-86年度にかけて福祉費で88.5％，刑務所費で153.4％，さらに裁判所費で77.7％増加することになった。[45]

　こうした義務的なサーヴィスに対しては確かに州補助金が交付されたが，財源保障は十分でなかった。補助金の形態がマッチング方式であったため，補助金を受領する条件としてカウンティも応分の負担が求められていたためである。[46] 応分の負担はカウンティの裁量的収入（使途の自由な一般税等）からなされるわけであるが，この間の裁量的収入の伸び率は義務的経費の伸び率よりもはるかに低く48％に過ぎなかった。裁量的収入は補助金の裏負担に費消され，カウンティの後者の役割である住民サーヴィスの提供に回らなかったのである。

　例えば，1987-88年度，ハンボルトカウンティでは州法による義務的な経費が歳入総額の105.5％に及び，キングスカウンティでは刑事司法（criminal justice）に関する経費だけで財産税収を上回るといった有様であった。

さらに，深刻な財政危機を招いていたカウンティも現れた。オレンジカウンティでは86-87年度には1000万ドル，87-88年度には9000万ドルの赤字が見込まれた。ビュートカウンティ（州都サクラメント周辺に位置）では89-90年度に350万ドルの歳入欠陥が生じ財政破綻に瀕していると宣言することになった。

後者のビュートカウンティの場合，89-90年度の歳入総額は1億3000万ドルで，このうち3140万ドルが裁量的な収入であった。この裁量的収入から州の義務的な経費（健康，福祉，裁判，刑務所）に対する負担1620万ドルとカウンティ独自の地方プログラムの負担1870万ドルが支出されることになったため，350万ドルの歳入欠陥が発生したのである。言うまでもなく連邦，州補助金，料金収入は使途が特定化されていたため赤字の相殺には支出できなかった。こうしたカウンティの財政危機は90年代にさらに大きな問題となって現れることになるのである（第5章参照）。

（3）市財政の状況──財源調達手段の多様化

80年代の市財政はカウンティと同様，財政規模は縮小し緊縮的な財政運営を強いられた。表4-12に示すように歳入構成は，カウンティ同様，財産税の割合が低下したが，これを補てんした財源は州補助金でなく，財産税以外の税，経常料金等であった。

財産税以外の税の大半は売上税・利用税によるものであるが，事業免許税，公益事業利用税，滞在者税でも税収額が増えた。また経常料金の割合も増加したが，8割は電気，上下水道，ガス等の公営事業の料金収入であった。非公営企業の料金収入としては，公園・レクリエーション料金，固形廃棄物収入 (Solid Waste Revenues)，駐車施設料金，建築確認料 (Plan Checking Fees)，設計料 (Engineering Fees) 等が挙げられる。特に固形廃棄物収入，建築確認料，公園・レクリエーション料金の増加寄与率（81-82年度／87-88年度）が大きかった（表4-13）。

一方，歳出の割合は一般政府等の費目で変更が行われたため77-78年度と82-83年度の単純比較は困難である（表4-14）。公共安全，公営企業，交通，コミュニティ開発，保健の項目で支出割合が高いが，80年代に入り特に保健，交通，コミュニティ開発の分野が伸びている。ただし，歳入のような大きな変化は見

表 4-12　市歳入の推移

(単位：100万ドル，％)

	77-78		82-83		87-88		93-94		97-98	
	金額	割合	金額	割合	金額	割合	金額	割合	金額	割合
租税	2,827	35.5	3,449	32.5	5,937	34.2	7,916	31.1	9,538	30.9
財産税	1,304	16.4	1,006	9.5	1,595	9.2	1,993	7.8	2,007	6.5
売上税・利用税	914	11.5	1,279	12.0	2,226	12.8	2,796	11.0	3,025	9.8
事業免許税	62	0.8	256	2.4	436	2.5	601	2.4	677	2.2
公益事業利用税	152	1.9	343	3.2	687	4.0	1,089	4.3	1,234	4.0
その他	395	5.0	565	5.3	993	5.7	1,437	5.7	2,595	8.4
特別分担金	—	—	54	0.5	98	0.6	338	1.3	419	1.4
免許	115	1.4	127	1.2	269	1.5	287	1.1	415	1.3
罰金	101	1.3	155	1.5	261	1.5	254	1.0	288	0.9
財産収入	185	2.3	713	6.7	915	5.3	1,007	4.0	1,501	4.9
政府間収入	1,978	24.8	1,520	14.3	1,997	11.5	3,137	12.3	3,881	12.6
州補助金	745	9.3	629	5.9	1,274	7.3	1,830	7.2	2,130	6.9
連邦補助金	1,192	15.0	813	7.7	558	3.2	1,011	4.0	1,443	4.7
その他	41	0.5	78	0.7	165	1.0	296	1.2	308	1.0
経営サーヴィス料	2,647	33.2	4,073	38.3	6,612	38.1	10,429	41.0	12,428	40.2
公営企業[1]	2,157	27.1	3,211	30.2	5,290	30.5	—	—	8,808	28.5
非公営企業	490	6.1	867	8.2	1,322	7.6	—	—	3,620	11.7
その他	115	1.4	534	5.0	1,267	7.3	2,047	8.1	2,419	7.8
歳入合計[2]	7,968	100.0	10,625	100.0	17,356	100.0	25,415	100.0	30,889	100.0

注) 1) 77-78年度の場合，公営企業所得の数値である。82-83年度以降は上下水道，電気，ガス，空港，墓地，港湾，病院，交通事業を便宜上，公営企業に含めた。2) 77-78年度の総歳入は一般歳入＋公営企業所得－公営企業からの繰入れ分で算出。
出所) California State Controller's Office (1977b) 他，各年度版より作成。

られなかったと言えよう。

　ところで，市財政の特徴として述べておかねばならないことは自主財源の多様化である。カウンティと異なり州から課された義務的な支出が少ない反面，州補助金の交付も少なかった。このため市は税や料金等の自主財源を新たに開拓することで財産税の減収に対応しようとしたのであった。また，それが可能であったのは82年のファレル判決で提案13号の特別税の対象が地方税全体から地方目的税に限定されると解釈されたことにあった。

　まず，売上税について述べよう。売上税（取引税・利用税）の税率は財産税と異なり，地方政府が一定の範囲内で自由に州税に上乗せすることができた。また，売上の発生地に税収が配分されるため，市の開発政策次第では増収が期待できたのである。つまり，市が商業地開発を行い，ウォール・マートのよう

表4-13 市の経常料金の推移

(単位：1000ドル，％)

	81-82年度	割合	87-88年度	割合	増加寄与率
公営企業料金	3,287	82.3	5,207	78.8	72.2
上水道	591	15.0	1,105	16.7	19.3
下水道	368	9.3	805	12.2	16.4
電気	1,814	45.9	2,531	38.3	27.0
ガス	135	3.4	134	2.0	0.0
空港	173	4.4	278	4.2	3.9
墓地	2	0.1	3	0.0	0.0
港湾	164	4.2	294	4.4	4.9
病院	22	0.6	31	0.5	0.3
交通	18	0.5	26	0.4	0.3
非公営企業料金	664	16.8	1,404	21.2	27.8
ゾーニング・区画料	19	0.5	58	0.9	1.5
特別警察署サーヴィス料	14	0.4	32	0.5	0.7
特別消防署サーヴィス料	10	0.3	31	0.5	0.8
建築確認料	25	0.6	94	1.4	2.6
動物捕獲料	2	0.1	2	0.0	0.0
設計料	24	0.6	82	1.2	2.2
道路・歩道の補修料	15	0.4	15	0.2	0.0
除草・清掃料	3	0.1	5	0.1	0.1
救急サーヴィス料	7	0.2	18	0.3	0.4
図書館罰金・料金	10	0.3	16	0.2	0.2
公園・レク料金	53	1.3	120	1.8	2.5
ゴルフ場料金	36	0.9	56	0.8	0.8
駐車施設料金	44	1.1	83	1.3	1.5
固形廃棄物収入	176	4.5	336	5.1	6.0
公営住宅収入	4	0.1	35	0.5	1.2
純外部取引	128	3.2	167	2.5	1.5
その他	94	2.4	254	3.8	6.0
合計	3,951	100.0	6,611	100.0	100.0

注) 公営企業の分類は California State Controller's Office (1977b) p. xix を参考にした。
出所) California State Controller's Office (1981b) 他参照。

な大型商業施設の誘致に成功すれば地域の売上が増加し売上税の増収も見込まれたのである。しかも商業施設の場合，宅地開発と異なり対人サーヴィスに対する財政需要（警察，消防，教育）が増えないというメリットもあった。この売上税の増収を目的とした地域開発のことを「土地利用の財政化（fiscalization of land use)」と呼ばれている。実際には市歳入全体とすれば売上税の構成比はさほど大きく増加しなかったとはいえ，地域開発政策の主たる目的はこの時期，

表 4-14　市歳出の推移

(単位：100万ドル，％)

	77-78		82-83		87-88		93-94		97-98	
	金額	割合	金額	割合	金額	割合	金額	割合	金額	割合
一般政府	1,892	25.9	682	7.2	1,162	7.1	1,916	7.5	2,317	7.9
公共安全	1,576	21.5	2,936	31.1	4,421	26.8	6,528	25.6	7,715	26.2
公共事業	1,114	15.2	—	—	—	—	—	—	—	—
交通	—	—	1,165	12.3	2,411	14.6	3,942	15.5	4,480	15.2
コミュニティ開発	—	—	559	5.9	1,330	8.1	2,089	8.2	2,795	9.5
保健	128	1.7	871	9.2	1,490	9.0	3,150	12.3	3,690	12.5
文化・余暇	624	8.5	291	3.1	1,512	9.2	2,150	8.4	2,524	8.6
他会計等への繰出	88	1.2	—	—	—	—	—	—	—	—
公営企業	1,894	25.9	2,860	30.3	4,037	24.5	5,471	21.4	5,596	19.0
その他	—	—	77	0.8	112	0.7	264	1.0	312	1.1
歳出総額	7,316	100.0	9,441	100.0	16,475	100.0	25,510	100.0	29,430	100.0

注）77-78年度の総歳出は一般歳出＋公営企業支出－公営企業への繰出分で算出。
出所）表4-12に同じ。

商業施設の誘致による売上税の増収に重点が置かれていたのであった。

次に公益事業利用税についてである。この税は電気，水道，ガス，電話，ケーブルテレビ等の公益事業の使用者（企業，個人）の料金に課す消費課税である。1967年にロサンゼルス市で初めて導入されたが1982年までは州法で憲章市のみしか課税が認められなかった。しかし，82年に州が一般法市まで課税を認めたことと，先に述べたファレル判決の影響とで，課税市が急増することになった。目的税としても導入できるが，多くの市では提案13号の制約から一般税として導入した。市政府間の税率格差が大きく，エネルギー多消費型の製造業に対して負担の重い税であるとされた。

さらに，事業免許税についてである。この税は市内で事業活動を行う事業者に負担を課す企業税である。もっとも企業税といっても利潤への課税は州法上禁じられているため，課税ベースは売上高，従業員数，賃金等で市ごとに別々に採用されていた。カウンティもこの税に対する課税権をもつが，市と課税目的は異なった。市は税収目的として，カウンティは営業規制の目的として課税していたのである。この税も82年のファレル判決以降，多くの市で課税され始め，税収も増加した。しかし，事業免許税の増税は地域経済への影響が少なくない。当時，ロサンゼルス市は州内で最も高い事業免許税率（7％）が課され

ていたので，事業者の多くは税を逃れるため市外への退出を望んでいたが，ロサンゼルス市は重要な商業センターであったためそれが困難であるという矛盾を抱えていたとされる。[61]

なお，先に見たように経常サーヴィス料もこの間，増加した財源であった。この増加も税同様，提案13号の可決が大きく影響していた。提案13号以前は本来，料金で財源が調達されるべきサーヴィスであっても，その供給コストの一部ないし全部は財産税で補助されていたため料金の水準が低く設定されていたり全く課されていなかったりしていた。しかし，提案13号後の財産税の課税制限でこれができなくなったため，料率の引き上げや賦課がなされたのである。

例えば，警察費の場合で言えば，警察への被害届（police report）のコピー，銃の携行証明等の発行がそれに当たる。消防費の場合では，救急救命活動，保安点検等，公園費の場合では，プールの利用，レクリエーションの課外授業等，さらに，公共事業費の場合では地下工事に伴う交通規制，幹線道への取り付け道路の接続がそれに該当していた。[62]

なお，料金が増加したもう1つ要因として先に見た提案4号の導入が挙げられる。提案4号では料金は歳出制限が課される対象外の財源であったため，従来，税で調達していたサーヴィスを料金化して歳出制限をバイパスすることも行われていたのである。[63]

（4）学区財政の状況――教育財政訴訟と州財政への依存

学区財政はカウンティ，市同様，この間，実質的には住民1人当たりの歳出額は低下しているが，他の政府と比較して最も劇的に財政構造が変化している。[64]

学区の歳入を見ると77-78年度から82-83年度にかけて学区の負担部分（大半が財産税）がほぼ半減し州の負担が倍増している（表4-15）。また，統計上，87-88年度からは収入制限財源という項目で地方財産税と州補助金の合計額を計上する形式に変更されている。第2章でも述べたように，収入制限財源とは州法で生徒1人当たりの標準的な教育費の水準を決定して，この金額を財産税と州補助金で充当する方式である。財産税の配分は州法で決定されているので，残りが州補助金で補てんされることになる。どちらの財源も学区の裁量的な収入でないため，学区の自主財源の割合は著しく低くなることになる。87-88年

表4-15　学区財政の推移

(単位：100万ドル，％)

	77-78		82-83		87-88		97-98	
	金額	割合	金額	割合	金額	割合	金額	割合
歳入								
収入制限財源	—	—	—	—	11,865	72.8	20,866	68.3
連邦	548	6.6	498	4.9	689	4.2	1,547	5.1
州	3,118	37.3	6,946	68.5	2,963	18.2	6,973	22.8
学区	4,340	51.9	2,665	26.3	649	4.0	946	3.1
その他	354	4.2	32	0.3	127	0.8	231	0.8
合計	8,360	100.0	10,141	100.0	16,293	100.0	30,562	100.0
歳出								
給与	5,640	71.2	7,164	70.7	11,051	68.4	19,635	66.9
福利厚生	954	12.0	1,424	14.0	2,378	14.7	4,494	15.3
その他	1,328	16.8	1,549	15.3	2,727	16.9	5,218	17.8
合計	7,922	100.0	10,137	100.0	16,156	100.0	29,347	100.0

出所）California State Controller's Office (1977d) 他，各年度版より作成。

度の場合，歳入全体のわずか4％であった。自主財源には土地の面積等で負担を課す区画税等が含まれていた。[65]

　こうした学区の州財政への依存の原因は提案13号の可決を直接的な契機としているが，提案13号以前からカリフォルニア州ではセラーノ対プリースト判決を受けて，財政調整的な教育財政改革が進行していたことが背景にある。1971年のセラーノ対プリースト第1判決は，学区間の生徒1人当たりの教育費格差の不当性を認めた。学区間の教育費格差は州憲法の平等保護条項（Equal Protection Clauses）に反すると判断されたのである。この判決とそれに続くセラーノ第2判決（Serrano II）を受け，1977年には下院法65号（78-79年度より施行）に基づき，州は学区の財産税を課税制限し州補助金の割合を増やす財政調整的な改革を行う予定であった。しかし，78年6月に提案13号が可決されたためこの改革は見送られることになり，替わって上で述べた収入制限財源制度が採られることになったのである。

　収入制限財源の実施は教育財源を州に集中化させ，財政調整的に学区に財源を配分する仕組みであったため，学区間の財政格差を解消させることに繋がった。しかし，従来の学区をベースとした教育予算の決定に住民が参加できなく

なったため，住民の教育への関心も納税意識も弱まっていったという評価もある。それを証明するかのようにこの時期，カリフォルニア州の生徒1人当たりの教育費（平均日常出席者数当たり）の水準は低下していった。73-74年度は全米ランクで16位であったが，91-92年度には全米ランクで36位まで下落することになった。金額は4644ドルで全米平均の88.3％に過ぎなかった。⁽⁶⁶⁾

他方，教育財源の確保を目的とした提案98号（88年）とそれを修正した提案111号（90年）が提起されることになったが，同時にカウンティや市との財源配分を巡る対立を惹起することにもなった。⁽⁶⁷⁾この時期，学区は財政調整と財源確保という2つの課題を抱えることになったのである。

（5）特別区財政の状況──特別区増強基金による財源基盤の安定化

特別区は上記の3つの地方政府と対照的に77-78年度から87-88年度にかけて住民1人当たりの歳出規模（インフレ調整済み）は増加している。⁽⁶⁸⁾この間の特別区の設置数の増加（77年の4948団体から87年5108団体）を反映しているものと言えよう。⁽⁶⁹⁾

歳入構成を見ると，企業型特別区では廃棄物処理（下水を含む），交通，電気，病院，上水道事業等の公営企業サーヴィスによって主に構成されている。これらは料金収入で歳入を調達している。一方，非企業型特別区の場合は，消防，街灯，墓地，蚊の駆除，警察等の経常サーヴィスの供給が含まれる。主な歳入（一般目的基金）は，税・分担金，政府間移転，料金である（表4-16）。企業型特別区と異なりサーヴィスの性格上，料金の賦課に馴染まないため，財源が多様化している。しかし，80年代に入り政府間移転収入の割合は大幅に減少し，料金収入の割合が増えている。より受益者負担原則が貫徹する財政構造となったと言えよう。

他方，一般目的基金に占める税・分担金の割合は77-78年度の水準よりも80年代に入っての方が高く維持されている。この理由は税・分担金の中に特別区増強基金からの財源が多く含まれているためである。税・分担金に占める増強基金からの財源の割合は82-83年度33.9％，87-88年度26.4％を占めていた。⁽⁷¹⁾

この特別区増強基金とは1979年の下院法8号によりカウンティに設置された基金である。料金収入に依存できない非企業型特別区の財政基盤を安定化させ

第4章　納税者の反乱後の税財政構造の変容

表 4-16　特別区財政の推移

(単位：100万ドル，%)

	77-78		82-83		87-88		92-93		97-98	
	金額	割合	金額	割合	金額	割合	金額	割合	金額	割合
歳入										
企業型特別区	4,000	—	5,496	—	9,169	—	12,155	—	13,824	—
非企業型特別区	1,537	100.0	2,106	100.0	5,019	100.0	4,135	100.0	4,839	100.0
一般目的基金	981	63.8	1,312	62.3	2,443	48.7	3,771	91.2	4,708	97.3
税・分担金	389	25.3	610	29.0	990	19.7	1,234	29.8	1,536	31.7
政府間移転	432	28.1	289	13.7	263	5.3	315	7.6	454	9.4
料金	71	4.6	224	10.6	828	16.5	1,656	40.1	2,053	42.4
その他	89	5.3	189	9.0	362	7.2	566	13.7	665	13.8
公債基金	173	11.3	321	15.2	1,530	30.5	59	1.4	83	1.7
長期債務基金	383	24.9	473	22.5	1,046	20.8	305	7.4	49	1.0
合計	5,537	—	7,602	—	14,188	—	16,290	—	18,663	—
歳出										
企業型特別区	2,816	—	4,393	—	7,254	—	10,286	—	12,520	—
非企業型特別区	1,299	100.0	1,746	100.0	3,822	100.0	3,817	100.0	4,663	100.0
一般目的基金	921	70.9	1,216	69.6	2,166	56.7	3,583	93.9	4,412	94.6
サーヴィス供給	297	22.9	571	32.7	1,242	32.5	2,110	55.3	2,665	57.2
給与等	331	25.5	482	27.6	674	17.6	1,121	29.4	1,483	31.8
その他	293	22.6	163	9.3	250	6.5	352	9.2	264	5.7
公債費	214	16.5	310	17.8	1,129	29.5	156	4.1	168	3.6
長期債務	164	12.6	220	12.6	527	13.8	78	2.0	83	1.8
合計	4,115	—	6,139	—	11,076	—	14,103	—	17,184	—

注）歳入，歳出の合計額は企業型特別区と非企業型特別区のそれぞれの合計額を加えたもの。
出所）California State Controller's Office（1977c）他，各年度版で作成。

る役割をもつもので，基金から配分された財源の約7割は警察や消防サーヴィスを提供する公共安全型の特別区に配分されていた[72]。こうした仕組みがあることで，非企業型特別区はカウンティ，市と異なり提案13号の影響を緩和することができたのである。

第4節　新たなインフラ財源の調達手段の登場

　最後に，インフラ財源について検討することにする。インフラ財源の調達方法は提案13号後，大きく変化した。従来，地方政府のインフラ財源は，1つに

は財産税とそれを償還財源とする一般財源保証債によって，2つには連邦からの補助金によって賄われていた。しかしこの2つの方法とも困難に陥る。一般財源保証債の発行は，提案13号の税率制限と80年代の連邦準備銀行による高金利政策によって減少していき，インフラ向けの連邦補助金もレーガン政権期の補助金改革によって削減されていったのであった。[73][74]

しかし，80年代の州の人口増加と経済成長はインフラに対する需要を引き下げることはなかった。このため，従来とは異なった新たなインフラ財源の調達手段が注目されるようになった。それが，①リースバック型財源調達方式（Lease-Backed Financing），②開発者負担金（Developer Exactions），③特別分担金，④メロー・ルース型財源調達方式，⑤資産増価税型財源調達方式である。これらの仕組みについて述べることにする。

1）リースバック型財源調達方式

リースバック方式とは，地方政府が公共施設を建設する際に契約購入参加証書（COP）を発行して資金調達を行い，建設後，施設を地方政府が設立した非営利法人とリースバック契約を締結する方式である。

具体的には次の手順で行われる。[75]①地方政府が銀行（債券の引受人）を通じて参加証書（COP）を販売して資金を募る。②その資金で地方政府は公共施設を建設して，地方政府が設立した非営利法人に売却ないしリースを行う。③非営利法人は地方政府と施設のリースバック契約を結ぶ。④非営利法人は地方政府から受け取るリース収入の権利を銀行に譲渡する。⑤銀行は直接，地方政府からリース収入を得て，これを参加証書の購入者である投資家への償還に充てるといった手順である。

リースバック方式で整備されるプロジェクトは多彩で，庁舎，裁判所，上下水道，駐車場，警察署，消防署，拘置所，学校がある。COPは一般財源保証債と異なり公債ではない。償還財源は財産税でないため提案13号の課税制限の影響を受けない。また，発行に際しては，住民投票にかける義務もない。このため，提案13号後，地方政府のポピュラーなインフラ財源の調達方式となっていったのである。[76]表4-17に示すように，1985年から89年の間の地方政府の長期債の発行量をみると，COP／リースの割合が全体の23.6％を占め，一般財源

表 4-17 地方政府の長期債務の発行額（5年ごと合計）と種類別構成比

(単位：100万ドル，％)

	総額	COP/リース	一般財源保証債	レベニュー債	特別分担債	課税配分債	制限付納税義務債	その他
1985-1989	65,795	23.6	3.0	51.1	6.3	8.4	5.5	2.1
1990-1994	91,705	23.8	5.5	43.2	3.3	9.2	10.3	4.6
1995-1999	95,104	17.4	10.9	53.3	3.3	5.6	4.6	4.9
2000-2005	176,905	11.2	23.2	44.7	1.4	7.8	4.7	7.0

出所) California Debt and Investment Advisory Commission (2008), p.3 参照。

保証債（3.0％）を大きく凌いでいる。

2）開発者負担金

　開発者負担金とはカウンティ，市が開発業者に開発許可を与えることを条件に業者に土地の供出，公的改良（Public Improvement），さらに開発料金の負担を求める仕組みである。従来も開発許可を見返りに業者に何らかの負担——道路建設の際に歩道や排水溝の設置——を課すことがあったが，提案13号以降は，元々政府の責任で行ってきた施設の整備（学校，フリーウエーのインターチェンジ，図書館，公園）も業者負担となっていったのである。

　開発料金を課徴する方法として，1つには学校影響料がある。これは86年の学校施設法（School Facility Act）を機に学区が課すことができるようになった料金である。開発の結果，増加が予想される教育に対する財政需要を満たす——通学者の増加等——ことを目的としている。開発料金は一般に建設費に充当されるもので，施設の運営経費に充ててはならない。また，料金も上限（宅地で1平方フィート当たり上限1.5ドル，商業地で上限25セント）が課されていたため，十分な財源を調達することはできなかった。このため州が一般財源保証債を発行して残りの財源を調達していた。

3）特別分担金

　特別分担金とは，公的改良の結果，特別な便益を受ける土地の所有者に負担を求める制度である。具体的には，便益を受ける土地所有者から構成される特別分担区（Special Assessment Districts）が設置され，公的改良の財源を調達するために，分担債の発行や特別分担金の賦課がなされるものである。

　従来，特別分担金は20世紀初めに市の公的改良や農地の灌漑事業の財源調達手段として普及したものであったが，提案13号後，再び利用が拡大するように

なった。その理由の1つは、特別分担金は財産税のような従価税と異なり、区画当たりで賦課されるため、提案13号による課税制限から免除されたためである。2つには、1982年の便益分担法（Benefit Assessment Act）によって、分担区の適用範囲が治水、排水、街路に拡大されたことである。さらに3つには、特別分担金によるインフラ整備は79年の提案4号の歳出制限の対象とならなかったためである。

しかし特別分担金の増加は一時的で、90年代以降は減少していった。理由は特別分担金の使い勝手の悪さにある。すなわち、特別分担金は特別な便益を与えるプロジェクトの財源調達には活用できても、警察、消防、学校等の住民一般に広く便益を与えるものには使えないという不便さを持っていたためである。地域が発展するとともにこれら一般的な便益を与える施設のニーズが高まったが、特別分担金ではこれに対応できなくなったのである。

4）メロー・ルース型財源調達方式

開発者負担金も特別分担金も提案13号を期に増加が期待されたものの、前者は開発許可の申請時点しか賦課できなかったし、後者も一般的な便益を与えるプロジェクトの財源には充当できなかった。

こうした2つの制度が限界を持つ中、メロー・ルースコミュニティ施設法による財源調達方式が注目されていった。この法律は1982年に州上院議員のヘンリー・J・メロー（Henry J. Mello）、下院議員のマイケル・ルース（Michael Roos）の共同提案で成立した法律である。同法に基づきカウンティ、市、特別区はコミュニティ施設区（Community Facilities Districts, CFDs）を設置する権限が与えられ、施設区内における公共施設の建設だけでなく公共サーヴィスの供給にも財源調達ができるようになったのである。

例えば公共施設の建設として道路、下水、公園、学校、図書館、刑務所、行政施設等が挙げられ、公共サーヴィスとしては警察、消防、救急、図書館、公園、レクリエーションプログラム、ごみ処理等に関するものが挙げられる。

財源は特別税とこれを償還財源とするメロー・ルース債（免税債）の発行により調達された。この特別税は土地区画当たりで課されるため従価税の財産税と異なる。提案13号の税率制限は課されないが、特別税であるため2/3の住民投票要件が課されることになる。しかし、CFDs内に居住している投票者の数

が12人未満の場合は土地所有者（1エーカー当たり1票）が投票者の代わりを果たすことができる。CFDs創設時で人口が少ない時点では少数の地主だけで税負担と債券発行が決定でき，CFDsの将来の入居者に負担を課すことができたのである。

89年のCFDsの設置数は州全体で145区に上った。メロー・ルース債の発行数は，83年は1件で発行額は850万ドルであったが，89年には58件，発行額は7億5100万ドルに増加した。表4-17の分類ではメロー・ルース債は制限付納税義務債（limited tax obligation bonds）に分類されており，80年代後半から90年代初めに割合が増加していった。

5）資産増価税型財源調達方式

第2章でも述べたが，これは衰退地域における再開発事業の財源調達方式である。事業に際して地方政府（カウンティ，市）がコミュニティ再開発公社を設立する。この公社が課税配分債を発行して対象地域で再開発事業を行い，事業後，資産の増価益に財産税を課して償還財源を捻出する方式である。

再開発公社の設立自体は1945年のコミュニティ再開発法（Community Redevelopment Act）に遡る。提案13号により財産税に課税制限が課されたことで，増価税方式の活用は困難になると危惧されたが，これに反して，提案13号後，多くの公社が設立されたのであった。1940年代から70年代までの設立数197に対して80年代だけで165も設立されたのである。

その理由として，1979年の下院法8号で財産税収の配分を資産の所在地基準に改正したことが挙げられる。これによって再開発事業を実施した地方政府には財産税の増収効果が現れることが期待されため公社の設立ラッシュが生じたのである。実際，資産増価税は1978-79年度の1億7900万ドルから85-86年度には5億8200万ドルに増加し，財産税の再開発公社への配分割合も増加したのであった。配分割合の数字については，表4-2の「その他」に示されている。

おわりに

最後に，本章で検討してきた内容を整理することにする。

第1に，提案13号の可決直後の財政状況についてである。州政府は上院法

154号，下院法8号を成立させ，地方政府間の財産税の配分，州補助金の交付，地方サーヴィスの経費負担を行い，地方政府を救済した。こうした州の支えがあったおかげで地方財政は当初予想されていた大きな危機を回避することはできた。住民にも提案13号の財政的な影響は大して実感されなかった。他方，提案13号の成立以降，財政分野の住民提案が多く登場することになった。歳出制限を課す提案4号，教育財源確保を目的とする提案98号などが現れ，州，地方政府の財政運営に大きな影響を与えることになっていった。

　第2に，80年代における提案13号の影響についてである。提案13号以降，州・地方を合わせた財政規模と地方税負担は低下したが，減税が経済成長や増収を促すとしたラッファー効果は中長期的には確認できなかった。州民も「小さな政府」を絶賛したわけでなかった。所得税を半減させる提案9号が否決され，世論調査でも「小さな政府」への支持は低下していったことが確認できた。また，地方財政に反して州の財政規模は拡大した。州所得税に依存して財源調達し，教育，福祉関連の州補助金を拡大させたのであった。

　第3に，地方財政の影響についてである。提案13号の影響の現れ方は地方政府によって異なった。カウンティは財産税の減収を補てんするために州補助金の割合が増大したが，州からの義務的な経費の負担が重く圧しかかり財政ストレスを高めていった。市財政は財産税以外の税（売上税，事業免許税，公益事業利用税）や経常料金を使って税源の多様化を図り，提案13号の影響を回避しようとした。さらに，非企業型特別区では特別区増強基金を使って財政基盤を安定化させようとし，学区では収入制限財源制度を通じて，州に財政的に依存しながら，学区間の財政調整を図ろうとしたのである。まさに州への財政的な集権化——カウンティ，学区，特別区——と財源の多様化——市——が同時に進展したのである。

　第4に，インフラ財源の調達方法の変化についてである。80年代，インフラ財源の調達は従来の連邦補助金と一般財源保証債に依存した方式から，リースバック方式，開発者負担金，特別分担金，メロー・ルース債，資産増価税といった新たな方式へと転換した。提案13号以降，財産税収は減収しつつも社会資本に対する財政需要が低下しなかった。このため，インフラ整備においても，緊縮財政の時代を乗り切る財政的な工夫が講じられるようになったのであった。

注

(1) 1％の税率制限の例外として，78年7月1日以前に地方政府の債務償還を目的に超過課税することを住民が承認していた場合には1％を超えた税率を設定することができた。

(2) 1982年のサンフランシスコ市対ファレル（San Francisco v. Farrell）判決までは特別税はすべての地方税とされ増税する場合には2/3の賛成を要したが，判決後，州最高裁は特別税を使途が限定された目的税と解釈するようになった。California Tax Foundation (1984), p. 52.

(3) Goldberg (1991), p. 8 参照。

(4) 個別企業の減税の恩恵額として，パシフィックテレホン社（Pacific Telephone Co.）は1億3000万ドル，パシフィックガス＆エレクトリック社（Pacific Gas and Electric Co.）は9000万ドル，南カリフォルニア・エジソン社（Southern California Edison）は5380万ドルの減税を受けた。Schrag (2004), p. 151 参照。

(5) 先に示した州憲法13条Aの第1節で財産税収の配分は州法で決定することと規定されたのでこれを受けたものである。

(6) BHI（Boarding Homes and Institutions）は障害者向けの入所施設である。

(7) カウンティへの財政援助は4.4億ドルで，経費負担は10.4億ドルであった。

(8) 財産税の減収の影響は歳入の10％にとどめることが目標とされていた。O'Sullivan, Sexton and Sheffrin (1993), p. 80 参照。

(9) Kemp (1982), pp. 45-46 参照。なお，ここでは学区の記述は割愛している。

(10) State of California Commission on Government Reform (1979), p. 23 参照。

(11) 77-78年度予算に比べ78-79年度予算では，カウンティ（58カウンティの合計）では図書館で11.8％，レクリエーション・文化で17.5％，市（372市の合計）では図書館で9.2％，公園・レクリエーションで7.9％の経費が削減された。*Ibid.*, pp. 114-116 参照。

(12) *Ibid.*, pp. 27-28 参照。

(13) O'Sullivan, Sexton and Sheffrin (1993), pp. 82-83 参照。

(14) 具体的には，州はカウンティの Medi-Cal と SSI/SSP の経費を恒久的に負担すると共に，AFDC事務経費の50％を負担することにした。

(15) 現在の住民の負担能力と関係なしに，過去に税率が高く設定され徴収額が多い団体には税収配分が多くなるという問題点もあった。*Ibid.*, p. 81 参照。

(16) 具体的には前年の財産税配分額を基準額（base allocation）とし，新たに開発や所有権の移転等の事情により増加した課税ベースに対する増収分を加えた金額が今年の配分額になるようにした。しかし，前年に配分した額を基準としていたため根本的には解決できなかった。*Ibid.*, p. 83.

(17) 83-84年度には94％の学区で生徒1人当たり（正確には平均日常出席者数（Average Daily Attendance, ADA）当たり）の支出額の差が150ドルの範囲に入ることになり一層セラーノ対プリースト判決の是正勧告に近づくことになった。

Chapman (1998), p. 23 参照。
(18) 人種的には白人の支持は高く，ヒスパニックは支持が若干高い程度。黒人は2対1の割合で不支持の方が高い。また，家主の70%が支持するものの，賃借人は52.4%が支持していなかった。所得階層的には貧困層程，支持率が低いと同紙は分析している。
(19) この時期，カリフォルニア州の教育サーヴィスの水準は下がったとされたがそれがどの程度，提案13号の原因かどうか明らかでない。セラーノ対プリースト判決で富裕学区に歳出制限が課されたことも影響したとされるからである。Schwadron ed. (1984), pp. 132-133 参照。
(20) California Secretary of State (1979), p. 16 参照。
(21) 具体的には1人当たりの個人所得の伸び率か消費者物価の伸び率のどちらか低い値とするとしている。
(22) 公債は歳出制限に含まれないため提案4号の可決後，80年代から90年代にかけて公債発行が増加した。Kousser, McCubbins and Rozga (2009), p. 308 参照。
(23) 後述するように，料金の水準が合理的な供給コストに設定されていれば歳出制限から外れるので，地方政府が料金を多用することに影響した。*Ibid*., p. 307 参照。
(24) 州予算の場合，80年代では86-87年度予算しかない。これは86年の連邦税制改革でキャピタルゲインの増税が行われたためである。この増税を回避するために州民が株の売却を進めたため州所得税に臨時増収が発生した。
(25) California Legislature (1987), pp. 112-113 におけるカリフォルニア市連盟のジム・ハリントン (Jim Harrington) の証言を参照。
(26) Townley and Schmieder-Ramirez (2008), p. 20 参照。
(27) 1982年のファレル判決では一般税（財産税を除く）は住民投票の対象から除外されていたが，この提案で一般税も住民投票の対象となった。
(28) 提案13号では，75年以降，新たに購入，建設，さらには所有者が移転した資産については資産再評価の対象とされ，その時々の市場価値で評価されることになっていた。このため，負担軽減を図るため再評価の免除を求める住民投票が乱立することになった。Doerr (2009), p. 80 参照。
(29) Working Partnership USA (2006), p. 61 参照。
(30) Kadlec and Laffer (1979), pp. 120-122 参照。
(31) 分析手法は20州の州・地方税率（税額/州個人所得で示す）の変化と州個人所得の関係を推計するもので，1%の財産税率の引き上げが州個人所得を17%引き下げ，財産税以外の州・地方税の引き上げが17.5%州個人所得を引き下げると推計している。
(32) Sears and Citrin (1985), p. 32 参照。
(33) The Economist (1980) 参照。
(34) California Department of Finance, Summary Schedules and Historical Charts, Chart. K6 参照。Kousser, McCubbins and Rozga (2009), p. 309 では，格下げされ

た理由として,「提案13号とギャンの歳出制限の影響の不確かさ」が挙げられるとしている。

(35) California Legislature (1987), p. 42 のスタブルバインが公聴会に提示した意見を参照。

(36) 直接一般歳出で見る意味は,州政府の直接一般歳出には地方政府への移転支出が含まれておらず,地方政府の直接一般歳出には州からの移転財源が含まれているため,純計計算できるためである。

(37) Ibid., pp. 2-7, pp. 12-13 のマーヴィン・フィールドの証言のサマリーを参照。

(38) 総歳出とは,総歳出＝財政移転＋直接一般歳出＋公営企業等で示される。総歳出ベースで見た場合,州の総歳出には地方への財政移転が含まれ,地方政府の総歳出にも州からの財政移転分を含んでいる。

(39) 総歳入から公営企業収入,信託収入を除いたもので,財政移転は含まれる。

(40) 川瀬 (2012), p. 76参照。

(41) 個人所得税は82年の提案7号でインデクセーションが導入され,87年には最高税率が引き下げられたものの増収効果は高かったのである。

(42) 全基金とは,全基金＝一般基金＋特別基金＋債券基金＋連邦基金で示される。

(43) 87-88年度の公的保護の構成は司法34.4％,警察22.6％,拘置・矯正28.0％,その他15.0％である。公的支援は福祉81.5％,社会サーヴィス9.1％,一般扶助4.0％,その他5.4％である。California State Controller's Office (1988), p. xv 参照。

(44) Raymond (1988), pp. 3-6 参照。

(45) Ibid., p. 19 参照。別の資料でも同様な事実を指摘している。79-80年度から87-88年度にかけて福祉費,刑務所費は114％増加し,裁判所費は89％増加したが,州からカウンティへの補助金は52％しか増えなかった。カウンティの歳出の90％以上が州が義務づけしたサーヴィスやマッチング補助金の補助裏に使われたため,裁量的支出はカットせざるを得なかった。Goldberg (1991), p. 24 参照。

(46) 例えば,カウンティへのAFDC補助金については総経費の16.5％の自己負担が必要とされ,精神医療関係の補助金については交付された補助金の10％の自己負担が求められたのである。Ibid., p. 6 参照。

(47) LAO (1989), pp. 1-2 参照。

(48) 市統計で一般会計と公営企業会計が統合されたのは80-81年度以降であるため,77-78年度の統計は表4-12の注で示す手順で総歳出額を算出した。

(49) 財産税への依存度はカウンティよりも低かったため,提案13号の影響はカウンティよりも小さかったとされる。California Legislature (1987), p. 105 参照。

(50) 70年代と異なり80年代は一般政府の内容が変更されている。70年代は議会費,行政部局の管理・支援費(行政事務,財務,人事等の経費)に加え,公債費,年金,保険が含まれていたが,80年代には公債費以下の項目は除外されている。また,公共事業の項目にあったごみ処理,下水処理費は80年代では保健に,道路,街灯は交通に,設計はコミュニティ開発に分類されている。

⑸1 アメリカ商務省統計に基づく分析でも、この間のカリフォルニア州の市歳出構成には大きな変化が見られなかったことが示されている。Hoene (2004), p. 67 参照。

⑸2 提案13号可決当初、特別税は地方税一般と広く解釈されており新たに地方税を導入する場合、住民投票で2/3の承認が必要であった。このため、提案された増税案のわずか3割程度しか可決できなかった。California Tax Foundation (1984), p. 51 参照。

⑸3 カウンティ、市合わせて上乗せできる税率の範囲は0.25％から2％である。

⑸4 Fulton and Shigley (2005), p. 249 参照。

⑸5 Lewis (2001), p. 28 参照。

⑸6 それまで50程度の市しか導入していなかったが82年以降70市に増加した。カウンティに課税権が認められるのは90年である。California Tax Foundation (1984), p. 59 参照。

⑸7 このため最高税率を制限している市もある。California Tax Payer Association (1994), p. 6.

⑸8 州法で市は個人ないし法人の所得に課税することが禁じられている。また、銀行、証券等の金融機関とアルコール飲料の製造、販売、加工、運搬業者に対しては課税できないとされた。California Tax Foundation (1984), p. 63.

⑸9 カリフォルニア納税者協会の調べでは354市中97％がこの税を課しており、うち売上高を課税ベースするものが38％、従業員数を課税ベースとするのが30％であった。

⑹0 営業規制の役割を持っていたので、ナイトクラブ、マッサージパーラー、危険廃棄物運搬業者は高い規制料を支払っていた。Ibid., p. 63 参照。

⑹1 Ibid., p. 65 参照。

⑹2 Schwadron, ed. (1984), pp. 105-106 参照。

⑹3 Chapman (1998), p. 26 参照。他方、一般会計基金で行われたサーヴィス（レクリエーション、ごみ処理等）を公営企業基金に移して財源を税から料金に替えることも行われた。Hoene (2004), p. 56 参照。

⑹4 K-14（幼稚園からコミュニティ・カレッジ）の一般基金を対象としたものである。

⑹5 区画税は1983年に初めて住民投票にかけられた。92年までに97学区で住民投票が行われ、41学区で可決された。Rubinfeld (1995), p. 441 参照。

⑹6 Ibid., pp. 442-443 参照。

⑹7 次章で述べるように、93年に教育財源を確保するために、カウンティ、市の財産税を学区に配分したため、カウンティに財政ストレスを与えることになった。Ibid., p. 448 参照。

⑹8 住民1人当たりの支出を企業型特別区と非企業型特別区（一般目的支出）とに分けて見ると、前者（77-78年度445ドルから87-88年度748ドルと1.7倍）は後者（同期115ドルから120ドルと1.1倍）と比較して伸び率が高い。Center for Government

Analysis (2005), p. 219, p. 221.
(69) California State Controller's Office (1987c), p. I-12
(70) 分担金（assessment）は，財産税と異なり資産評価額を課税ベースとするのでなく，土地1エーカー当たりや1区画（parcel）当たりで課税するもので従量税とされた。
(71) California State Controller's Office (1977c), p. I-10, (1987c), p. I-27 参照。
(72) O'Brien (1985), pp. 7-9 参照。
(73) California Debt Advisory Commission (1990), p. 12 参照。
(74) 直接的にはハイウエー信託補助金（Highway Trust Fund Grants），下水処理場建設補助金（Sewer Treatment Plant Construction Grants），間接的にはコミュニティ開発ブロック補助金（Community Development Block Grants），一般歳入分与が含まれる。連邦政府が交付する補助金に対するこれらの補助金の割合は77年27.5％であったのに対して89年は12％に低下した。California Debt Advisory Commission (1991), p. 5 参照。
(75) Coleman (2008), p. 146 参照。
(76) California Debt Advisory Commission (1990), p. 13 参照。
(77) 地方政府は州法で保障された警察権に基づき開発規制を行う権限を持つ。また，開発規制ができるなら，開発を許可することで生じる負の影響を緩和するために業者に負担を求めることもできると解釈されている。California Debt Advisory Commission (1991), p. 7 参照。
(78) 影響料は他には図書館，交通，公園についても課されている。第2章参照。
(79) Ibid., p. 9 参照。
(80) 分担区自体は1909年の公園・広場法（Park and Playground Act）以降設立されたもの。大恐慌時にデフォルトが増えそれ以降設立されなくなった。O'Sullivan, Sexton and Sheffrin (1993), p. 91 参照。
(81) Ibid., p. 91 参照。
(82) California Debt Advisory Commission (1991), p. 11 参照。
(83) Ibid., pp. 16-18 参照。
(84) Ibid., p. 20 参照。
(85) 数字については California State Controller's Office (1999), p. XX 参照。
(86) O'Sullivan, Sexton and Sheffrin (1993), p. 94 参照。

第5章
冷戦後の経済不況とオレンジカウンティの破綻
—— 1990年代 ——

はじめに

　提案13号の可決後，80年代のカリフォルニア州・地方財政の状況は大きく変化した。地方政府は基幹税である財産税が大幅減税されることで，財政規模は縮小し州への財政依存度が高まった。州への依存は地方財政の危機を救うことになったが，その反面でカウンティは財政ストレスを抱えることになった。

　以上の80年代の展開を受けて，90年代，カリフォルニア州・地方財政はさらにどのような変貌を見せたのであろうか。これを明らかにすることが本章の課題である。そして，この課題を論じるために次の構成で議論を行うことにする。

　まず第1節で90年代におけるカリフォルニア州の経済・財政状況について検討すると共に，この時期に提起された財政提案の州・地方財政への影響について明らかにする。次に第2節で，カリフォルニア州財政の推移とその特徴について論じ，冷戦後の財政危機と財政健全化策について検討することにする。さらに，第3節で90年代のカウンティの財政危機の問題を取り上げ，オレンジカウンティの破綻の原因を提案13号の問題と絡めて論じることにする。

第1節　90年代のカリフォルニア州の経済と財政

（1）州経済の動向——冷戦後の経済不況とその後の成長

　まず90年代のカリフォルニア州経済の動向から見ていくことにする。図5-1はカリフォルニア州の州内総生産（96年ドル表示）の伸び率と失業率の推移を見たものである。これに示すようにカリフォルニア州経済は90年代初めに深刻

第5章　冷戦後の経済不況とオレンジカウンティの破綻

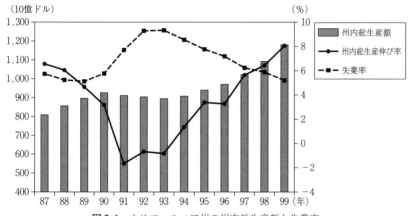

図5-1 カリフォルニア州の州内総生産額と失業率

注）州内総生産額は実質GDP（96年ドル表示）で示されている。
出所）California Department of Finance（2001），p.24, p.58 参照。

な景気後退に直面していた。州内総生産の対前年伸び率は91年から93年までマイナスとなり、失業率も93年には9.4％に跳ね上がった。

　州経済の危機の原因は湾岸戦争後の経済の不透明感からアメリカ全体の景気が後退したことに加え、カリフォルニア州特有の事情も加わった。すなわち、地震（1989年、1994年）や大火災による財産の喪失、干ばつ、霜による農業生産への打撃、国際競争力の低下による製造業の低迷、さらに冷戦の終結による軍需産業のリストラ。こうした様々な要因が重なったものと説明されている。

　とりわけ軍事基地の閉鎖の影響は大きかった。88年から91年の間に、州内の基地の閉鎖は18か所、93年にはさらに12か所に上った。基地の閉鎖に伴い州内で支出される軍事予算は88年630億ドルから97年には330億ドルとほぼ半減すると見込まれ、軍事関連の雇用も88年から93年にかけて16万2000人削減されると推計されていた。

　しかし、90年代半ばから景気は回復していった。州内総生産の対前年伸び率は95年3％台であったが、97年以降は全米の総生産額の伸びを上回るペースで経済は拡大していき、99年には8％台にまで上昇した。失業率は93年の9.4％から99年は5.2％に下がり、雇用情勢も改善した。

　景気回復の要因は、90年代半ばから続くアメリカの景気拡大であった。この時期、アメリカでは原油や農産物価格の低下によって消費者物価は引き下がり、

表 5-1　カリフォルニア州の就業人口の推移

(単位：1000人，%)

	90年	95年	99年	95年/90年	99年/95年
就業人口	12,500	12,422	13,991	−0.6	12.6
産業別就業人口					
建設業	562	485	681	−13.7	40.4
製造業	2,068	1,794	1,923	−13.2	7.2
小売・卸売業	2,993	2,916	3,201	−2.6	9.8
金融・不動産	809	732	817	−9.5	11.6
サーヴィス業	3,343	3,729	4,387	11.5	17.6
政府	2,075	2,107	2,239	1.5	6.3

注）95年/90年は90年の就業者に対する95年の就業者の変化率を示す。
出所）California Department of Finance (2001), p.25 参照。

連邦準備銀行の金融緩和政策と連邦政府の財政黒字によって金利水準も引き下がった。前者の消費者物価の低下は家計消費を刺激し，後者の金利の低下は企業投資や住宅投資を促進し景気の回復に貢献したのである。カリフォルニア州でもこの全米の好調な経済状況に同調して景気は拡大していったのであった。

経済が成長するにつれカリフォルニア州の産業構造も転換していった。90年代半ばはハイテク型の貿易関連産業が経済をけん引していたが，90年代後半からは人口の伸びと個人所得の増加を反映し，建設業，金融業，小売業，サーヴィス業，製造業で就業人口が大きく伸び，多様な分野で州経済の発展が支えられていった（表5-1）。また，それに伴って地域経済の発展の拠点もシリコンバレーを抱えるサンフランシスコ・ベイエリアから南カリフォルニアに広がっていくことになった。

この多様な分野での経済発展は98年のアジア通貨危機の影響を緩和することにも寄与した。カリフォルニア州は日本や東南アジアへの輸出依存度が高く，アジア通貨危機の影響でアジア向けのハイテク製品の輸出は落ち込んだが，州経済全体への深刻な影響は免れたのであった。

（2）復位する財政規模とルールによる財政統制の限界

さて，90年代の州，地方財政の推移である。前章で見たように，1978年の納税者の反乱を契機に，80年代は州，地方政府の規模は低下していったが，90年代に状況は転換する。80年代の「小さな政府」から元の水準に徐々に回帰する

傾向が見られたのである。

　個人所得に占める州・地方の直接一般歳出の割合は77-78年度21.5％から82-83年度17.6％に低下したが，92-93年度には20.8％，さらに99-00年度には21.8％と増加し納税者の反乱以前の水準に復位することになったのである（前章図4-2参照）[7]。デビット・オズボーンとピーター・ハッチンソン（David Osborne and Peter Hutchinson）の著書『財政革命』の中でも，州・地方歳入/個人所得の推移を見ることで，この事実は確認されている。

　また，政府規模は人口比でも個人所得比でも全米ランクは上昇することになった。人口比では87年の10位から2001年に7位に，個人所得比では同期，29位から24位に上昇し，全米平均水準よりも高くなったのである（表4-6）。

　それに伴い州・地方税の課税水準のランクも引き上がることになった。個人所得に対する州，地方税負担の割合は85-86年度から99-00年度にかけて，109.98ドル（全米24位）から120.69ドル（全米8位）の水準に上昇している（表4-7）。納税者の反乱以前の水準まで回復していないが，所得税の課税割合が同期，26.84ドル（10位）から39.92ドル（4位）に引き上がったことで，州・地方税全体の課税水準を引き上げているのである。

　政府規模の拡大を州，地方政府別に見ると，州政府は80年代同様，規模が拡大しているが，カウンティ，市，学区も拡大に転じていることがわかる（図4-3）。それぞれの政府の財政構造も次のように推移している。

　まず，州政府は連邦補助金と所得税の割合が増え，初等中等教育費と健康・福祉費を高く維持している。そのことが，80年代と同様，地方補助の割合を高めている（表4-8，9）。次に，カウンティは税の割合がさらに低下し，一層，政府間移転，とりわけ州補助金に依存するようになった（表4-10）。市も税の割合が減少しているが，政府間移転の割合は増えず，経常サーヴィス料の割合が増加している（表4-12）。非企業型特別区でも90年代は料金と税・分担金の割合が逆転し料金が第1の財源となっている（表4-16）。他方，学区では大きな変化が見られず，収入制限財源の割合が若干減少し，州の特定補助金の割合が増えている（表4-15）。

　このように，90年代の州・地方財政の変化は，第1に，80年代と違い政府規模が拡大に転じたことと，第2に，州の規模が拡大し，カウンティ，学区の州

補助金依存が強まったこと，第3に，自主財源構成の重心が一層州政府は所得税，地方政府は料金にシフトしたことを確認することができた。

　ところで，公共選択学派のジェームス・ブキャナンは提案13号が可決された当初，これが政府規模の抑制に寄与するものとして次のように語っていた。

　「ジャービス・ギャン住民投票の勝利のとどろきは，国全体の納税者の反乱の始まりを示すものとして広く解釈された。連邦，州，地方政府の政治家やオピニオンリーダーたちはこの見解を共有した。78年の後半には，連邦，州，地方政府の役人とその取り巻きは怖気づいていた。……明らかに制御不能な政府支出の成長を拘束できるかもしれないという期待が高まった」[8]。

　ブキャナンが提案13号に期待を持った理由は次の2つの点にある。1つには，納税者の反乱は「通常の「議会」過程と政党間の競争の中からでなく，こうした制度の外から出てきた」点である。2つには納税者の反乱は「1回限りの租税と経費の削減でなく，将来無期限に施行されることを意図する明示的な憲法上の制限をとった」[9]点であったからである。

　つまり，納税者の反乱は，通常の議会過程である間接民主主義的な方法でなく，住民投票といった直接民主主義的な方法によって，州憲法を変更して政府の規模を恒久的に制限した点を評価していたのである。

　ただ，ブキャナンは手放しに提案13号を評価していたわけでもない。政府の規模を抑制する手法としては提案13号のような課税制限よりも，国民総生産の一定割合に政府規模を制限する手法の方が有効であると考えていた[10]。なぜなら，課税制限はある税に税率制限を課しても別の税に財政圧力がかかるため，財政の膨張を許してしまうからである。このため，第3章で見た提案1号（1973年）や前章で見た提案4号のような歳出制限の方をむしろ評価していたわけである。

　80年代，提案13号に引き続き提案4号が導入され，政府規模の抑制に一定の効果を発揮した。しかし，その効果は90年代まで続かなかった。ブキャナンの指摘にもあるように，実際，カリフォルニア州では財産税に課税制限が課されても所得税に財政圧力がかかり州・地方の政府規模は拡大に転じたからである。

　また，提案4号のような歳出制限ルールもあったが，それは「将来無期限に施行される明示的な憲法上の制限」とはならなかった。なぜなら，前章でもふ

れたように，提案4号の制約を緩和する財政提案が現れ，ルールが容易に変更されてしまったからである。とりわけ，提案4号を大きく修正したのが，次項で述べる提案111号である。これにより，州歳出が全く歳出制限に制約されなくなってしまったのである。ルールによる財政統制はルール自体が政治過程で容易に変更される問題を抱えていたのであった。

（3）財政提案と州・地方財政への影響

　さて，90年代に住民投票で可決された財政提案についてである。それらには先に述べた提案111号（1990年，ガソリン税等の増税と提案4号，提案98号を修正）をはじめ①売上税の課税対象からキャンディ等を除外した提案163号（1992年），②売上税の一部をカウンティに配分した提案172号（1993年），③地方税や料金等の賦課に一層厳しい制限を課した提案218号（1996年），④子供の発達プログラムの財源としてたばこ税を増税した提案10号（1998年）などがある。

　これらの中でとりわけ，州・地方政府の財政運営に大きな影響を与えたのが提案111号と提案218号である。この2つの財政提案は先に見た州・地方政府の規模の拡大や地方税の増税に影響を与えたと思われる。以下，2つの財政提案に焦点を当て検討することにする。

1）提案111号——歳出制限の引き上げと教育財源の確保

　提案111号は，住民提案ではなく州議会による議会提案であった。州民投票にかけたのは後に述べるように提案の中身に州憲法を改正（Legislative Constitute Amendment）する内容（州憲法13条のB）が含まれていたためである。

　さて，提案の内容である。これは次の3つから構成されている。すなわち，①人口の増加に伴う道路渋滞の緩和を目的にガソリン税（1ガロン当たり5セント増）とトラック重量料金（Truck Weight Fees, 55％増）を引き上げ，道路建設並びに大量輸送機関の整備を行う，②その増税分の財源を提案4号の歳出制限から除外し，歳出制限の算定方式も変更する，③教育財源を保障した提案98号の算定方式を修正するであった。

　②と③について説明しておく。②の提案4号の算定の流れは図5-2のフローチャートの通りである。まず，前年度の州歳出予算制限額（State

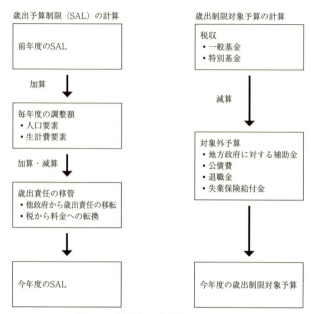

図 5-2 州政府の歳出制限の仕組み
注）提案 4 号の内容を修正したものである。
出所）LAO (2000), p.5 参照。

Appropriations Limit, SAL) を人口と生計費の伸び率で調整し，州から連邦や地方政府に歳出責任が移管した経費，税から料金に財源が変更した経費を減算調整（それらの逆が生じれば加算調整）し，今年度の SAL を算出する。

次に，一般基金及び特別基金の税収見込額を推定し，この金額から地方政府に対する財政補助（subvention），州の公債費等を減算し，歳出制限対象予算（Appropriations Subject to the Limit）を算出する。この歳出制限対象予算が SAL の枠内に留まるように歳出制限が課される。歳出制限対象予算が SAL を超過する場合には，超過分の一定割合は納税者に還付されたのである。

こうした提案 4 号の仕組みを提案111号では表5-2で示すように変更した。SAL の調整額を決める人口と生計費の定義を変更し，歳出制限対象予算の減算項目に臨時増税されるガソリン税を財源とする経費等を追加した。また，SAL を超える余裕財源も 2 か年度連続で発生することを条件に教育費への配分と納税者への還付で折半することにしたのである。

表5-2 提案111号による修正点（州財政を対象）

	提案4号	提案98号	提案111号
SALに対する調整額	カリフォルニア州全体の人口の伸び率に生計費の伸び率を加えて調整する。ただし、生計費の伸び率は次の@、⑥のどちらか低い値を採用する。@合衆国の消費者物価指数、⑥カリフォルニア州の1人当たりの個人所得の伸び率。	変更なし。	人口の伸び率と生計費の伸び率を以下のように変更する。人口の伸び率：人口とK-14の在籍者数の伸び率の加重平均の値。生計費の伸び率：カリフォルニア州の1人当たりの個人所得の伸び率。
歳出制限対象予算の減算額	地方政府に対する補助金、公債費、退職金、州営の失業保険に対する拠出金。	変更なし。	一定の要件を満たす資本支出、臨時増税されたガソリン税により充当される経費、災害復旧費。
SALを超える余裕財源の配分	翌年度に納税者に還付する。	教育財源に優先的に配分（提案98号が設定した最低保障額の4％の金額）し、残りを納税者に還付する。	2か年度以上、余裕財源が発生した場合に、教育財源への配分と納税者の還付の2つに折半する。

出所) LAO (2000), pp. 2-4 参照。

次に③の教育財源の確保についてである。現行のK-14教育費の最低保障額を決定するために、提案98号には次の2つの定式が設けられていた。すなわち、一般基金税収の40.33％を配分する定式1（test1）と前年の教育財源にK-14の在籍者数の伸び率と生計費の伸び率（合衆国の消費者物価指数、州民1人当たりの個人所得の伸びのどちらか低い値を採用）で調整した定式2（test2）である。この2つの定式で算出された金額で大きい方を最低保障額としていた。

提案111号では定式2の生計費要素の部分を修正し州民1人当たりの個人所得の伸び率に一本化したのである。また、不況期には所得の伸び率が下がるため、最低保障額も下がることになるが、その場合には翌年度に減額分を補てんさせる措置も講じるとしていた。

さて、提案111号を導入する場合の財政効果についてである。議会分析局は次のように分析していた。提案4号の修正については、経済状況にも依存するが歳出制限がかかりにくくなると見ていた。なぜなら、SALの水準は人口と生計費要素の変更で90-91年度には8億ドル引き上がる一方で、歳出制限対象

予算の水準はガソリン税増税分の除外で9億ドル引き下がるからである。また，提案98号の修正については生計費要素を個人所得の伸び率に一本化することで一般的には最低保障額の水準が引き上がるとしつつも，余剰財源（歳出制限を超過する部分）が発生し教育財源に振り向けられる可能性は低くなろうと見ていた。

さて，このような内容を持った提案111号の成立までの経緯である[14]。まず，提案の内容にガソリン税等の増税案が含まれていたため州議会の上下両院で2/3以上の賛成が必要であった。州議会では上院が賛成32対反対2，下院が賛成65対反対2で圧倒的に支持された。

次に，提案111号には既に州憲法に規定されていた提案4号と提案98号を修正する内容を含んでいたため，議会提案として住民投票にかけられることが必要となった。

提案111号の支持者はジョージ・デュークメジアン（Deukmejian）州知事，カリフォルニア商工会議所，カリフォルニア納税者協会，さらに労働組合や教育組合であった[15]。こうした様々な利害集団から広く支持された理由は，90年代の財政需要の拡大を反映していたからである。支持者らは「カリフォルニアは十字路に来ている。我々は新たな10年を迎え，史上かつてない交通混雑，爆発的な人口増加，医療費のスパイラル的な上昇，警察，消防，教育に対するニーズの劇的な増加といった途方もない大きい挑戦を受けている[16]」とし，ガソリン税の増税と歳出の増加の必要性を述べている。また，提案111号のキャンペーンには730万ドルもの資金が集まった。カリフォルニア建築業協会（California Building Industry Association），石油会社のシェブロン（Chevron）等が大口の寄付を行ったのである。

一方，提案111号の反対者にはアーサー・ラッファーらの名前があった。反対の理由は言うまでもなく，提案111号が可決されれば増税が生じ，州，地方の歳出が膨れ上がるというものであった。しかし提案13号の支持団体であったハワード・ジャービス納税者協会は中立の立場を採るなど大きな反対運動も起こらなかった。支持者の潤沢なキャンペーン資金とは対照的にわずか9000ドルの資金が集まったに過ぎなかった。

このため，提案111号は90年6月の住民投票において賛成262万1022票

第5章　冷戦後の経済不況とオレンジカウンティの破綻

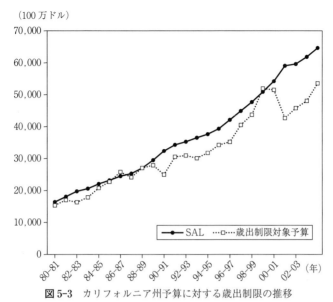

図 5-3 カリフォルニア州予算に対する歳出制限の推移
出所）California Department of Finance, Summary Schedules and Historical Charts, Chart. L 参照。

（52.4%）対反対237万8028票（47.6%）で可決されることになった。1978年の提案13号，1979年の提案4号の可決からわずか10年余りで事態は転換し，増税と歳出制限の緩和を目的とした提案が住民投票で可決されたのであった。[17]

こうして成立した提案111号の実際の効果についてである。図5-3に示すようにSALと歳出制限対象予算の差額は90-91年度を機に大きくなり，余剰財源が発生する可能性は薄くなった。99-00年度にドットコム・バブルで税収が増え余剰財源が発生したが単年度に終わったため，提案111号の規定上，還付は見送られた。議会分析局の予測通り，歳出制限が支出を絞る役割は低下したのであった。[18]

なお，教育財源の保障の部分については可決後，州政府は次のような形で制度化した。それは定式2を修正するのでなく，定式1，2を残したまま新たに定式3を追加したのであった。定式3とは，前年の教育財源をK-12の在籍者数の伸び率と住民1人当たりの一般基金歳入（＝税収）の伸び率で調整し，その金額に前年度の教育費の0.5%を加えるというものであった。定式3が適用

表5-3 教育費の財源保障と定式の選択

	定式	1人当たりの伸び率	
		個人所得	一般基金
1988-89	1	3.9%	—
89-90	2	5.0	—
90-91	3	4.2	-4.0%
91-92	2	4.1	8.0
92-93	3	-0.6	-4.4
93-94	3	2.7	-3.4
94-95	2	0.7	6.6
95-96	2	3.4	8.1
96-97	2	4.7	5.6
97-98	2	4.7	10.7
98-99	2	4.2	6.5
99-00	2	4.5	18.3
00-01	2	4.9	6.9
01-02	3	7.8	-18.6
02-03	2	-1.3	1.0
03-04	2	2.3	5.9

出所）LAO（2005），p.5 参照。

される場合は，一般的に不況期で一般基金歳入（＝税収）の伸びが低下する時期とされた。実際に定式の選択はどのようになされたであろうか。

表5-3が示すように，2000年代初めまでの状況を見ると，定式1は提案98号が可決された年度のみ採用され，ほとんどの年度で定式2が採用されている。多くの場合，州個人所得の伸び率よりも一般基金歳入の伸び率の方が高いからである。しかし，不況期には一般基金歳入の伸び率が大きく下がるため，定式3が採用された。90年代初めと2000年代の財政危機時がそうである。

定式2から定式3に変更すると生計費調整の要素が個人所得から一般基金歳入に替わるため，最低保障額の引き下げが可能となり一般基金の財政ストレスは緩和する反面，教育費の水準は低下し教育サーヴィスの低下を招くことになった。

2）提案218号——地方税等の課税要件の強化

96年の提案218号は地方税や料金の賦課に厳しい制限を課した住民提案である。提案13号以降，地方政府は基幹税である財産税に課税制限が課されていたため，財産税以外の一般税，分担金，料金に新たな財源の途を求めた。そこで提案218号はこれらに住民投票を課して，負担水準の引き上げに高いハードルを設けようとしたのであった。

地方税に住民投票を課すこと自体は従来からも行われていた。提案13号は地方の特別税（目的税）に，提案62号（1986年）は一般税に住民投票の要件を課していた。しかし，後者の提案62号は住民投票で可決後，州の控訴裁判所（Appellate Court）で違憲判決が下された。住民提案制度は政府が基本的に必要な財源を調達することを否定するために利用してはならないというのがその理由である。このため，ほぼ10年の間，適用されるかどうか曖昧な状態に置かれ

ていた。そうした中,1995年,サンタクララカウンティ交通公社対ガーディノ判決(Santa Clara Valley Transpiration Authority *v.* Guardino)で州最高裁が提案62号を合憲としたのであった。もっとも合憲判決が下されたといっても一般税に対して即座に住民投票要件が課されたわけではなかった。別の判決では,州憲法によって特別な自治権が保障されている憲章市に対しては提案62号が適用できないと示されていたからである。周知の通り,ロサンゼルス市のような大都市の多くは憲章市であったため,提案62号は多くの市政府の課税権を制約できないままであった。

そこで,地方一般税の住民投票要件を改めて問い直す提案218号が登場したのである。その際,冒頭で述べたように,税だけでなく分担金,料金も含め,地方政府の課税権に制約を課すことにしたのである。分担金,料金が対象となった理由はこれらが「擬似的な税」として賦課され,課税制限をバイパスしているケースが増えたからである。

次に,提案218号の内容である。これは次の3つの特徴を持つ。

第1に,憲章市,一般法市に関わらず地方政府は一般税を課税する場合には住民投票で過半数の賛成を必要とする。また,95年1月以降,住民投票なしに導入された一般税についても向こう2年以内に住民投票を改めて課さなくてはならないとした。さらに,地方住民に住民提案制度を通じて地方税,料金,分担金の廃止や引き下げを行えるようにした。

第2に,地方政府は資産関連料金(property related fee)を賦課する場合には住民投票を課すとした。資産関連料金とは資産所有者に対して,資産所有と直接関係を持つ公共サーヴィスに課される料金のことで,具体的には上下水道,ごみ処理に対する料金を指す。この資産関連サーヴィスが新たに賦課される場合にはすべての資産所有者に告知し,住民投票を行わなくてはならない。一方,消防,警察,救急,図書館のように資産所有と直接関係がなく広く住民一般が利用可能なサーヴィスに対しては料金でなく税を課すべきとした。

第3に,地方政府は分担金を賦課する場合,「郵送による選挙(mail-in election)」を実施しなければならない。投票権を持つのは分担金の支払い義務を持つ地主で投票数は賦課されている分担金の金額に比例して与えられるとした。

提案218号の財政効果については,議会分析局では次のように分析していた。

表5-4 カウンティ,市政府の税に関する住民投票

	住民投票の回数	可決率(%)	住民投票の回数/年
市)			
すべての税			
1986年から1995年	261	41	33
1996年から1997年	168	55	84
1998年から2000年	157	50	52
合計	586	47	45
うち一般税			
1986年から1995年	130	50	16
1996年から1997年	82	50	41
1998年から2000年	109	51	36
合計	321	50	25
カウンティ)			
1986年から1995年	100	32	13
1996年から1997年	35	43	18
1998年から2000年	46	26	15
合計	181	33	14

出所)Rueben and Pedro (2003), p.57, p.74 参照。

一般税(95年以降のもの)については新たに住民投票を課す義務が発生し,反対が多ければ廃止しなければならない。資産関連料金も同様に,廃止ないしは料金の引き下げが行われる可能性がある。このため,短期的には地方政府は年1億ドルの歳入の削減が発生するとみていた。[27]

提案の支持者はハワード・ジャービス納税者協会(Howard Jarvis Taxpayer Association),ポール・ギャン市民委員会(Paul Gann's Citizens Committee)等であった。支持者らは納税者の税や料金に対する投票権の必要性を主張した。これに対して,反対者はカリフォルニア警察署長協会(California Police Chiefs' Association),消防署長協会,教員組合等で納税者の投票に対する権利の問題にはふれず,公共サーヴィスの低下を訴えたが支持は広がらなかった。[28]

州民投票では賛成520万2429票(56.6%)対反対399万6702票(43.4%)で可決された。提案218号は憲法修正の住民投票であったため,その内容は州憲法第13条C,Dとして加えられることになった。

提案218号の可決後,どのような影響が生じたのであろうか。表5-4に示すように,カウンティ,市政府では税分野の住民投票が急増した。市の場合,提

案218号が可決された96年とその翌年に168件，1年平均で84件の住民投票が行われた。その前の10年間（1986～1995年，年平均33件）と比べると大幅に増加していることがわかる。この増加は提案218号で遡及して一般税の住民投票が課されたためで，一般税の年平均の投票数は86年から95年の16件と比べて96年から97年は41件と急増している。

市の場合，可決率は50％程度と変わらなかったが，住民投票が課されなかった場合は，市の理事会の議決だけで決定できたわけである。このため，提案218号は地方政府の意思決定力を弱め，地方政府の財源調達力を代議制民主主義から直接民主主義に一層委ねる結果となったと評されている。

第2節　冷戦後の州財政の危機と財政健全化策

(1) 州財政の推移と特徴

90年代の財政状況について述べる前に，カリフォルニア州における財政収支の定義について説明することにする。カリフォルニア州では以下のように財政収支を定義している。

財政収支＝年度末収支（year-end balance）
　　　　　－債務流動化準備金（reserve for liquidation of encumbrances）等

上の年度末収支とは，当該年度の一般基金歳入額に前年度繰越調整額（adjusted prior year balance）を加えた利用可能財源（available resources）から一般基金歳出額を差し引いたものである。現年度の形式的な収支（＝一般基金歳入額－一般基金歳出額）に，前年度繰越金を加えたものと表現できる。この年度末収支から債務流動化準備金等を除いたものが，「臨時経済特別基金（Special Fund for Economic Uncertainties, SFEU）」である。このSFEUの規模を，カリフォルニア州では財政赤字，黒字を示す財政収支として使っている。

1989-90年度を例（表5-5）にとると，歳入額387億4950万ドルと前年度繰越調整額12億5180万ドルを加えた利用可能財源400億130万ドルから歳出額394億5590万ドルを差し引いた金額が年度末収支5億4500万ドルとなる。そして，この年度末収支から債務流動化準備金等5億420万ドルを除いた金額が財政収支4120万ドルとなる。

表5-5 カリフォルニア州の財政収支の見方

(単位:100万ドル)

	1989-90	1990-91	1991-92
前年度繰越①	1,109.2	545.4	-1,258.9
調整額②	142.6	245.8	339.3
前年度繰越調整額③=①+②	1,251.8	791.2	-919.6
歳入額④	38,749.5	38,213.5	42,026.5
利用可能財源⑤=③+④	40,001.3	39,004.7	41,106.9
歳出額⑥	39,455.9	40,263.6	43,327.0
年度末収支⑦=⑤-⑥	545.4	-1,258.9	-2,220.1
債務流動化準備金等⑧	504.2	456.3	542.4
財政収支⑦-⑧	41.2	-1,715.2	-2,962.5

出所) California Deprtment of Finance, Summary Schedules and Historical Charts, Chart.A より作成。

表5-6 カリフォルニア州の一般基金歳入・歳出と財政収支

(単位:100万ドル,%)

	一般基金歳入	対前年度伸び率	一般基金歳出	対前年度伸び率	財政収支	財政収支/一般基金歳出
1990-91	38,213	―	40,264	―	-1,715	-4.3
1991-92	42,026	10.0	43,326	7.6	-2,963	-6.8
1992-93	40,945	-2.6	40,948	-5.4	-2,831	-6.9
1993-94	40,095	-2.1	38,957	-4.8	-281	-0.7
1994-95	42,710	6.5	41,961	7.7	313	0.7
1995-96	46,296	8.4	45,393	8.2	235	0.5
1996-97	49,220	6.3	49,088	8.1	461	0.9
1997-98	54,973	11.7	52,874	7.7	2,595	4.9
1998-99	58,615	6.6	57,827	9.4	3,116	5.4
1999-00	71,931	22.7	66,494	15.0	8,666	13.0

出所) 表5-5に同じ。Chart.A より作成。

　さらに，5億4500万ドルの年度末収支は次年度に繰越され，前年度繰越調整額の基礎となっている。90-91年度のように年度末収支が赤字の場合は，赤字額－12億5890万ドルが次年度に繰越され，歳入に比べ利用可能財源が減少することが生じている。

　さて，本題の90年代の財政収支の状況について検討しよう。表5-6に示すように，州政府の財政収支は90-91年度から93-94年度にかけて4か年度連続で赤字が継続している。特に，91-92年度，92-93年度は深刻で30億ドル近い赤字が続いた。赤字の規模を一般基金歳出比で示すと両年度とも約－7％に及び，80年代初めの財政赤字を大きく上回っていた。州債の格付けも低下し，スタンダ

第5章 冷戦後の経済不況とオレンジカウンティの破綻

表 5-7 各州の年度末収支の状況

(単位：100万ドル，%)

	89-90	90-91	91-92	92-93	93-94
全州の年度末収支合計①	7,221	3,057	3,309	6,840	13,066
全州の歳出合計②	275,865	292,498	296,741	309,363	331,516
年度末収支の割合（①/②）	2.6	1.0	1.1	2.2	3.9
赤字州の年度末収支の割合					
カリフォルニア州	7.6	-3.1	-5.1	-5.6	0.2
コネチカット州	-4.1	-14.6	1.6	1.5	0.3
マサチューセッツ州	-10.9	1.7	4.1	1.1	0.8
ニューハンプシャー州	-1.8	-0.4	2.7	4.1	1.5
ペンシルベニア州	1.2	-3.7	0.1	1.6	2.0
バーモント州	-0.5	-10.1	-9.9	-7.2	0.0
ミシガン州	-4.0	-2.2	0.0	0.3	0.0
メリーランド州	0.9	0.0	-0.9	0.2	0.9
ルイジアナ州	16.2	9.2	-1.8	2.4	5.0
ネバダ州	10.0	6.9	3.3	5.5	12.8

出所）National Association of State Budget Officers (1990), p.23 他各年度より作成。

ード&プアーズ社の評価はAAAからAAに格下げされている。

　もっともこの時期，他州も財政危機に見舞われていた（表5-7）。州間の財政収支を比較する場合は上記の年度末収支を使って比較されるが，90-91年度に年度末収支が赤字だった州はカリフォルニア州を含め6州，91-92年度が4州，92-93年度が2州であった。しかし，カリフォルニア州のように複数年度に渡って財政赤字が継続した州は少なかった。それほどカリフォルニア州の財政危機は深刻であったと言えよう。

　しかし景気が回復するに従い財政状況も改善していった。94-95年度には財政赤字は解消され，それ以降財政黒字が増加していき，99-00年度には財政収支は86億6600万ドルになり，対一般基金歳出比で13％の黒字となった。提案13号以前，すなわち70年代後半の潤沢な財政状況が再来したのである。

　さて，この時期のカリフォルニア州財政の特徴を一般基金の推移から見ていくことにしよう。まず，歳入の推移である。90年代前半は景気の低迷を反映し歳入規模は91-92年度420.3億ドルから93-94年度には401.0億ドルに低下し，対前年度伸び率も92-93年度-2.6％，93-94年度-2.1％と2年度連続でマイナスとなった。94-95年度以降は景気の回復に伴い歳入額も増加していき，99-00年度には719.3億ドルまで増加することになった。

第Ⅱ部 「納税者の反乱」と現代カリフォルニア州財政史

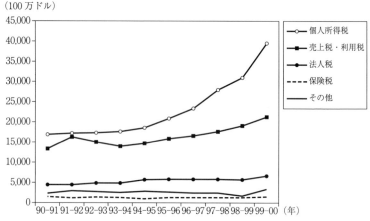

図 5-4 カリフォルニア州の一般基金歳入の推移
出所）LAO, *Historical Data* より作成。

表 5-8 州個人所得税の税率の変更（単身申告者対象）

税率（％）	87年から90年	91年から92年	96年
1.0	3,650ドル未満	4,394ドル未満	4,908ドル未満
2.0	3,650-8,650	4,394-10,414	4,908-11,632
4.0	8,650-13,650	10,414-16,435	11,632-18,357
6.0	13,650-18,950	16,435-22,816	18,357-25,484
8.0	18,950-23,950	22,816-28,835	25,484-32,207
9.3	23,950ドル以上	28,835-100,000	32,207ドル以上
10.0	―	100,000-200,000	―
11.0	―	200,000ドル以上	―

注）年は課税年度を示す。93年から95年は税率変更がないので省略。
出所）State of California Franchise Tax Board (2001), Table.1A 参照。

　90年代初めの歳入の低下の原因は主要財源である売上税の減収と個人所得税の伸びの低迷によるものである（図5-4）。売上税は91年7月に財政収支の均衡化を目的に税率（州分）は4.75％から6.00％に引き上げられ課税対象も拡大した。このため，91-92年度には増収効果がみられたが，翌年度には提案163号が可決されたため，食料品の一部（ボトル入り飲料水，キャンディ等）が課税対象から除外された。加えて不況による消費の低迷も相俟って，92-93年度，93-94年度では税収は前年度割れすることになった。
　一方，個人所得税は売上税同様，91年に最高税率の引き上げが行われた。表5-8に示すように87年から90年までは課税所得3650ドル未満から2万3950ドル

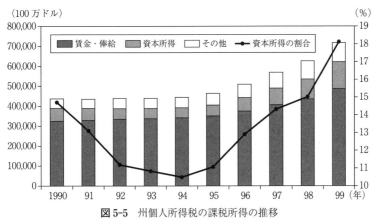

図 5-5　州個人所得税の課税所得の推移

注) 資本所得には利子, 配当, 資本資産売却益を含む。
出所) State of California Franchise Tax Board の他各年度版より作成。

以上までの 6 つ課税ブラケットに1.0％から9.3％の税率が課されていたが, 91年からは10万ドル以上20万ドル未満に10％, 20万ドル以上に11％と新たに 2 つのブラケットが加わり最高税率も引き上げられた。これにより税収低下は免れたが, 課税所得の伸びが低迷していたため, 税収増には結びつかなかった。

このように売上税, 個人所得税収が低迷したため歳入も減少していたが, 90年代後半になると状況は一転する。景気の回復に伴い個人所得税が増え, 歳入を増加させたのである。個人所得税は96年に最高税率が9.3％ (課税所得 3 万2207ドル以上) に戻されたが, 課税所得が急増したため, 税収は大きく増加した。

図 5-5 に示すように, 課税所得の大半は賃金, 俸給により構成されていたが, 90年代後半からは資本所得の増加が顕著であった。資本所得は利子, 配当, 資本資産売却益から成る所得の合計であるが, 課税所得に占める割合も94年度 (課税年度) 10.5％から99年度18.2％に増加したのであった。資本所得の中でとりわけ割合が大きいものは, 資本資産売却益 (すなわちキャピタルゲイン) で, 99年度の場合, 資本所得の71.6％を占めていた。一方, 売上税は91年度以降, 税率の引き上げや課税対象の拡大を行わなかったため税収の伸びは緩やかであった。[33] この結果, 州の税体系の重心は売上税から個人所得税に一層シフトすることになった。

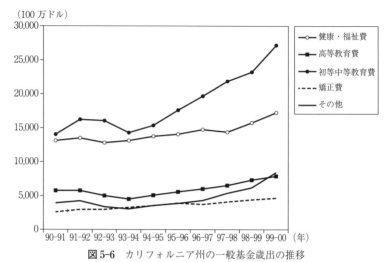

図5-6 カリフォルニア州の一般基金歳出の推移
出所）図5-4に同じ。

次に，歳出の推移である（表5-6）。90年代初めは歳入の低迷を反映して，歳出規模も91-92年度433.3億ドルから93-94年度389.6億ドルに低下し，対前年度伸び率も92-93年度−5.4％，93-94年度−4.8％と2年連続でマイナスとなった。95-96年度以降は景気の回復や人口の増加を受け歳出の伸び率も高くなり，99-00年度には664.9億ドルにまで増大したのである。

90年代初めの不況時には主要経費は矯正費を除いて削減された。健康・福祉費は91-92年度136.6億ドルから93-94年度には132.6億ドルに，高等教育費は58.3億ドルから46.8億ドルに，初等中等教育費は164.2億ドルから144.8億ドルに削減されたのである（図5-6）。先にも指摘したように，教育費には提案98号によって最低保障が定められていたが，90-91年度から93-94年度の間，定式2から定式3に算定式が修正されたことで教育費の削減が可能となった。

また，初等中等教育費，健康・福祉費の大半は地方政府への地方補助から構成されていた。地方補助は同期，327.4億ドルから290.7億ドルに−11.5％削減されたが，初等中等教育費補助金は159.4億ドルから138.9億ドルに，健康・福祉費補助金は131.2億ドルから127.5億ドルに削減されたのである。州財政の危機時には地方補助も容赦なく削減される状況にあったのである。

先にも見たように，納税者の反乱後，地方政府——とりわけカウンティと学

表 5-9　90年代前半の財政需要の拡大

(単位：1000人)

	90-91	91-92	92-93	93-94	90-91〜93-94 年度の変化率
初等中等生徒数	5,273	5,416	5,520	5,581	5.8
大学等の在籍者数	1,276	1,380	1,340	1,287	0.9
AFDCの受給者数	2,084	2,266	2,415	2,597	24.6
メディケイドの受給者数	4,002	4,550	5,051	5,374	34.3
SSI/SSP受給者数	687	916	961	992	44.4
受刑者数	174.6	188.0	199.4	212.9	21.9

注）大学等の在籍者数にはカリフォルニア大学，州立大学，コミュニティ・カレッジの合計の在籍者を示す。
出所）Chapman (1995), p.111 参照。

区——は，州補助金への依存度を高めていったが，そのことは州の財政危機を地方に波及させる度合いを高めることにもなった。まさに，地方政府の課税自主権の喪失が財政的な安定性を弱めることに繋がったと言えよう。

ところで，以上のように経費は大幅に削減されたものの，この間，福祉や教育の財政需要は大きく増加していた（表5-9）。福祉関連の財政需要を代表するAFDC（Aid to Families with Dependent Children，要扶養児童家族扶助制度）の受給者数は90-91年度から93-94年度にかけて24.6％，メディケイドの受給者数も34.3％増加していた。また，教育の財政需要を代表する小中学校の在籍者数も同期で5.8％増加していた。福祉の受給者の伸びは福祉が景気後退期に受給者が増加する「順景気循環的（pro-cyclical）な性格」を有しているためであり，小中学校の在籍者の伸びは州人口の増加を反映したものである。いずれにせよ，財政需要の増加を勘案すると，当該経費の削減額は実質的にそれよりも深刻な影響を与えたと推測できるであろう。

なお，90年代後半から歳入が増加に転じたことで歳出も増加した。この時期は初等中等教育費の増加が著しく，94-95年度から99-00年度にかけて155.3億ドルから275.9億ドルに増加した。これにより歳出構成比は37.0％から41.5％に拡大した。州外からの人口流入が増加したため，同期，小中学校の在籍者数は552万人から586万人に増加したことがその背景にある。

これに対して，90年代初めは初等中等教育費と金額的に遜色なかった健康・福祉費は増加金額も構成比も低くなった。この健康・福祉費の増加率の低下は90年代の初めの財政危機の際に州からカウンティに健康・福祉費の支出責任が

一部移管したことが大きく関わっている。

(2) 財政健全化策と州・地方政府間財政関係の変化

　カリフォルニア州は90-91年度から93-94年度にかけて財政収支は赤字となったが、州政府も議会も予算編成段階で財政収支の均衡策を講じ、赤字の解消に努めていた。90-91年度から93-94年度に財政収支の均衡策に要した金額の合計額は371億ドルに上った。同期の一般基金歳出の合計額（4か年度の一般基金歳出合計額1635億ドル）の4.4％に過ぎなかったが、単年度で見ると、91-92年度は33.0％、92-93年度は27.3％と大きな割合を占めた。

　財政収支の主な均衡策とその規模は、①増税79億ドル、②経費削減124億ドル、③他政府への負担転嫁87億ドル、④次年度への支出の繰延べ・会計操作66億ドルであった。

　金額的には経費削減が最も大きく、初等中等教育費や健康・福祉費を主体に経費の削減が行われた。次に大きいのが他政府に対する負担転嫁であった。これは州が経費削減を目的に地方政府に対して財政負担を転嫁する方法である。3番目に大きいのが増税であるが、この間、個人所得税、売上税、自動車免許料、法人税、アルコール飲料税と広く増税が行われた。提案13号以降、州議会の増税に対する抵抗感は強くなったと思われがちだが、財政危機に直面すれば議会は「増税コンセンサス」を形成することができたのである。さらに、会計操作といった弥縫的な均衡策も採られた。会計操作とは一般基金から他基金への繰入れの停止や現金主義から発生主義の変更により名目上、歳出の削減を行う方法である。財政赤字の規模が大きく、経費削減と増税といったオーソドックスな方法だけでは間に合わず、こうした手段まで動員されたのである。

　これらの収支均衡策はその後の州、地方財政の運営に大きな影響を与えることになった。以下では①個人所得税、売上税の増税、②健康・福祉費、教育費の削減、さらに、③地方政府への負担転嫁について検討することにする。

1）個人所得税・売上税の増税
　91-92年度予算法では個人所得税、売上税の増税が行われた。個人所得税は最高税率9.3％に10％、11％の2段階の税率が付加され10億6000万ドルの増収

が見込まれた。売上税は1.25％の税率の引き上げと課税ベースの拡大が行われ36億9800万ドルの増収が見込まれた。売上税の新たな課税対象となった品目はキャンディ，スナックフード，航空機・船舶の燃料，ボトル入り飲料水，新聞・雑誌であった。

財政危機とはいえ議会内に「増税コンセンサス」が生まれたのはなぜであろうか。当時知事は共和党のピーター・ウィルソン（Peter Wilson）で，議会では両院とも民主党が与党であったが，増税法案の可決に必要な2/3以上の議席を有していなかった。

増税を可能としたのは財政赤字が膨大で経費削減だけでは対応できなかった点もあろうが，増税が恒久財源でなく臨時財源として導入された点も与野党の交渉を容易にしたとされる。例えば，個人所得税の場合，最高税率の引き上げ期間を予め91-92年度から95-96年度に定め，売上税も増税分1.25％のうち0.5％は臨時財源とし93年7月1日には廃止するとしていたのである。また，売上税の残り0.25％分も一定の条件が満足された場合，廃止する規定も設けられていた。すなわち，州の一般基金の財政収支が2年連続で4％（対一般基金歳出比）を超えた場合という条件である。こうした期間や財政条件といったサンセット条項を付帯することで，増税に抵抗感が強い野党共和党との交渉をスムーズにできたのである。

もっとも，増税期間までに景気が回復すれば問題はなかったが実際は想定通りに事は進まなかった。93-94年度に廃止予定の売上税の0.5％分は財政赤字が懸念されたため，急きょ増税期間を6か月延長した。さらに，後に述べるように州による地方政府への負担転嫁の結果，地方政府の財政状況が危惧される状態になったため，0.5％分の財源を恒久化し地方の警察や消防サーヴィス等に充当することになったのである。州議会はこの増税のために提案172号を住民投票にかけたのである。投票の結果，提案は可決されたため，91-92年度に引き上げられた税率は最終的に2000年12月まで継続されることになった。

他方，増税策がすべて成功したわけでもなかった。売上税の増税に反対する動きも住民サイドから現れたのである。91-92年度の増税でスナックフードを売上税の課税対象に加えたことに利害関係者から異議が唱えられた。当時，スナックフードとそうでない食料品の区別が困難で曖昧であった。このため，朝

食で食べるグラノーラ・バー（granola bar，シリアル食品の一種）もスナックとして課税されると危惧された。州憲法では食料品は免税とされていたため，スナックフードへの課税はこれを侵すものとして批判が生じたのである(40)。

そうした中，雑貨チェーンの代表者らがボトル入り飲料の流通業者と合同で提案163号を発意し，キャンディ，スナックフード，ボトル入り飲料を食料品と定義し課税対象から除外する運動を展開することになった。住民投票の結果，696万7009票対349万1372票（66.3％対33.4％）の圧倒的多数で可決された。これにより州は推計3億3000万ドルの売上税の減収を招くことになった。

2）健康・福祉費，教育費の削減

次に，健康・福祉費，教育費の削減についてである。健康・福祉費(41)は，AFDC，SSI/SSP給付金の減額(42)，これらの給付金の生計費調整（cost of living allowances）の停止（97年度まで）(43)，Medi-Calの受給者の削減，一般支援（General Assistance）プログラムの削減，在宅支援サーヴィス（In-Home Supportive Services（IHSS））の削減等，広範囲で経費の削減が行われた。

教育費は高等教育費については，カリフォルニア大学，カリフォルニア州立大学，さらにコミュニティ・カレッジに対する州補助金の削減が行われた。財源を補てんするために授業料の引き上げや職員の早期退職等の措置が採られた。一方，初等中等教育費については，提案98号によって最低保障額が設定されていたため，経費削減の方法は複雑であった。説明すると次のようになる。

91-92年度予算は財源不足から最低保障額を満たすのは困難であった。知事は提案98号の停止（suspend）を提案するが議会の反対に遭い断念せざるをえなかった。このため最低保障額を確保するために，前年度，学区に配分した教育財源の一部を現年度の教育予算に繰越すことで行おうとしたのであった。

すなわち，90-91年度予算では当初，最低保障額を決定した定式は定式2であったが，これを年度途中に定式3に変更して，州が90-91年度に最低保障額の水準を超えた財源を交付したものと仮装したのであった。そして，この最低保障額を超えた分は州が学区に貸付（loan）を行ったものと見なして，91-92年度予算（現年度予算）では州への返済（repayment）を求める形で学区に年度間繰越しを行わせたのである(44)。

もっともこの措置によって実際に財源が繰越されたわけでなく，あくまで書

類上の移転（paper transfer）に過ぎなかった[45]。現年度，教育財源は繰越しが求められた分，学区に配分されなかっただけである。こうした定式の変更と年度間繰越しによる粉飾は91-92年度から93-94年度まで行われた。しかし，カリフォルニア教員組合対ゴールド判決（California Teachers' Association et al. v. Gould）で州最高裁は違憲判決を下すことになった[46]。

3）地方政府への負担転嫁

　地方政府に対して負担を転嫁する方法として，2つの方法が採られた。1つは，州とカウンティの間で健康・福祉費と売上税を交換（realignment）することである。もう1つは，州がカウンティや市から財産税を取り上げ学区に付け替えることである。前者は地方に配分する経費よりも財源の方が少ないため州の負担を軽減でき，後者は学区の財産税収が増えるため州の学区への補助金を減らすことができたのである。どちらも州の負担を軽減し地方に負担を転嫁することになった。

　まず，経費と財源の交換について説明しよう。これは州が91-92年度にカウンティに売上税増税分の一部（0.5％分）と自動車免許料の増税分（減価償却率の変更）を交付する代わりに，カウンティに対して州の経費である精神医療費，公衆衛生費，貧困者向け医療扶助等の9つのプログラムを移管し，AFDC等の福祉サーヴィスの財源負担の割合を引き下げる措置を採ったのである[47]。金額的には州からカウンティに21億9000万ドルの財源の交付と22億1200万ドルの経費の配分がなされた。財源に比べ新たに発生した経費の方が大きいため州にとっては経費削減となったが，カウンティにとっては逆に財政を圧迫する要因となった[48]。

　次に，財産税の付け替えについて説明しよう。州は92-93年度予算で，財政収支の均衡策の一環として教育補助金を削減した。教育補助金が削減されれば学区の財政危機をもたらすため，地方政府間の財産税配分も同時に変更することにした。表5-10に示すように，財産税をカウンティから5億4400万ドル，市2億1600万ドル，特別区2億1200万ドル，コミュニティ再開発公社2億ドル，合計11億7300万ドル減額し，その分をカウンティ内に新たに設置した教育財源増強基金（Educational Revenue Augmentation Fund, ERAF）に繰入れ，この基金を通じて学区に財産税を配分したのである。

表5-10 教育財源増強基金(ERAF)と提案172号の地方財政への影響額

(単位:100万ドル)

ERAFの影響額	92-93	93-94	94-95	95-96	96-97	97-98	98-99	99-00
市	-216	-483	-525	-523	-518	-511	-574	-606
カウンティ	-544	-2374	-2583	-2567	-2540	-2665	-2787	-2934
特別区	-212	-252	-281	-285	-279	-271	-316	-339
再開発公社	-200	-65	-65	0	0	0	0	0
小計	-1173	-3175	-3454	-3374	-3337	-3447	-3677	-3879
提案172号の影響額	92-93	93-94	94-95	95-96	96-97	97-98	98-99	99-00
市	—	84	88	92	91	104	109	123
カウンティ	—	1301	1400	1510	1595	1682	1757	1974
小計	0	1385	1488	1602	1686	1786	1877	2119
純計額	92-93	93-94	94-95	95-96	96-97	97-98	98-99	99-00
市	-216	-399	-437	-431	-426	-407	-465	-483
カウンティ	-544	-1073	-1183	-1057	-945	-983	-1030	-960
特別区	-212	-252	-281	-285	-279	-271	-316	-339
再開発公社	-200	-65	-65	0	0	0	0	0
合計	-1173	-1789	-1966	-1772	-1651	-1662	-1812	-1782

出所) Tranter (2006), pp.117-118.

　この財産税の配分の変更措置は93-94年度も継続された。しかし減額する金額は地方政府全体で31億7500万ドルに引き上げられ，カウンティで23億7400万ドル，市4億8300万ドル，特別区2億5200万ドル，再開発公社6500万ドルとなった。その後，この減額措置は再開発公社(95年度から2001年度まで)分を除き，恒久化されたのであった。

　その結果，地方政府間の財産税配分割合(93-94年度)は，学区51%，カウンティ25%，市11%，その他(特別区，再開発公社)13%となった。90-91年度の配分割合(表4-2)と比べると，カウンティ(33%→25%)，市(13%→11%)，その他(19%→13%)で割合が減り，学区(35%→51%)で大幅に割合が増えることになった。[49]

　このように地方政府が課税している財産税を州が一方的に減額して学区に付け替えできたのは提案13号によるものである。提案13号は地方政府に財産税の課税制限を課すと共に，財産税の地方政府間への配分を州の権限としたためである。これを根拠に，州は自らの財政均衡を目的に地方の課税権を制約することを行えたのである。

この州の一方的な措置に対して地方政府の関係者から抗議運動が発生した。「我々の財産税を奪うな（Stop Taking Our Property Tax）」の頭文字をとった「STOP」キャンペーンが展開された。財産税の削減は貧困者や障害者に負担を強いるだけでなく，警察や消防サーヴィスを危うくさせるという訴えが行われたのである。

運動自体は盛り上がりに欠けたが，地方財政の状況を不安視した州知事と議会は議会提案として提案172号を住民投票にかけることになった。これは先にも述べたように，91年の売上税の臨時増税分0.5%分を廃止するのでなく，公共安全（警察，消防，裁判等）の経費に配分する提案であった。役割分担の関係で財源の94%はカウンティに，残りは市に配分することにした。提案172号は住民投票で可決され，93-94年度から実施されることになった。これにより，ERAF設置による財産税の減額の影響は一部緩和されたが，地方政府にとっては提案172号でも補てんできない財源は少なくなく，その後も財源の補てん不足は継続することになった。州の財政危機のツケが地方政府にまさに恒久的に転嫁されたのである。

第3節　カウンティの財政危機とオレンジカウンティの破綻

（1）カウンティの財政危機と資金運用の規制緩和

提案13号が可決されて以降，カウンティ財政は厳しい状況に置かれてきた。カウンティは市と比べ財産税の依存度が高かったため，提案13号の課税制限に大きな影響を受けた。前章でも述べた通り，提案13号後，州は救済策を講じた。上院法154号で財政援助金を交付すると共に，カウンティの事務（健康，福祉プログラム）の一部を州に移管する措置を採ったのである。これによってカウンティの州財政への依存度は高まったが，財政状況は改善できなかった。

その理由はカウンティの特徴に由来する。カウンティが供給するサーヴィスは州政府によってマンデイトが課されているもの（福祉，矯正，裁判等）と，カウンティ独自の地方サーヴィス（警察，消防，道路等）の2つに分かれる。前者のサーヴィスは連邦，州からの補助金によって財源が手当てされているが，補助金の形態がマッチング方式であるため，補助裏はカウンティの自主財源で

補てんしなければならない。自主財源は財産税に課税制限が課されているためその割合は低い。このため，カウンティ独自のサーヴィスには財源が回らない状況にあったのである[51]。

　この状況は，90年代に州政府が財政危機に直面しさらに悪化することになった。カウンティは先にも述べたように，州との間での経費と財源の交換でマンデイト経費の負担が増えるとともに，地方政府間の財産税の付け替えによって自主財源である財産税収が減収したからである。州の財政負担の転嫁がカウンティの財政ストレスを強めることになったのである[52]。

　このため，例えば，マーセドカウンティでは歳入の90％は州からのマンデイト経費に費消され，カウンティ独自の裁量的なサーヴィスには残り10％しか財源がない状況となった。同様に財政が硬直化したカウンティとして，ビュート，デルノーテ，ハンボルト，ラッセン，メンドシーノ，シスキュー，ヨロが挙げられた[53]。

　また，95-96年度末にはロサンゼルスカウンティが大幅な財政赤字を抱えることになった。同カウンティは全米最大の人口を抱えるカウンティで当時905万人もの人口を有していた[54]。同年度の一般基金の歳出額は124億ドルで，このうち100億ドルは補助金や料金等の特定財源で財源調達されていたが，残り24億ドルのうち一般財源で補てんできた部分はその半分足らずであった。残り半分は財政赤字となったのである。

　財政赤字の原因は，①財産税の付け替えによって93-94年度から95-96年度までに10億ドルの財産税の減収が発生したこと，②Medi-Calの受給者の増加や連邦補助金の削減によって医療費負担が増大したこと，③物価上昇率を超える人件費の増加等が挙げられている。赤字を補てんするために，精神医療費の削減，公立病院の閉鎖（全米最大規模），社会サーヴィス，公的保護，レクリエーション費の削減，職員のレイオフが予定された。

　このようにカウンティの財政運営が窮する中，新たな財源の確保が必要となるのは自然の成り行きであった。しかし，増税も起債も厳しい承認要件が課され実現は容易ではなかった。増税の場合はカウンティ理事会と住民投票でそれぞれ過半数の賛成（特別税の場合は2/3の賛成）が必要で，起債については一般財源保証債の場合，理事会と住民投票で2/3の賛成が必要であった[55]。

このため，別の形の財源調達の方法に目が向けられたのである。その１つが資金運用に関する規制緩和であった。カリフォルニア州ではカウンティごとに基金を設置し，学区には強制的に，市，特別区には任意に資金を基金に預託することを決めていた。州はカウンティの財務官（Treasure）が行う基金運用に厳しい規制を課していたが提案13号を契機に緩和する方向に動いていったのである。

まず，1979年の下院法346号では地方政府に債券のレポ取引とリバースレポ取引を認めた。81年の上院法1152号では地方政府が行える投資対象を拡大し，83年の下院法695号，323号では地方政府がコマーシャルペーパーに投資できる割合を15％から30％に引き上げ，銀行引受手形（banker's acceptance）のそれを30％から40％に引き上げた。84年の上院法2095号では地方政府に一定のモーゲージ証券への投資を認めた。86年の上院法2595号では投資対象を中期社債（corporate notes）に広げ，87年の上院法962号では中期社債に投資できる割合を15％から30％に増やした。88年の上院法1883号では地方政府が逆償却（negative amortization）のモーゲージ・ローンを担保に利用することを認めた。さらに，92年の下院法3576号ではカウンティの財務官にポートフォリオの20％まで抵当証券に投資できるようにしたのであった。特に，オレンジカウンティの財政破綻をもたらす結果を誘引したのが，下院法346号，下院法3576号であった。

こうした規制緩和の進展にはいくつかの要因が影響した。1つはカウンティが州に財政的な自律性を求めたこと，2つには州，地方政府ともに提案13号を機に，住民投票や州法の制限を受けない新たな収入源を求めたこと，3つには全米で金融の規制緩和が進み，地方政府も利子所得を求めて，金融商品への投資熱が高まったこと，さらに，4つには金融機関サイドが州政府にロビー活動を行い，規制緩和を進める州法の可決を支援したことが挙げられている。

（２）オレンジカウンティの財政破綻

90年代，カウンティの財政ストレスの解決策を資金運用に求めたことがどのような結果をもたらしたのであろうか。オレンジカウンティの事例を通じて見ていくことにする。

オレンジカウンティはロサンゼルスの南部に位置し，当時人口241万556人（90年）を抱える全米5番目の規模のカウンティであった。戦前は農村地帯であったが，1950年代にディズニーランドが開業して以降，大きく発展した。社会構造はヒスパニック系，アジア系が少なくなく，中流所得層の割合が多い地域でもある。[61]

提案13号がカウンティに与えた影響については先にも述べたが，とりわけオレンジカウンティへの影響は大きかった。なぜなら1978年の下院法8号による財産税の地方政府間の配分はオレンジカウンティに対して低かったからである。その理由は，前章でも述べた通り，財産税の配分基準が提案13号以前の課税実績を反映していたためである。

例えば，ロサンゼルスカウンティの場合（人口750万人），財産税の平均税率（財産税額／純課税評価額で算出）は4.35ドル（純課税評価額100ドル当たり）で，住民1人当たりの配分額は91.01ドル。アラメダカウンティ（人口111万人）の場合は，平均税率3.16ドルで，住民1人当たりの配分額は76.83ドルであった。これに対して，オレンジカウンティの平均税率は1.51ドルとカウンティ内では最低水準で，住民1人当たりの配分額も30.19ドルに過ぎなかったのである。[62]

このように従来から財産税の配分額が低かったことに加え，92-93年度以降，地方政府間の財産税の付け替えが行われたことで，財産税収は再度，大きく減少することになった。この時，財産税の減収を補てんしたのが利子所得であった。93-94年度に利子所得は前年度の8200万ドルから2億600万ドルに大幅に増加したのである。

この結果，オレンジカウンティの財政構造も大きく変わった（表5-11）。一般基金歳入（93-94年度）の構成における利子・賃貸収入の割合は12.0％と高くなったのである。カリフォルニア州全体のカウンティのそれ（2.8％）と比較するとこの割合の高さは特異的である。財産税，連邦・州からの補助金の割合が低い分を，この利子・賃貸収入が補てんしているのである。

他方，財産税の減収が利子所得で補てんされ，経費の節減に向かわなかった理由は歳出構造から見えてくる。警察，矯正，消防費に関する公的保護と福祉サーヴィスである公的支援の合計割合が高いためである。92年のロサンゼルス暴動後，治安維持的な経費に対する住民ニーズが高まったことや国内外からの

表5-11 オレンジカウンティの財政構造（1993-94年度）

	オレンジカウンティ	全カウンティ
歳入		
州補助金	39.0%	42.1%
連邦等補助金	15.4	22.2
財産税	13.3	15.4
料金等	15.3	12.2
利子・賃貸収入	12.0	2.8
免許・許可・罰金	3.9	2.7
売上税・その他の税	1.1	2.6
総額（100万ドル）	1,798	25,592
歳出		
公的支援	32.6	40.7
公的保護	38.1	26.8
一般政府	10.0	8.8
健康・衛生	14.2	17.2
道路・公共施設	2.0	3.5
教育・レクリエーション他	3.1	3.0
総額（100万ドル）	1,587	25,785

出所）Baldassare (1998a), p.69 参照。

移民の流入が多く，福祉，医療に対する経費圧力が高いことを反映している[63]。このため，財産税の減収は経費の削減に向かうのでなく，利子所得の獲得に向かったのであった。

それではなぜ，オレンジカウンティは利子所得が突出的に高かったのであろうか。その原因は，同カウンティの財務収税官（Treasurer-Tax Collector）であるボブ・シトロン[64]（Bob Citron）の資金運用に帰するところである。彼は，オレンジカウンティ投資基金（Orange County Investment Pool, OCIP）に預託された資金を原資に長期債や金融派生商品を購入して，多くの利子所得を生み出していた。OCIPの投資総額は94年1月には206億ドルにも上った[65]。内訳はカウンティ政府並びにカウンティ内の194の地方政府（市，学区，特別区）からの預託金による投資額76億ドルとこの預託金を原資にレバレッジをかけて投資した金額130億ドルである。

シトロンの資金運用の手法は提案13号の可決後，規制緩和されたリバースレポ取引によるものであった[66]。OCIPの積立金を使って，ファニーメイ（連邦住宅抵当金庫）債，フレデリックマック（連邦住宅貸付抵当公社）債等の債券を購

入し，これを担保にウォール街の金融機関から短期借入を行い，その借入金を使って，長期債や逆変動利付債（inverse floater）などの金融派生商品を購入し，高収益を上げていたのである。[67]この取引では金利が下がれば多くの利潤が見込める。なぜなら金利が低いと借入コストも下がり，長期債の価格も上昇するからである。しかし，逆に金利が上がれば借入コストが引き上がり，長期債の価格も下落してしまうリスクがあった。

このリスクが実際に発生した。94年2月から11月にかけて連邦準備制度理事会はインフレ懸念から6度に渡って金利を引き上げた。フェデラル・ファンド・レートは3.25％から5.50％に引き上がることになったのである。[68]これによって低金利を見込んだシトロンの投資は失敗し，94年11月には16億4000万ドルの損失が明るみとなった。OCIPは融資を受けた金融機関への返済に応じる現金を有していなかった。また，手持ちのリスキーな債券を売却し返済することも不可能であった。最終的に，金融機関は担保であるOCIPが保有する債券の取得に乗り出すことになった。オレンジカウンティは資産を保全するために，94年12月6日，連邦破産法第9章（Chapter 9）に則り破産申請を行うことになったのである。[69]

オレンジカウンティの破綻は全米の地方政府史上最大の規模であった。1937年から1994年までに362の地方政府が破産申告したが，破産額は小さく債務の合計額も2億1700万ドルに過ぎなかった。[70]また，従来の財政危機のケースと比べても異色であった。ニューヨーク市やクリーブランド市も破産申請はしなかったものの，財政破綻に瀕する状況にあった。これらの都市の場合，富裕な住民や企業が他地域に移動し課税ベースが浸食される一方で，福祉・医療の受給者が増加し財政ストレスがかかることで財政危機を迎えた。他方，オレンジカウンティの場合は財務収税官の資産運用の失敗による破綻であったからである。

破産申請することで，OCIPの資産が保全され地方政府の預託金76億ドルの引き上げは回避された。しかし債務の償還義務は残った。95年夏には10億ドルの債券の返済期日が迫っていた。破産によってカウンティの債券の格付けはジャンクボンド並みに低落したため，新たな資金調達は困難であった。カウンティ理事会は95年3月，財源調達を目的に，0.5％のカウンティの売上税増税案が提案されたものの，住民投票で否決された。投票は「郵送による選挙」の形

表5-12 オレンジカウンティの一般基金歳入中の裁量的な財源

(単位：100万ドル)

	94-95年度予算	95-96年度予算案	前年比
利子収入	161	10	－151
財産税	119	121	2
自動車免許料	98	101	3
利用可能な基金残高	55	15	－40
売上税	17	18	1
その他	13	10	－3
歳入推計	463	275	－188
歳入推計の改定	293		
財政赤字	－170		

出所) Baldassare (1998a), p.138 参照。

で行われ賛成14万8414票（38.9%），反対23万3113票（61.1%）であった。住民の負担で金融機関への債務を返済することに反発が起こったのである。さらに，州さえもカウンティの救済を拒絶した。

　しかし新たな展開によって危機は回避されたのである。債券保有者たちはデフォルトが発生し元本を失うことを危惧したため，1年間の債務延長を認めたのである。また，5月には財政再建計画が立案された。内容は，州からオレンジカウンティ交通公社に交付される売上税をオレンジカウンティの一般基金に繰入れ，これを財源に債券発行を行い債務の償還に充てるといったものであった。この再建計画を州政府と連邦破産裁判所が承認し，オレンジカウンティの破産法保護は解除された。96年6月には8億8000万ドルの債券発行が可能となり，破産問題は解決することになった。

　このように破産の危機からは短期で抜け出せたものの，オレンジカウンティの財政は大きく打撃を受けることになった。表5-12に示すように，94-95年度予算で見込まれていた裁量的な歳入予算額は4億6300万ドルで，このうち利子収入1億6100万ドル，34.8%を占めていた。ところが年度途中のOCIPの破綻により，利子収入は大幅に下落したため，歳入見込みは2億9300万ドルに下方修正されることになった。これに基づいて，次年度の95-96年度当初予算も推計され，歳入見込みは2億7500万ドル，利子収入はわずか1000万ドル，3.6%まで低下した。

　一方，裁量的な歳出予算額も前年度比で−40.6%となった（表5-13）。コミ

表 5-13　オレンジカウンティの一般基金歳出中の裁量的な経費

(単位：100万ドル)

	94-95年度予算	95-96年度予算案	前年比（％）
コミュニティ・社会サーヴィス	74	54	-27.0
健康サーヴィス	40	26	-35.0
一般政府	81	61	-24.7
公的保護	160	121	-24.0
保険・積立金	88	2	-97.7
その他	20	11	-45.0
歳出合計	463	275	-40.6

出所）Baldassare (1998b), p.139 参照。

ユニティ・社会サーヴィス，公的保護，一般サーヴィスで約25％程度，健康サーヴィスで35％，保険・積立金で98％削減されることになったのである。

裁量的な財源に依る公園や図書館は閉鎖が余儀なくされたが，連邦，州補助金を財源としたマンデイト経費のサーヴィスは維持された[73]。なお，雇用の削減も予定されレイオフが1040人，定員削減が566人に及んだ。全体では1万8000人の職員を1万3000人まで将来的に削減することが予定されたのであった[74]。

おわりに

以上，90年代のカリフォルニア州とカウンティの財政危機を中心に論じてきた。最後に，これまで述べたことを整理しておくことにする。

第1に，90年代のカリフォルニア州の経済，財政の状況についてである。90年代初めの景気後退と冷戦終結による軍事基地の閉鎖等の影響を受け，州内総生産額の伸び率はマイナスとなり，失業率も上昇した。これを受け，財政状況も悪化し90-91年度から4年度連続で財政赤字を記録した。他州と比較しても財政危機の期間と規模は深刻なものであった。しかし，90年代中盤から景気は徐々に回復していき，財政状況も大きく改善した。

そうした中で，州・地方政府の財政規模，課税水準も引き上がっていき，提案13号以前と同程度の水準まで回復していったのである。

第2に，90年代の財政提案についてである。80年代同様，住民や議会から財政提案が提起され，カリフォルニアの州，地方財政に大きな影響を与えること

になった。この時期，2つの非常に対照的な提案が現れた。1つは議会側から提起された提案111号でもう1つは住民側から提起された提案218号である。提案111号は州・地方政府に歳出制限を課した提案4号を緩和するためのもので，ハイウエー整備の推進を目的にガソリン税を歳出制限対象予算から除外したのであった。これにより，90年代は歳出制限の上限に制約されることなく，州政府は歳出額を伸ばすことができたのであった。他方，提案218号は地方一般税の増税要件に住民投票を加え，「疑似的な税」のような役割をしていた料金にも明確な定義を付し住民投票を課したのであった。提案218号が課されたことで，過去に理事会で増税を決定した税も再度，住民投票にかけられることになり，地方政府の財源調達力を低下させると危惧された。このように，90年代は，「小さな政府」の流れに反転して歳出制限を緩和する動きと提案13号の精神を継いで課税制限を強める逆の動きが現れたのである。

　第3に，90年代の財政危機に対する州政府の対応についてである。厳しい財政危機に直面した州政府は，増税，歳出削減，地方政府への負担転嫁を通じて，財政を均衡化させようとした。増税は所得税と売上税で税率の引き上げが行われた。提案13号の可決以降，増税への抵抗は高まったものと思われるが，財政危機時には「増税コンセンサス」が議会内で形成された。増税にサンセット条項を設ける工夫が合意形成を助けることになった。経費の削減は，福祉費の場合は生計費調整の停止，受給資格の厳格化，高等教育費の場合は州立大学への補助金の削減等が行われた。住民提案98号によって最低保障額が守られていたK-14教育費も定式操作による粉飾的な手法で経費が削減された。さらに，地方政府への負担転嫁も行われた。州とカウンティの間での福祉経費と財源の交換や地方政府間の財産税の付け替えによる経費の削減が行われたのである。増税や経費削減といったオーソドックスな方法だけでなく，地方政府に負担を転嫁して州の財政を健全化させる方法も採られたのである。提案13号後の地方政府の財政自治権の弱体化を示す証左となった。

　第4に，90年代のカウンティ財政の悪化とオレンジカウンティの財政破綻についてである。カウンティ財政は従来から財産税への依存度が高かったため，提案13号の課税制限で大幅な減収が生じた。多くは州補助金により補てんされたが，州からのマンデイト負担も多かったため財政ストレスがかかった。そう

した中，新たな財源の途として，州はカウンティの資金運用の規制緩和を行ったのであった。この規制緩和に乗じて，オレンジカウンティは積極的にデリバティブ投資を行った。当初は投資に成功して，財産税収に迫る利子所得を獲得できたものの，連銀の金利引き上げにより多額の損失が発生した。オレンジカウンティは94年に連邦破産法第9章に則り破産申告を行った。アメリカ地方財政史上最大の破綻例となった。財政破綻の危機から比較的短期に抜け出せたものの，公共施設の一部閉鎖や職員のリストラ等の影響は受けた。まさにオレンジカウンティの破産は提案13号がもたらした予期せぬ副産物となった。

注

(1) Savage (1992), pp. 82-83 参照。
(2) Chapman (1995), p. 106 参照。
(3) LAO (1999), p. 21 参照。
(4) *Ibid.*, p. 30 参照。
(5) 90年代の人口の年間増加数は以下の通りである。91年の場合，前年と比較し59.6万人増加したが，その後他州や他国からの流入人口が減少したため95年の増加数は15.0万人に留まった。その後，96年以降，増加数は増え99年は54.9万人まで回復し，総人口数は3379万6000人となった。California Department of Finance (2001), p. 11 参照。
(6) サーヴィス業には事業者向けサーヴィス，医療・法律・会計等の専門サーヴィス，ホテル，観光，アミューズメント，映像製作等，多様な産業が含まれるが，最も急速にこの間成長したものは事業者向けサーヴィスで，ソフトウエア設計やコンピューター関連サーヴィスが分類される。LAO (1998a), p. 4 参照。
(7) 政府規模が復位した理由として「(提案13号を契機に)カリフォルニア州政府の値段が著しく減ると同じように，行政サーヴィスも悪化していく。そこで20年前に州民はおカネを支払いながら，値段を全米レベルに徐々に上げ戻すことで，行政サービスの改善を要求し始めたのである」と述べている。オズボーン，ハッチンソン (2013)，pp. 87-88参照。
(8) Buchanan (1979), p. 691 参照。
(9) ブレナン，ブキャナン (1984)，pp. 32-33.
(10) ブキャナンは「とんま (blunderbuss) なジャービス・ギャンタイプ」の税率制限よりも所得の伸び率に課税制限するプランの方が魅力的と表現していた。*Ibid.*, p. 694 参照。
(11) California Secretary of State (1990), pp. 18-19, pp. 61-62 参照。
(12) 料金で財源調達された経費は歳出制限の対象外となるので，料金化を促した。

⒀　この中には，州から学区やコミュニティ・カレッジに配分するK-14教育費向けの補助金，州が地方政府に替わって徴収している税（自動車免許料）のうち地方政府への譲与分が含まれる。カウンティ，市への補助金とは異なる。
⒁　Working Partnership USA（2006），pp. 39-41 参照。
⒂　労働組合は提案111号が歳出制限を引き上げることで支持をしていた。カリフォルニア教員組合は，提案111号は提案98号の最低保障水準を引き下げるものとして反対の立場をとっていたが，教育財源を増やす知事のプラン（クラス規模の削減）に妥協し賛成に転じた。EdSource（1990），p. 3 参照。
⒃　California Secretary of State（1990），p. 20 参照。
⒄　1989年にサンフランシスコはマグニチュード7.1の大地震に襲われ，フリーウエーの補修の必要性が住民に認識された点もあった。
⒅　Kousser, McCubbins and Rozga（2009），pp. 302-303 参照。
⒆　毎年度定式1以上に教育財源が確保されているため，1988-89，2011-12年度以外では定式1は採用されていない。
⒇　定式3は近年では2006-07年度，2007-08年度，2008-09年度で採用されている。
㉑　住民投票の要件を回避するため分担金で一般政府サーヴィスを調達することもなされた。
㉒　Working Partnership USA（2006），p. 88 参照。
㉓　提案62号から提案218号に至る経緯については，League of California Cities（2007），pp. 5-7.
㉔　1993年のフィッシャー対アラメダカウンティ（Fisher v. County of Alameda）判決。
㉕　LAO（1996），pp. 41-50 参照。
㉖　ガス，電気，デベロッパーに課されている料金も免除されるとした。
㉗　ただし，カリフォルニア州の地方政府は税，分担金，料金で500億ドル以上を調達しているので影響額として大きくない。*Ibid.*, p. 8 参照。
㉘　Working Partnership USA（2006），p. 89 参照。
㉙　Tranter（2006），p. 121 参照。
㉚　前年度繰入金に調整額を加えたもの。
㉛　年度末収支＝利用可能財源（＝一般基金歳入額＋前年度繰越額）－一般基金歳出額
㉜　便宜上，歳入出の金額は100万ドルを単位に四捨五入した値を掲載した。
㉝　2004年に6.25％に税率が引き上げられるまで，6.00％の税率を超えることはなかった。
㉞　後で述べるように経費削減のためにAFDCの受給資格を厳しくした面もある。
㉟　健康・福祉費は94-95年度から99-00年度にかけて139.4億ドル（歳出の33.2％）から175.1億ドル（26.3％）にしか増加しなかった。
㊱　Chapman（1995），p. 114 参照。

⑶7) これらの税は一般基金に区分される税だけでなく，特別基金の税も含まれる。自動車免許料は州憲法で，カウンティ，市の目的財源であると規定してあるので，増税分は地方の財源となった。
⑶8) 税率の内訳は，①0.5％分が州の一般基金の臨時財源，②0.25％分が州一般基金の財源，③0.5％分がカウンティに配分される財源となった。カウンティに健康・福祉費と交換で配分した。
⑶9) Decker（2009），pp. 76-77 参照。
⑷0) 州憲法は州・地方政府が家庭で消費する目的の食料品への課税を禁じている。
⑷1) 福祉経費の削減については LAO（1991），pp. 34-36，LAO（1992），p. 43 参照。
⑷2) 93年の AFDC，SSI の給付水準は人口の多い全米10州（ニューヨーク州，テキサス州，フロリダ州等）と比較して最も高かった。LAO（1993a），pp. 12-13 参照。このため，他州民，移民からの福祉マグネットとなっていたという評価もある。
⑷3) Medi-Cal の受給資格は AFDC の受給を基に決定されているので，AFDC 給付金が削減されると AFDC の受給者も減り，Medi-Cal の受給者も自動的に削減される。LAO（1991），p. 36 参照。
⑷4) 具体的には以下のように説明できる。90-91年度予算では教育費の最低保障額は定式2を根拠に算定され，167億ドルが見積もられた。予算決定後，景気の悪化で税収見込みが43億ドル下がったため，定式3の適用条件を満たすことになった。定式3に変更すれば最低保障額は153億ドルに低下し，13億6600万ドルの余剰が発生することになった。一方，91-92年度予算編成時には最低保障額（定式2）は184億ドルであったが，税収不足で172億ドルしか教育財源は確保できなかった。このため不足分12億3300万ドルを前年度の余剰額（13億6600万ドル）から資金の返済を受けたと見なして，財源を確保したのである。*Ibid.*，pp. 20-22 参照。
⑷5) Savage（1992），p. 93 参照。
⑷6) LAO（1993b），p. 1 参照。
⑷7) 例えば，AFDC（里親給付分）の財源負担は従来，州95％：カウンティ5％であったが40％：60％に変更され，在宅支援サーヴィスの場合は州97％：カウンティ3％が65％：35％となった。LAO（1991），p. 16 参照。
⑷8) 将来的には健康・福祉サーヴィスの受給者の拡大が予想され，財政的に苦境にあったカウンティを圧迫する要因になるという評価（Savage（1992），p. 94）もあれば，カウンティに売上税のような安定財源とプログラムを管理する権限が与えられるため影響は小さいとする見解（Chapman（1995），p. 128）もあった。
⑷9) Alamo, Uhler and O'Malley（2014），p. 1 参照。
⑸0) 第2章で述べた提案172号公共安全売上税補助金を参照。
⑸1) もう1つカウンティの財政ストレスを高めたものに1982年の下院法799号がある。これによって精神障害者向け医療サーヴィスは州からカウンティに移管された。国内外から人口が流入するにつれて，このコストが増大していき，財政的にカウンティを圧迫したとされた。Baldassare（1998a），p. 65 参照。

⑫ 92年のロサンゼルス暴動はカウンティの警察費，矯正費の上昇要因となった。
⑬ California Journal (1994) 参照。
⑭ LAO (1995a) 参照。
⑮ それ以外の債券については理事会の過半数の賛成が必要であった。
⑯ Baldassare (1998a), pp. 71-72.
⑰ 例えば預金を商業銀行，貯蓄・貸付信託組合（Savings and Loans, Credit Unions），産業融資会社（Industrial Loan Company）など安全な機関に預けることにしていた。*Ibid.*, p. 71.
⑱ 他方，カウンティの資金運用に対するチェック機能も弱められた。1933年の上院法133号では州は基金を積立ている地方政府の財務官に「季刊投資報告書（quarterly investment report）」の提出を義務づけていたが，83年の上院法389号では地方政府が財務官に報告を求められた時に限って発行することに変更された。しかし，サンノゼ市の投資の失敗を受け84年に下院法1073号で「投資報告書（investment report）」の発行を義務づけた。だが同法にはサンセット条項が付けられていたため，91年には失効していた。*Ibid.*, p. 74 参照。
⑲ *Ibid.*, pp. 73-74.
⑳ 邦文献では，大寺（2001），渡部（2004）が詳しい。
㉑ 白人・非ヒスパニックの割合が65％，ヒスパニック系23％，アジア系10％。ヒスパニック系住民の数は56.4万人で全米のカウンティでは6位，アジア系住民は24.9万人で全米4位である。オレンジカウンティの社会構造，政治文化の分析については，*Ibid.*, pp. 33-46 参照。
㉒ 財産税率は純課税評価額（net taxable assessed value）100ドル当たりの財産税額で算出。数字の出所は California Department of Finance (1978), p. 153 参照。提案13号後の住民1人当たりの財産税の配分額は Baldassare (1998a), p. 65 より算出。
㉓ 80年代から90年代初めにカリフォルニア州に来た移民の多くはロサンゼルス，オレンジ，サンタクララ，サンディアゴ，サンフランシスコ，アルメダの6つのカウンティに集中した。
㉔ 財務収税官は公選職で，シトロンは24年もの間，その職に就いていた。
㉕ *Ibid.*, p. 92 参照。
㉖ 大寺（2001），p. 124参照。
㉗ 例で言うと次の通り。シトロンが，100万ドルの短期債（利率6％）を購入し，これを担保に金融機関から短期借入（利率5％，期日180日）を行う。そして，この資金で長期債（利率7％）を購入し，この長期債を担保にもう180日，5％の金利で借入れを行う。さらに，この借入金を使って7.5％の長期債を購入し，さらにもう180日，5％の金利で借入れを行うといった手法である。*Ibid.*, pp. 90-91 参照。
㉘ *Ibid.*, p. 102 参照。メリルリンチ社からシトロンは投資アドバイスを受けていたが担当幹部から「低金利はほぼ永久的に維持されると説得」されたと言われている。自治体国際化協会（2008），p. 63。

⑹⑼　地方政府の破産とは，債務が償還できない場合か，今後，償還できない場合を言う。破産申請が破産裁判所に申請されると，債権回収が禁止され，債務者の資産は保全される。また，地方政府の職員や納税者である住民から債権を回収することは禁じられており，債権者保護の度合いが少ない。坂田（2007），pp. 6-7参照。
⑺⓪　Baldassare（1998b），p. 6 参照。
⑺⑴　連邦，州補助金や料金など特定財源を収入とするマンデイト予算を除いた。
⑺⑵　裁量的な歳入の減少に追い打ちをかけるのが債務の返済であった。税収の10％から15％は公債費に充当しなければならなかった。LAO（1995b），p. 7.
⑺⑶　「医療ケアや福祉，警察，消防，救急などの公的サーヴィスは維持されたが公園，図書館，一部の学校などは削減が余儀なくされた」。自治体国際化協会（1989），p. 64参照。
⑺⑷　連邦，州補助金等を含めた一般基金全体の削減額は前年度比でわずか4.7％と推計されていた。*Ibid.*, p. 6 参照。
⑺⑸　Baldassare（1998a），pp. 138-139 参照。

第6章
ドットコム・バブルの崩壊と知事のリコール
―― 2000年代前半 ――

はじめに

　90年代中盤以降，カリフォルニア州は，景気が回復し財政状況も好転した。この時期，シリコンバレーのIT産業や製造業で輸出が拡大し，州経済は大きく成長することになった。また，景気の拡大は巨額の税収を州財政にもたらすことになった。提案13号以降，州税制は他州と比べ個人所得税に依存する景気弾力的な構造となっていたためである。[1]

　この税収で教育や福祉の充実が図られたが，2000年のドットコム・バブル (dot-com bubble) の崩壊で，再びカリフォルニア州は厳しい財政危機に陥ることになった。しかも，財政健全化におけるグレイ・デーヴィス (Gray Davis) 州知事の失政が批判され，全米史上稀な知事のリコールが成立することになった。

　さて，本章の課題はドットコム・バブルの崩壊と州知事リコール問題を素材に，2000年代前半のカリフォルニア州・地方財政の特徴を明らかにすることである。そのために，次のような構成で議論を行うことにする。

　まず，第1節では，90年代後半から2000年代前半のカリフォルニア州経済の状況とこの時期に提案された財政提案について検討する。次に第2節では，2000年代前半の財政危機の原因と影響について論じ，第3節ではデーヴィス知事の下，進められた財政健全化策について検討する。さらに第4節では，デーヴィス知事の財政運営に対する不満を背景に展開されたリコール運動と，その後誕生したシュワルツネッガー知事の財政運営について検討することにする。

第1節　2000年代前半のカリフォルニア州経済と財政提案

(1) 州経済の動向——ドットコム・バブルの崩壊と電力危機

　1991年3月以降，アメリカ経済は戦後最長の景気拡大を記録した。この時期，国内外からの株式市場への資金流入が株価を押し上げ，情報・通信産業分野への積極的な設備投資を促した。また，個人消費も低インフレと株高による資産効果によって増加し，長期の景気拡大を支えることになった。この良好な経済状況の中，「景気循環は消滅し永続的な成長がもたらされる」とするニューエコノミー論が脚光を浴びた。

　しかし，2000年4月のドットコム・バブルの崩壊を機に景気は減速に転じた。図6-1に示すようにネット企業が上場するナスダック市場の総合指数は2000年初めには4500ドル台（2000年3月10日は史上最高値の5048.62ドル）を超える水準であったが，4月の大手ヘッジファンド（ジャガーファンド）の破綻，マイクロソフト社の独禁法訴訟の敗訴を契機に，5月には3400ドル台の水準に暴落した。株価の下落はその後も続き2002年には1100ドル台の水準まで落ち込むことになった。

　このドットコム・バブルの崩壊はそれまで景気拡大をけん引してきた情報・通信産業分野への投資を減少させ，多くのネット産業は倒産やリストラに追い込まれることになった。さらに，翌年9月の9.11同時多発テロの勃発は景気の悪化に追い打ちをかけた。個人消費も低下し，実質GDP（2000年ドル）の成長率は2000年の3.7％から2001年には0.5％に低下し，失業率も同期4.0％から4.7％に悪化したのであった。

　カリフォルニア州経済も同様の軌跡を辿った。90年代半ば以降，景気は拡大し失業率も改善していった。州経済の成長をけん引したのはシリコンバレーを拠点とするハイテク型の貿易関連産業であったが，90年代後半には人口の増加や個人消費の伸びを反映して，建設，金融，小売，サーヴィスと幅広い分野で成長が見られた。しかし図6-2に示すように，ドットコム・バブルの崩壊と製造業の輸出低迷によって，2001年にはマイナス成長（-0.4％）に転じ，失業率も2003年には，6.8％と悪化していた。

第6章　ドットコム・バブルの崩壊と知事のリコール

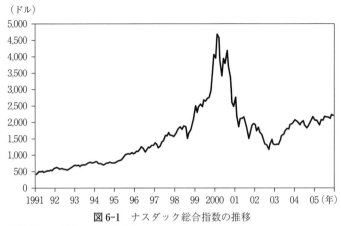

図6-1 ナスダック総合指数の推移

出所）Finance Yahoo.com より作成。

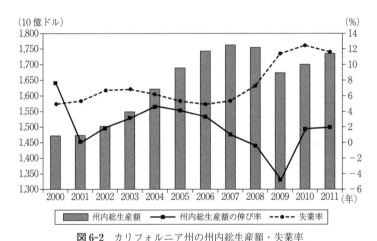

図6-2 カリフォルニア州の州内総生産額・失業率

出所）California Department of Finance, Summary Schedules and Historical Charts, Table. C-1, D-1 より作成。

　州内 GDP を産業部門別に見ると，2001年には製造業（－10.4％）――中でも，コンピューター・家電製品は－14.6％の減少――，専門・技術サーヴィス業（－23.6％），情報産業（－0.1％）といった分野で落ち込みが大きく，これらの部門における就業者数も大きく低下することになった[7]。とりわけ，シリコンバレーを抱えるサンタクララカウンティの状況は深刻であった。雇用者数は99年92万9300人から2003年には77万9200人に減少し失業率も3.1％から8.3％に

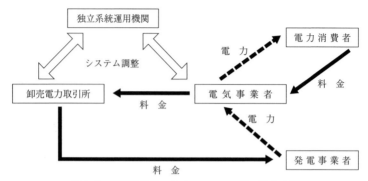

図 6-3 規制緩和後のカリフォルニア州の電力市場

出所）Ibele（2002），p. 16 参照。

跳ね上がった。

　ところで，この間，州の経済，財政に大きな影響を与えた出来事として電力危機（electricity crisis）の問題がある。カリフォルニア州では96年に下院法1890号を州議会で可決した。これは，市場競争を導入して電力料金を引き下げる目的で作られた法律で，従来，電力会社が行ってきた発送電事業を分離し，発電事業に市場参入を促そうとしたものであった。その仕組みは次のようなものである（図6-3）。

　①まず，電気事業者（Investor-Own Utilities）――南カリフォルニア・エジソン社，パシフィック・ガス＆エレクトリック社（PG&E），サンディエゴ・ガス＆エレクトリック社――は発電事業者に発電施設を売却する。

　②卸売電力取引所（Power Exchange, PX）を設置し，電気事業者はPXを通じて，発電事業者から電力を購入する。

　③独立系統運用機関（Independent System Operator）を設置し，送電網の運用，電力需要の監視を行い，PXに予想電力需要を伝達する。

　④電気事業者は電力消費者に対して電気料金を設定する。2002年12月まで消費者への小売価格にはキャップ制を課すが，発電事業者から購入する卸売価格にはキャップを課さないとした。

　規制緩和当初，電気事業者の所有する発電所は発電事業者に売却でき，PXを通じて電力の売買が行われていた。電気事業者は卸売価格と小売価格の間で適正なマージンが取れたため，小売の電力料金を引き下げることができた。規

制緩和の効果はこの時点では見られたのである。

　しかし，2000年になると事態は一転した。州の経済成長，少雨による水力発電所の供給不足，環境規制による発電所の停止，送電施設の老朽化，さらに発電施設の建設認可の遅れといった様々な要因を背景に，電力の需給が急激にひっ迫していったのである。[10]

　この需給のひっ迫は卸売電力価格を大幅に引き上げる結果となった。2000年4月は1メガワット時当たり30ドル程度であったが，6月には100ドル以上になり，さらに11月には最高450ドルまで上昇していった。[11]もっとも，卸売価格の急騰は電力消費者の小売価格に一部しか転嫁できなかった。先にも述べたように，小売価格にはキャップ制が課されていたため低く据え置かれていたのである。そのつけは電気事業者に回ってきた。卸売価格と小売価格で逆ざやが発生したために，巨額の負債を抱えることになったのである。PG&E，南カリフォルニア・エジソン社の2社は経営危機に陥り，全米最大規模を誇るPG&E社は4月に倒産することになった。また，電力不足から2001年1月，3月には計画停電が地域的に実施され，州経済は深刻な影響を受けることになった。

　州政府は電力危機を解決するために，経営難にあった電気事業者に代わり，2001年1月から8月にかけて，発電事業者から電力を購入することになった。州政府は100億ドルもの財源を投じ発電事業者から電力を購入し，これを30億ドルで電気事業者に販売し，電力供給を維持したのである。つまり，州財政は約70億ドルもの負担をすることになったのである。[12]後に見るようにこの時，一般基金の歳入を流用して，財源の補てんが行われた。その後，この補てん額は一般基金に返済されたため財政的な影響は一時的であったが，電力危機の政治的な影響は大きく，州知事の評価を落とすことになり，知事に対するリコール運動の背景となった。

（2）財政提案と州・地方財政への影響

　次に，この時期，提案された財政提案について検討することにしよう。これらの提案には以下のものがある。①自動車燃料に対する州売上税を恒久的に道路等の目的財源化した提案42号（2002年），②学校の課外授業プログラムへの財源を与えた提案49号（2002年），③均衡予算を課した提案58号（2004年），④

精神衛生プログラムの財源調達を目的に富裕層に所得税付加税を課した提案63号（2004年），⑤地方政府の課税権に対して州が制約を与えることを禁じた提案1A（2004年）である。⑤の提案1Aについては第4節に説明を譲り，それぞれの提案の内容について紹介しよう。

まず，提案42号である[13]。これはガソリンに対する州売上税収を恒久的に道路や公共交通機関（以下道路等）に対する目的財源とする提案である。ガソリンに対する州売上税収は2000年の交通混雑救済プログラム（Transportation Congestion Relief Program）の下では，道路等に対する臨時的な目的財源とされていた。その期間は2003-04年度から2007-08年度の間で，2008-09年度以降は一般財源化される予定であった。そこで提案42号は2007-08年度までの目的税化を州憲法で規定し，それ以降もこの措置を恒久化するとしたのである。

提案の支持者はカリフォルニア州自動車協会（California State Automobile Association），カリフォルニアハイウエーパトロール（California Highway Patrol），カリフォルニア消防署長協会（California Fire Chiefs Association）で，キャンペーン資金（700万ドル）の多くは建設会社や労働組合が担った。提案を支持した理由として，①ハイウエー建設が進み，道路の安全性も高まる[14]，②ガソリンを購入する時に支払う売上税を道路財源に充てることは合理的である，③道路投資はカリフォルニア経済を回復させるといった理由が挙げられた。

反対者はカリフォルニア教員組合，サーヴィス従業員国際組合（Service Employees International Union）等であった。反対の理由として，①道路等への目的財源化は教育，健康，治安サーヴィスの財源を12億ドルも失わせる，②恒久的に目的財源化されれば，将来のニーズの変化に対応できなくなるといったことが挙げられた。しかし，大きな反対もなく，賛成335万5553票（69.1％），反対150万3727票（30.9％）で可決された。

次に，提案49号である[15]。これは州の一般基金から学校の課外活動に4億4500万ドルを支出することを義務づけた提案である。提案の支持者はハリウッドスターのアーノルド・シュワルツネッガー，カリフォルニア教員組合，カリフォルニア州保安官協会（California State Sheriffs Association）等である。これらの個人，団体が提案49号を支持した理由は，課外プログラムの充実が若者のギャング活動や薬物乱用を減らし，学校の成績を改善する効果があると考えたため

である。

　一方，提案の反対者にはカリフォルニア女性投票者連盟（League of Women Voters of California）等の団体があった。反対した理由は，州政府の財源がこのプログラムに固定されるため，予算編成が硬直化すると危惧したからであった。大きな反対運動はなかったことと，キャンペーン活動に多額の寄付（1130万ドル，うちシュワルツネッガーが150万ドル寄付）が寄せられたこともあって，住民投票では賛成394万6448票（56.7％），反対302万3433票（43.4％）で可決された。[16]

　3番目は，提案58号である。[17]この提案は財政規律に関わる提案で，第4節で検討する提案57号とセットの議会提案である。

　具体的な内容は，①州議会に均衡予算（balanced budget）の可決を義務づける，②知事が財政緊急事態（fiscal emergency）を宣言した場合，議会に対して財源不足に最優先で対応することを命じる権限を与える，③予算安定化基金（Budget Stabilization Account, BSA）を設置する，④財源不足を解消する目的での長期債の発行を禁じる，としたものである。

　上記の内容を補足しておく。まず①については，州憲法上，州知事は議会に対して均衡予算を提案する義務が課されていたが，議会は均衡予算案を可決し，知事に送付する義務はなかった。そこで①の規定で歳入見通しと歳出予算案の一致を義務づけたわけである。

　②については，憲法上，予算の執行過程で歳入欠陥が発生してもこれに対処する手段を講じるよう定めていなかった。そこで②の規定で知事に権限を与えて，予算執行過程で財源不足が生じた場合には，特別会（臨時議会）を招集し解消策を提案させるようにしたのである。強制力を持たせるため，議会が45日以内に解消策を提案しなかった場合には，知事は議会の議決権を制約できるとした。

　③については，憲法でも緊急時に備えて積立基金を設置することを認めていたが，積立の条件や規模について規定していなかった。そこで③ではBSAを設置して，毎年度，一般基金予算の一定割合をBSAに積立てるとした。積立割合は2006-07年度が一般基金の1％（約8億5000万ドル），2007-08年度が2％，2008-09年度が3％と増加させていき，最終的にBSAの規模が一般基金の5％（もしくは80億ドル）になるまで積立てを継続すると定めていた。[18]なお，積

立金を取り崩す場合は，議会の過半数の承認と知事の許可が必要であると規定していた。

④は経済回復債（Economic Recovery Bond）の発行を内容とした提案57号の承認を前提としたものであった。提案57号が承認され財政赤字を解消する目的で経済回復債（上限150億ドル）が発行された後は，上記の④に示された長期債の発行を将来，認めないとしたのである。この長期債には一般財源保証債，レベニュー債等を対象としており，短期債やワラント債は除外していた。

提案58号の支持者はシュワルツネッガー知事，カリフォルニア州商務省，州下院議員のハーブ・J・ウエッソン議長（Herb J. Wesson），下院予算委員会のジェニー・オロペザ（Jenny Oropeza）議長であった。賛成の理由として，州議会が税収に見合わない歳出案を可決しなくなり，財政赤字の問題が解消できる点や経済回復債の発行と提案58号の可決が現下の財政危機を解決できる道であるといった意見が挙げられた。

反対者はサンタバーバラカウンティ納税者協会（Santa Barbara County Taxpayers Association），サンディアゴ・タックスファイター（San Diego Tax Fighters）で，その理由は提案58号が提案57号を前提としたものであったため，巨額な赤字州債の発行を認めることへの反対であった。住民投票では賛成453万5084票（賛成71.7%），反対184万1138票（反対28.3%）で圧倒的な支持を得て可決された。

4番目は，提案63号である。[19]これは100万ドル以上の課税所得を有する納税者に対して現行の最高税率9.3%に1%の所得税率（すなわち10.3%）を付加し，カウンティの精神医療プログラムの財源とする提案である。2004-05年度7億5000万ドルの財源が見込まれ，対象となる納税者は2万5000人から3万人とされた。1%分の税収は精神医療サーヴィス基金に積み立てられ，カウンティの精神医療費に支出される。[20]基金は毎年度の州予算編成の影響は受けず，その積立額は知事，議会が変更できないとされた。

この提案を支持したのは，カリフォルニア看護協会（California Nurses Association），カリフォルニア警察署長協会，カリフォルニア教員組合，カリフォルニア州PTA（California State PTA），カリフォルニアメンタルヘルス協会（Mental Health in California）といった団体であった。支持した理由は，100

万人(子供も含む)の州民が心の病を患っているが，必要な治療を受けていない。提案63号で精神病治療が充実すれば，社会復帰が可能となり，メディケア，ホームレスの収容所等の経費も削減できるといったものであった。これらの団体から470万ドルのキャンペーン資金が寄付された。

一方，反対者は共和党の州下院議員のレイ・ヘインズ（Ray Haynes）と全米課税制限委員会（National Tax Limitation Committee）等であった。反対の理由は，少数の富裕者に負担を課せば，州外への移転を促すことに繋がる。移転した場合，負担の多くは一般の住民に対する増税か経費削減の形で転嫁されるといったものであった。しかし反対運動への寄付は2万8000ドルと少額であった。この種の提案に通常，反対している企業団体は別の提案（提案72号）のキャンペーン活動に精力を傾けていたため，反対運動には動かなかったのである。(21)そのことが奏功して提案63号は州民投票の結果，賛成619万1691票（53.7％），反対533万7216票（46.3％）で可決されることになった。

このように2000年代前半も，財政提案によって目的財源化（提案42号，提案63号）や歳出の使途の特定化（提案49号），さらに均衡予算や基金積立ての義務化といった仕組みが州予算制度の中に組み込まれていったのであった。直接民主主義が州の予算の優先順位や財政運営をますます制約する投票箱型予算編成の色彩を強めていったのである。

第2節　州財政の推移と財政危機の原因

90年代後半の経済成長を反映し一般基金の歳入，歳出は高い伸びを示していたが，2000年代前半，景気が後退する中，州財政の状況も悪化した。

2001-02年度には35.4億ドル，一般基金歳出比で－4.6％の巨額の財政収支の赤字が生じた（表6-1）。この時期，他州でも景気後退によって財政状況が悪化し，州全体の年度末収支は大きく減少していたが，年度末収支が赤字となった州はカリフォルニア州を含めわずか3州であった。(22)

カリフォルニア州が財政赤字に陥った原因は何であろう。表6-2に示すように，この年，歳入が歳出を下回り形式的な収支（＝歳入－歳出）も45.1億ドルの赤字であったことが大きな原因である。それに加え，前年度の形式的な収支

表 6-1　カリフォルニア州政府の一般基金の推移

(単位：100万ドル，％)

	一般基金歳入	対前年度伸び率	一般基金歳出	対前年度伸び率	財政収支	財政収支/一般基金歳出
2000-01	71,428	-0.7	78,053	17.4	1,310	1.7
2001-02	72,239	1.1	76,752	-1.7	-3,535	-4.6
2002-03	80,564	11.5	77,482	1.0	679	0.9
2003-04	76,774	-4.7	78,345	1.1	2,847	3.6
2004-05	82,210	7.1	79,804	1.9	9,112	11.4
2005-06	93,427	13.6	91,592	14.8	10,071	11.0
2006-07	95,415	2.1	101,413	10.7	3,015	3.0
2007-08	102,574	7.5	102,986	1.6	1,296	1.3
2008-09	82,772	-19.3	90,940	-11.7	-7,391	-8.1
2009-10	87,041	5.2	87,237	-4.1	-6,113	-7.0
2010-11	93,489	7.4	91,549	4.9	-3,797	-4.1
2011-12	87,071	-6.9	86,403	-5.6	-2,233	-2.6
2012-13	99,915	14.8	96,562	11.8	1,573	1.6
2013-14	102,185	2.3	100,711	4.3	2,948	2.9
2014-15	105,488	3.2	107,988	7.2	450	0.4

出所) California Department of Finance, Summary Schedules and Historical Charts, Chart. A より作成。

表 6-2　カリフォルニア州の財政収支の状況

(単位：100万ドル)

	一般基金歳入①	前年度繰越調整額②	利用可能財源③(=①+②)	一般基金歳出④	年度末収支③-④	形式的な収支①-④	財政収支
2000-01	71,428	9,408	80,836	78,053	2,783	-6,625	1,310
2001-02	72,239	2,380	74,618	76,752	-2,134	-4,513	-3,535
2002-03	80,564	-1,474	79,089	77,482	1,607	3,082	679
2003-04	76,774	5,060	81,934	78,345	3,589	-1,571	2,847
2004-05	82,210	7,228	89,438	79,804	9,634	2,406	9,112
2005-06	93,427	8,981	102,408	91,596	10,812	1,832	10,071
2006-07	95,415	9,898	105,313	101,413	3,900	-5,998	3,015
2007-08	102,574	2,787	105,361	102,986	2,376	-412	1,296
2008-09	82,772	2,314	85,086	90,940	-5,855	-8,168	-7,391
2009-10	87,041	-5,147	81,894	87,237	-5,343	-196	-6,113
2010-11	93,489	-5,019	88,470	91,549	-3,079	1,940	-3,797
2011-12	87,071	-2,282	84,789	86,404	-1,615	667	-2,233
2012-13	99,915	-826	99,090	96,562	2,528	3,353	1,573
2013-14	102,185	2,429	104,614	100,711	3,903	1,474	2,948
2014-15	105,488	3,903	109,391	107,987	1,404	-2,499	450

出所) 表 6-1 に同じ。

も赤字であったため，2001-02年度の前年度繰越調整額（94.1億ドル→23.8億ドル）が減少したこともあって，年度末収支並びに財政収支は赤字となったのである。

この財政赤字は翌2002-03年度に繰越され，前年度繰越調整額は－14.7億ドルとなったが，一般基金の歳入が805.6億ドル（11.5％）に増加し，歳出の伸びも抑制（前年度比で1.0％）されたことで，形式的な収支も財政収支も黒字に回復している。

ところで，この時期はドットコム・バブルの崩壊の影響で経済成長がマイナスを記録した時期である。後に見るように，租税収入はそれを反映して大きく落ち込んでいる。大幅な税収減を補てんし歳入水準を増加できたのはなぜであろうか。2000-01年度から2002-03年度の財政状況を詳しく検討することにしよう。

（1）2000-01年度財政──電力危機と一般基金からの繰入れ

まず，景気後退前の2000-01年度財政の特徴である。90年代中盤から歳入は高い伸び率を示していたが，この年度では前年度割れし719.3億ドルから714.3億に－0.7％減少している（表5-6，表6-1）。原因は景気の低迷による租税収入の低下ではない。景気の影響が現れるのは翌年度以降で，この年度では租税収入は700.3億ドルから756.7億ドルに増加していたのである（図6-4）。歳入が減少した理由は電力危機に伴う税外収入の低下によるものであった。

先にも説明したように，カリフォルニア州ではこの時期，発送電分離を目指した電力の規制緩和が裏目に出て，電気事業者は経営難に直面していた。このため州は電気事業者に代わり発電事業者から卸売電力を購入していたのである。電力購入は州の特別基金である水資源局（Department of Water Resources）の電力購入基金（Electric Power Purchase Fund）を通じて行われたが，州の一般基金から同会計へ62億ドルの繰入れが行われたため，一般基金の歳入が減少したのである。

その一方で，歳出は90年代後半同様，増加し続けた。664.9億ドルから780.5億ドルに前年度と比べ17.4％も増加することになった。主要経費である初等中等教育費（7.8％），高等教育費（14.1％），健康・福祉費（13.0％），矯正・更生

第Ⅱ部 「納税者の反乱」と現代カリフォルニア州財政史

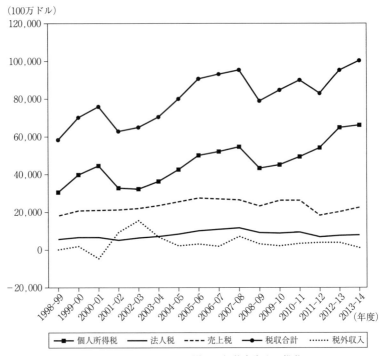

図6-4 カリフォルニア州の一般基金歳入の推移
出所）LAO, *Historical Date* 参照。

費（11.6％）の増加に加え，その他の項目（63.1％）でも大幅な増加が見られた（図6-5）。その他の項目には，交通混雑解消プログラムに対する15億ドルの支出と自動車免許料（Vehicle License Fee）の減収補てんに対する8.8億ドルの支出が含まれた。前者は道路や公共交通の整備費で，この年度に臨時的に増加したものであった。後者は後に詳しく述べるが98-99年度予算法から実施された自動車免許料の引き下げに伴う地方政府に対する減収補てん措置であった。

このように，電力危機に伴い歳入が前年度割れしたにもかかわらず，歳出の方は90年代同様のペースで増加したため，歳出が歳入を超過し形式的な収支は−66.3億ドルの赤字となったのである。この赤字分は前年度繰越額で補てんできたため財政赤字は回避できたが，財政収支は前年度86.7億ドル（一般基金歳出比13.0％）から13.1億ドル（1.7％）に減少し，次年度への繰越額も大幅に減少（前年度繰越調整額94.1億ドル→23.8億ドル）することになった。この財政収

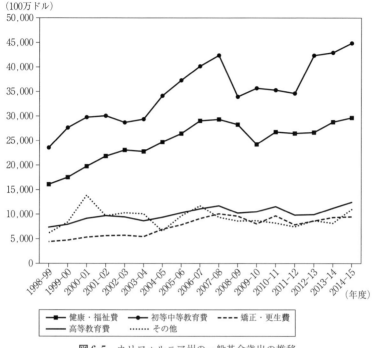

図 6-5 カリフォルニア州の一般基金歳出の推移
出所）図 6-4 に同じ。

支の減少が翌年度の財政危機時に影響することになる。

（2）2001-02年度財政——バブル崩壊と所得税の大幅な減収

次に，2001-02年度財政の特徴である。歳入は722.4億ドルで前年比1.1％とほぼ横ばいであった。租税収入は景気後退を受けて大幅に減収し，756.7億ドルから626.8億ドルと前年比−17.2％も低下したのである。しかし税外収入は前年度の水資源局に繰入れた財源62億ドルが一般基金に返済されたことで前年度の−42.4億ドルから95.8億ドルに大幅に増加することになった[23]。租税収入の大幅減少は税外収入の臨時的な増加で補てんされたことで歳入自体の減少は免れたのである。

さて，租税収入の減少の原因について詳しく見ることにしよう。租税収入の減少は個人所得税の減少によるもので，446.1億ドルから330.5億ドルに低下し

表6-3 カリフォルニア州個人所得税の課税所得の構成

(単位：100万ドル，%)

	2000年度	割合	2001年度	割合	減少寄与率
賃金・給与	555,949	65.4	552,731	71.1	4.4
利子	24,660	2.9	24,418	3.1	0.3
配当	18,411	2.2	14,669	1.9	5.2
年金等	34,267	4.0	35,154	4.5	-1.2
純事業所得	38,209	4.5	37,010	4.8	1.7
資本資産売却益	117,966	13.9	49,107	6.3	94.9
パートナーシップ・S法人純所得	29,931	3.5	32,419	4.2	-3.4
その他	30,286	3.6	31,589	4.1	-1.8
合計	849,679	100.0	777,097	100.0	100.0

出所）State of California Franchise Tax Board (2002), p.15 参照。

前年度の約3/4の水準に落ち込んでいた。

個人所得税は90年代中盤以降の景気の拡大を受けて増加していたが，これほど大幅に減収した原因はドットコム・バブルの崩壊と深い関係がある。バブル崩壊前の2000年度（課税年度）の課税所得（調整後総所得（Adjusted Gross Income, AGI））は8496.8億ドルであったが2001年度には7771.0億ドルに急減している（表6-3）。減少の大きな理由は資本資産売却益によるもので，課税所得の構成比は13.9％から6.3％に半減している。また，減少寄与率も94.9％と高く，課税所得の減少のほとんどがこの資本資産売却益の減少によることがわかる。

資本資産売却益とはすなわち株式のキャピタルゲインのことである。図6-6に示すように，90年代の景気の拡大により個人所得税の課税所得は95年度4670.9億ドルから2000年度8295.5億ドルと1.8倍に増加したが，株価の上昇により資本資産売却益は同期211.9億ドルから1180.0億ドルと5.6倍に増加していた。この大きく膨らんだキャピタルゲインがドットコム・バブルの崩壊で一気に萎み所得税の減収を招いたのであった。

ところで，株価下落の影響を受けた所得としてもう1つ挙げられるのはストック・オプションである。ストック・オプションとは，会社が従業員に与える自社株を特定の期間，特定の価格で購入できる権利のことである。90年代，ドットコム企業では従業員への報酬の一部としてこのストック・オプションの利用が増えていた。株価上昇に連動して，ストック・オプションの価値も増大し

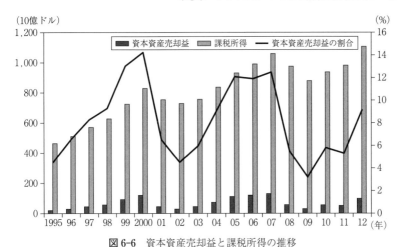

図 6-6　資本資産売却益と課税所得の推移

出所）State of California Franchise Tax Board (1997), p.12 他各年度版参照。

たためである。カリフォルニア州直接税委員会（Franchise Tax Board）の推計によると，ストック・オプションの金額は98年度（課税年度）350億ドルから2000年度には820億ドルまで上昇し，バブル崩壊後の2001年度は440億ドルに半減している。[25]

　ストック・オプションの税収への影響度としては代替ミニマム税（Alternative Minimum Tax, AMT）の面から捉えることができる。AMT とは，租税優遇措置により大幅に税負担を軽減される高額納税者に対して最低限の税負担を課す制度である。その仕組みは次の通りである。通常の所得税の課税所得を計算する際に控除されている適格ストック・オプションなどの項目を加算調整して AMT の課税所得を算出して，次いでこの課税所得から一定額を控除（夫婦合算申告者の場合，6万923ドル）し，これに7％の税率を課すとしたものである。

　図6-7に示すように2000年度の AMT の納税額は2億4300万ドルであったが，適格ストック・オプションによる納税額は2億720万ドルと約85％を占めていた。[26]つまり，所得税で課税されない適格ストック・オプションを AMT で課税し，AMT 納税額の大半を占めていたわけである。しかし，AMT もバブル崩壊によるストック・オプションの減収の影響を強く受けて，2001年度には4割弱の7600万ドルに減収していたのである。

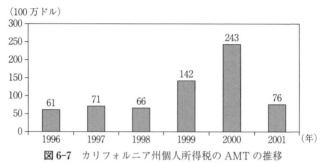

図 6-7 カリフォルニア州個人所得税の AMT の推移
出所) Prohofsky (2003), p. 1077 参照。

　次に，歳出の変化について述べよう（表6-1）。2001-02年度の歳出額は767.5億ドルで前年度と比べ－1.7％削減されている。90年代半ばから増加の一途を辿ってきた歳出にようやくブレーキがかかるようになった。もっとも，歳出の削減は昨年度，道路整備等で臨時的に増加した「その他の項目」で行われ，主要経費である初等中等教育費（対前年度伸び率0.6％），高等教育費（5.4％），健康・福祉費（10.3％），矯正・更生費（6.5％）は相変わらず増加していたのであった。租税収入が大幅に低下したにも関わらず，主要経費の削減が行われなかったのはなぜであろうか。

　議会分析局では，1998-99年度から2001-02年度までの4か年度の歳出の増加要因を分析している[27]。全体で189億ドル増加し，経費別に見ると，①K-14教育費50億ドル（26.5％），②高等教育費（短大を除く）27億ドル（14.3％），③福祉費18億ドル（9.5％），④医療サーヴィス40億ドル（21.2％），⑤減税補てん21億ドル（11.1％），⑥その他33億ドル（17.5％）に分けられる。いわゆる教育，健康・福祉の分野で増加額の約70％を占める。

　また，これらの経費が増加した要因を，「物価の上昇と人口増加による要因」と「プログラムの新設・拡充，サーヴィス水準の引き上げによる要因」の2つに分けて分析すると，増加額の約60％が前者の要因，残り約40％が後者の要因に分けられるとしている。費目別（ただし，この場合は対象時期が98-99年度から2002-03年度）に見ると，前者の要因で説明できる割合はK-14教育費の場合は約73％，高等教育費は約60％，SSI/SSPは約66％，Medi-Calは約74％とされた[28]。

90年代後半,租税収入がバブル景気によって毎年増加するに応じて,新規プロジェクトの創設やサーヴィス水準の引き上げが行われてきた。例えば,教員給与の引き上げやクラス規模の削減に伴う教員の増員,州立大学への補助金の増額,裁判所費負担の地方から州への移管,さらに自動車免許料引き下げに伴う減収補てん補助金の交付といった措置が採られたわけである[29]。しかし,そうした要因以上に,人口や物価による受給者数(もしくは生徒数),受給額の増加要因が強く働き,不可避的に歳出が増加したのである。このため,租税収入が低下したといっても,人口や物価の低下を伴っていなかったため,容易に経費削減にアクセルを踏むことができなかったのであった。

 以上,歳入,歳出の特徴について述べてきた。歳入は税外収入が増えつつも租税収入が減収したため前年度の水準と大きく変わらなかった。一方,歳出は租税収入が減少しつつも主要経費の削減が起こらなかったため,これも前年度の水準をわずかに下回った程度であった。このため,昨年度に引き続き歳入は歳出を下回り形式的な収支は45.1億ドルの赤字となった。しかし,前年度と異なり赤字を解消するための前年度繰越調整額の規模は小さかったため,2001-02年度は財政収支が赤字となったのである。この赤字をどのように解消するのかが次年度の財政運営における最大の課題となった。

(3) 2002-03年度財政──**赤字公債による財政均衡**

 さて,2002-03年度財政の特徴である。前年度に発生した財政赤字は当該年度に14.7億ドル分繰越されることになった。この赤字はどのように解消されたのであろうか。

 この年度では,歳入は805.6億ドルと前年比で11.5%も増加した半面,歳出は774.8億ドルと1.0%増と抑制された。健康・福祉費(5.7%),矯正・更生費(3.5%)は増加したものの,初等中等教育費(−3.8%),高等教育費(−1.6%)は削減されたことが影響している。このため,歳入額は歳出額を2年ぶりに超過した。前年度繰越調整額は赤字であったが,この歳入の増加で利用可能財源は増え,形式的な収支,財政収支ともに黒字となった。財政赤字はわずか1年で解消できたのである。

 もっとも歳入が増加したといっても,景気回復により租税収入がV字回復を

遂げたわけではなかった。租税収入は648.8億ドルと3.5％微増しただけで，2000-01年度の水準をはるかに下回っていた。特に基幹税である個人所得税は低迷したままで327.1億ドルと前年度よりもさらに低下していた。課税所得が増加に転じるのは次年度まで待たなくてはならなかった。

そうした中，歳入が増加したのは税外収入によるものである。この年度，税外収入は156.9億ドルに急増し歳入の19.5％を占めていた。税外収入の主な内容は，92.4億ドルの収入つなぎ債（Revenue Anticipate Warrants）による短期借入と25億ドルのたばこ債（Tobacco Bond）の収入である。

前者の収入つなぎ債は，将来の税収を見込んで発行される債券で，翌2003-04年度にその借り換えを目的に経済回復債が発行されることになった。後者のたばこ債は，たばこ産業を相手取った訴訟の和解金（tobacco settlement）を原資に発行された債券である。これらの債券発行によって，2002-03年度の財政収支の均衡が図られたわけである。

第3節　赤字公債に依存した財政健全化策とその混乱

前章で検討した90年代の財政健全化策は2000年代初めのそれと大きく異なっていた。前者は財政収支の不均衡を増税や経費削減といった，いわばオーソドックスな手段を主体に解消したのに対して，後者は経済回復債等の赤字州債に依存して解消したからである。この違いはどうして生じたのであろうか。デーヴィス知事時代の2002-03年度から2003-04年度の予算編成，審議過程に焦点を当て検討することにしよう。

2002-03年度予算法は新年度が始まる2か月遅れの2002年9月5日に成立した。予算編成を難航させたのは言うまでもなく，巨額な財源不足の解消策にあった。2002年1月に提示された知事予算案の時点では赤字額は125億ドルと推計されたが，5月改定予算案の時点ではさらに規模が膨れ上がり236億ドルとなった。そこで，2002-03年度予算法ではこの236億ドル（2001-02年度分の赤字額66億ドルと2002-03年度分170億ドル）の財源不足の解消策を次のように示した。

　①経費削減75億ドル（赤字額全体の31.8％）。教育，健康・福祉費等の主要経費を中心にプログラムの廃止，実施の繰延べ，サーヴィス水準の引き下げ，

さらに生計費調整の切り下げを行う。
②借入れ56億ドル（23.7％）。将来，収入が見込まれるたばこ和解金を償還財源にたばこ債の発行を行う。
③会計間の資金移転等48億ドル（20.3％）。道路整備関連の特別基金から資金を借入れ一般基金に財源を繰入れる。
④歳入確保29億ドル（12.3％）。繰延欠損金（net operating loss carry-forward）の停止，ストック・オプションの源泉税率の引き上げ（6％から9.3％），教員税額控除（teacher tax credit）の停止などを行う(35)。
⑤教育費の配分の繰延べ17億ドル（7.2％）。学区への教育補助金の支払いを2002年6月から7月に年度を跨いで繰延べし，2002-03年度分の教育費を削減する。
⑥連邦補助金の11億ドルの増額（4.7％）。メディケイドの連邦負担金や国防関連（バイオテロを含む）の連邦補助金の増額分を見込む。

　このように財政健全化策としては，①の経費削減の割合が最も高いが，公債発行や特別基金からの資金の借入れに依存する割合も高かった。本格的な増税は避けられ，繰越欠損金の停止や租税優遇措置の見直しが小幅に行われたに過ぎなかった。もっとも増税自体は知事や議会も検討しており，所得税の最高税率の引き上げ，自動車免許料・たばこ税の増税案も審議されたが最終的に議会で合意を得ることはできなかった(36)。

　これは90年代のピーター・ウィルソン知事時代の財政健全化策とは大きく異なる。前章でも述べた通り，90-91年度から93-94年度の間に371億ドルの財源不足が発生したが，公債発行による解消策は採られず，増税（79億ドル）や経費削減（124億ドル）といった厳しい健全化策が採られたのである。この時，個人所得税は最高税率（9.3％に10，11％の2段階税率が付加）が引き上げられ，売上税も税率の引き上げ（1.25％税率引き上げ）と課税対象の拡大が行われたのであった。

　カリフォルニア州議会は長期的に民主党が与党を握っているが，デーヴィスは民主党出身の知事であるのに対してウィルソンは共和党出身の知事であった。前者は民主党による「統一政府（unified government）」を形成していたため，一見すると議会との調整は後者に比して容易であったように思われる。しかし，

表 6-4 2003-04年度予算における財源不足の解消策

(100万ドル,％)

	知事予算案	割合	5月改定案	割合	予算法	割合
経費削減	20,728	59.9	18,875	49.4	17,590	44.6
基金間移転	1,903	5.5	2,076	5.4	4,357	11.1
借入れ	1,683	4.9	2,902	7.6	2,326	5.9
その他の収入	—	—	—	—	4,466	11.3
権限移譲	8,154	23.6	1,732	4.5	—	—
移転	2,114	6.1	1,913	5.0	—	—
赤字州債の発行	—	—	10,700	28.0	10,675	27.1
合計	34,582	100.0	38,198	100.0	39,415	100.0

出所) California Department of Finance (2003a) p.8, (2003b) p.4 参照。

実際は異なり調整は難航した。

この理由として，1つには，1990年に州議会議員に対する生涯任期制が導入されたことが挙げられる。この時期，両党のベテランの議員が任期切れとなり，予算交渉における調整役が不在となっていたのである。2つには，2001年9月に選挙区の区割の見直しが終了したことが挙げられる。これによって，両党が交渉に向き合うインセンティヴが失われたのであった。こうした政治的な要因がハードな財政健全化策を実施する障害となり，妥協を得やすい赤字州債の発行へと向かわせたのであった。

ところがその後，この2002-03年度予算法で示された財政健全化策を講じても財源不足は解消できないことがわかった。2002年11月に再選されたデーヴィス知事は翌年の2003年1月に2003-04年度の知事予算案を州議会に提示した。この案の中で，次年度の財源不足の規模は346億ドルになることが示された。内訳は，執行中の2002-03年度予算分で次年度に繰越される不足額が55億ドル，2003-04年度予算で発生する不足分が291億ドルであった。また，知事予算案ではこの346億ドルの財源不足の補てん策も示されており項目別には次の通りであった（表6-4）。

① 経費削減207億ドル（59.9％）。司法を除く主要経費の削減（教育，健康・福祉（Medi-Cal，CalWORKs，SSI/SSP等））を行う。

② 地方政府への権限移譲82億ドル（23.6％）。健康・福祉費の責任を地方政府に移譲する。移譲財源として売上税，所得税，たばこ税の増税を行う。

③他基金への負担転嫁19億ドル（5.5％）。大学授業料の引き上げや裁判所等の料金を引き上げ，一般基金からの繰入れを減らす。

④移転・その他の収入21億ドル（6.1％）。ネイティヴ・アメリカンに認められたカジノ収入を一般基金に繰入れる。

⑤借入れ等17億ドル。年金基金や様々な基金（例：飲料水缶リサイクリング基金，タイヤリサイクリング管理基金等）から借入れを行う。

表6-5 2003-04年度予算における増税案

（10億ドル）

	知事案	5月改定案
権限移譲関連増税		
個人所得税	2.6	1.6
売上税	4.6	—
たばこ税	1.2	0.3
小計	8.3	1.8
赤字削減債の償還財源		
売上税	—	1.7
自動車免許料引き上げ	—	3.1
その他	0.1	0.4
合計	8.4	7.1

出所）LAO（2003c），p.6参照。

　先に示した2002-03年度予算法と異なり，赤字州債の発行に依存するよりも経費の節減と地方政府への権限移譲（増税）を主体としたハードな財政健全化策が示された。権限移譲とは州から地方へ82億ドルの医療・福祉費を移管するものである。もっとも権限のみ委譲しても地方政府は事務の円滑な執行ができないため，同額を州が増税しこれを財源に地方政府に交付することを予定していた。

　増税案（表6-5）として挙がったのは，①売上税の1％の引き上げ，②所得税の最高税率の10％から11％の引き上げ，③たばこ税の増税（1箱当たり1.1ドル増）であった。州としては今後，増大することが予想される健康・福祉費を地方に移譲し，増税によって固定した財源を交付した方が将来的な経費節減をもたらすと考えたのである。

　ところが，同年の5月改定予算案では，この知事案と大きく異なる財政健全化策が新たに提示されることになった。5月改定予算案では財源不足はさらに増加し382億ドルになると見積もられた。赤字補てん策の主な変更点は以下の通りである（表6-4）。

　①経費削減はスケールダウンし，教育，健康・福祉費（Medi-Cal，CalWORKs，SSI/SSP）の分野の削減を緩和する。②地方への権限移譲を大幅に削減し，たばこ税，所得税の増税も83億ドルから18億ドルに減額する。そして

それらに代わって、③自動車免許料を引き上げて、地方政府への減収補てん補助金を削減する（表6-5）。さらに④107億ドルの赤字削減債（Deficit Reduction Bond）の発行を盛り込み、償還財源として売上税の税率を0.5％引き上げる臨時増税（2003-04年度分17億ドル）案を提示するであった[42]。

このような変更が行われた理由は1月の知事予算案に盛り込まれていた地方への権限移譲に伴う売上税の増税案が議会で合意されなかったためである。例えば、上院における野党共和党のリーダーであるジム・ブルート（Jim Brute）は、「州の財政問題は歳入不足が理由でなく、不適切な歳出拡大の結果」だとして増税案を拒絶した。収支均衡策として増税よりもむしろ、経費削減等の他の手段を求めていたのである[43]。

カリフォルニア州では予算案も増税案も2/3以上の賛成を要するので採決における野党のプレゼンスが高まる。野党共和党の妥協なしにはいかなる財政健全化策も前に進まなかったのである。この結果、自動車免許料の引き上げよる補助金の削減と赤字削減債の発行が選択されたわけである。前者の問題については次節に譲り、ここでは後者の赤字削減債に焦点を置いて述べていくことにする。

赤字削減債が選ばれた理由は、早期に財政収支を均衡化できるという政策的なメリットを持っていたからである[44]。赤字削減債の償還期間は5年で、償還財源は売上税の0.5％を充てるとしていた。もっとも売上税を単純に0.5％増税するのでなく、現行の7.25％の売上税（州＋地方）のうち、地方政府に配分する0.5％分を州が償還財源として流用するというものであった[45]。その場合、地方政府（この場合、カウンティと市）は減収するため、州は学区の財産税を地方政府に配分して財源を補てんし、学区に対しては州が一般基金から補助金を配分することで財源を補てんするという複雑な税源交換（tax swap）の仕組みが採られていた（図6-8）。その後、この107億ドルの赤字削減債は2003-04年度予算法では、財政再建債（Fiscal Recovery Bond）との名称に変わり、予算法に盛り込まれることになった（表6-4の予算法の欄参照）。

なお、この2003-04年度予算法の成立（2003年8月2日）を見込んで州では、2002-03年度末（2003年6月末）に92億4200万ドル分を収入つなぎ債で短期借入を行った。償還期日は2003-04年度末（2004年6月末）で、それまでに財政再建

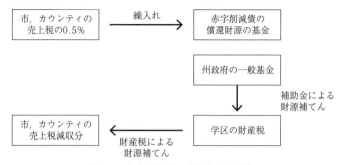

図6-8　赤字削減債の償還と税源交換

債を発行して借り換えることが予定されていた。しかも短期借入であったため，住民投票にかける必要もなかったのである。これにより，2002-03年度は収入つなぎ債の財源で税外収入が増加し，財政収支を黒字に回復することができたのであった。

ところが，財政再建債の発行は突如，暗礁に乗り上げることになる。2003-04年予算法の成立後の9月24日に法律事務所のパシフィック法律協会（Pacific Legal Foundation）が，財政再建債の発行は州憲法の起債制限を破るものとして，州裁判所に訴えを起こしたためである。州憲法の規定では，30万ドルを超える州債を発行する場合，住民投票を義務づけていたが，これを行っていないというものであった[46]。州政府では，償還財源に特定財源（売上税）が明記されているので一般財源保証債に当たらないと認識されていたのである。

また，州政府部内からも財政再建債の発行を懸念する声が上がった。州債発行を所管するカリフォルニア州財務局長官のフィル・アンジェリーディス（Phil Angelides）は次のような指摘を行った[47]。すなわち，財政再建債の発行によって州の負担する毎年の公債費は23億ドルに上昇する。1世帯当たりで言えば，995ドルも新たに負担が増えることになる。また，公債負担の増加は財政の硬直化をもたらすとともに，財政再建債の発行が一般財源保証債やリース収入債の発行をクラウドアウトするためインフラ投資を遅らせる。さらには，州債の大量発行は格付けを引き下げることになり，公債負担を一層高めるという指摘であった。実際，スタンダード＆プアーズ社によるカリフォルニア州債の格付けは大きく引き下がっていた。2000年9月のAAから2002年12月にAに，

さらに2003年7月にはBBBと全米最低の水準となっていたのである[48]。

このため，財政再建債の発行は危ぶまれた。ところが，先に述べたように州は既に，財政再建債の発行を見込んで収入つなぎ債を発行しており，2003-04年度末（2004年6月）に償還期日が迫っていた。この袋小路の状況が打開できたのは，デーヴィス知事からシュワルツネッガー知事に交代した後であった。

第4節　州知事のリコールと赤字公債の発行

（1）リコール運動と自動車免許料の引き上げ

2003-04年度はカリフォルニア州が財政危機に苦悩していた年でもあるが，同時に政治的に激動した年でもあった。2003年11月にデーヴィス知事はリコールされ，ハリウッドスターのアーノルド・シュワルツネッガーとの交代劇が起こった。知事のリコールは財政危機の問題と深く関わっている。本節ではリコール問題を通じて，カリフォルニア州における直接民主主義と財政の関係について見ていくことにしよう[49]。

1999年に州知事に就任したデーヴィスは，就任からしばらくの間は，ドットコム・バブルの恩恵で経済も財政も良好な状態であったため人気は高く，2000年9月の世論調査では66％の支持率を得ていた。しかしその後，ドットコム・バブルの崩壊による景気の悪化，電力危機による計画停電，さらに所得税の減収による財政赤字といった危機的な状況が続く中，2002年1月には支持率は52％に低下していた[50]。

11月に知事選を控える中，デーヴィス陣営は共和党の候補者を選ぶ予備選挙前に，同党の有力候補を叩く選挙戦略を開始した。有力候補を予備選挙で蹴落とすことで，本選挙でデーヴィスが勝てる共和党候補者を選ぶためである。当時，有力候補と目されたロサンゼルス市長のリチャード・ライアダン（Richard Riordan）に対して，広告を使ったネガティヴ・キャンペーンを行い，予備選挙で敗北させたのである。この結果，ビル・サイモン（Bill Simon）が共和党候補として選出され，11月の選挙では，353万3490票（47.3％）対316万9801票（42.4％）で，デーヴィスは再選することができたのである[51]。

デーヴィス陣営の選挙戦略は成功したが，投票者の不満は少なくなかった。

選挙前の10月に行われた世論調査では「どちらが知事候補にふさわしいか」という問いに対して,「どちらも候補者として不満足」が57%で,「どちらも満足」の38%を大きく上回っていた[52]。また,選挙に対する関心も薄く,投票率はカリフォルニア政治史上最低の50.6%であった[53]。なお,当日行われた選挙ではシュワルツネッガーが提案者となった提案49号も投票された。シュワルツネッガーが政治の表舞台に登場したことで,知事選とは対照的に住民の関心を集め,多くの支持を受け可決していた。

ところでデーヴィスの再選後,間もなくしてリコール運動が開始された。2003年の2月5日に提案13号を可決に導いた市民団体である「人民の擁護者(People's Advocate)」の代表であるテッド・コスタ(Ted Costa)らがリコールの請願署名を集め始めたのである。コスタはリコールの請願書の中で,デーヴィスはカリフォルニア財政の管理を全く誤っている(Mismanagement of California Finances)。納税者の金を無駄に使い,地方政府への補助金をカットし安全を脅かしている。エネルギー政策の失敗から生じた異常なコストについても説明できない。危機的な段階になるまで州の重要な問題に対処できないと批判した[54]。こうした批判の背景には,デーヴィス陣営が昨年の共和党予備選に介入しライアダンに対するネガティヴ・キャンペーンを張り敗北させたことへの怒りがあったとされた[55]。

もっとも知事に対するリコール運動は必ずしも珍しいことではない。ロナルド・レーガンやジェリー・ブラウンなど歴代知事もリコールは成立しなかったものの,リコール運動は行われたのである[56]。リコールは手続き上,160日以内に前回の知事選の投票数の12%(この場合は約90万人分)に匹敵する署名数を集めることが条件である。また署名も最低5つのカウンティから集めることが条件づけられている。ロサンゼルスカウンティのような巨大カウンティの政治的な影響力を緩和するためである。署名集めは資金面で難航したが,最終的に必要数の2倍を超える210万人の署名が集まり,2003年10月に住民投票が開催されることになった。また,それと同時に新知事を選出する選挙も行われることになった。135人もの候補が出馬し,その中に,シュワルツネッガーも名を連ねた。

ところで,このリコール運動が展開した背景には,財政運営に対する住民の

不満があった。先にも述べたように，デーヴィス知事の2002-03年度予算法では財政収支のギャップが解消される予定であった。しかし，再選後，赤字は増加し次年度の2003-04年度の知事予算案（2003年1月提案）では346億ドルに増加することが見込まれていた。

2003年2月のシンクタンクのカリフォルニア公共政策研究所（Public Policy Institute of California, PPIC）の世論調査では「カリフォルニア州の財政赤字の規模についてどう思うか」の質問に対して，「大きな問題」と答えた人が74％，「幾分問題」であると答えた人が21％もいた[57]。また，「財政赤字の責任の所在はどこか」の質問に対して，「デーヴィス知事」にあると答えた人が23％と最も高く，以下，「人口増と移民」が17％，「州の経済的低迷」が16％，「エネルギー危機」が13％，「州議会の民主党議員」が6％，「州議会の共和党議員」が4％であった。支持政党別では，共和党支持者，その他では「デーヴィス知事」の責任を挙げる割合が最も高く，民主党支持者でも2番目に高かった[58]。さらに，「知事の財政運営の手法を支持するか否か」の質問に対しては「支持する」が26％，「支持しない」が63％で不支持が高かった。支持政党別で見てもすべて不支持の割合が支持を大きく上回っていた[59]。

財政問題の中でとりわけ関心が持たれたのは，2003-04年度5月改定予算案に盛り込まれた自動車免許料の引き上げであろう。PPICの世論調査では，「自動車免許料の引き上げをどう思うか」について58％の住民が反対を表明し，賛成39％を大きく上回っていた。自動車免許料の引き上げは他の税の増税と比べても反対の割合が高く住民の不満の種であり，リコールの主な論点となっていた[60]。リコールの主導者であるコスタは自動車免許料の引き上げ問題をリコールの理由の1つに挙げ，シュワルツネッガーも数少ない具体的な公約の中に自動車免許料の引き下げを挙げていた[61]。

自動車免許料とは自動車（動産）に対する財産税の代替財源として1935年から導入された地方政府の料金（fee）である。その仕組みは，カリフォルニア州で登録された自家用車に対して毎年，料金を賦課するもので，法定減価償却率を乗じた車両価格に2％の料率を課していた[62]。料金徴収は州が地方政府に代行して行い，カウンティ，市に人口割で配分していた。

自動車免許料の料率は1948年から99年までずっと2％であったが，90年代後

半，財政黒字が増える中，黒字分を減税に回す要求が共和党サイドから現れた。デーヴィスの前任のパット・ブラウン知事と議会はこれを受け入れた。98-99年度予算法で自動車免許料の税率を2001年から毎年段階的に引き下げていき，2003年に0.65％にすることに決定した。自動車免許料は州が州憲法上，料率の設定，収入の配分について権限を持っていたが，あくまで地方政府の財源である。このため，料率引き下げに伴う地方政府の減収分は州政府が地方補助金により補てんすることにした。しかしそれと同時に，州の財政状況が将来悪化し，減収分を補てんする十分な財源がない場合には，知事の判断で料率を元の2％に戻せるとするトリガー条項も置かれていたのである。

財政赤字が増加する中，デーヴィス知事は2003年10月にトリガー条項を使って，自動車免許料を再び元の2％の水準に引き上げることにしたのである。自動車免許料の引き上げは地方への減収補てん補助金をその分節減でき，州財政の赤字を削減できる。これは，増税反対の立場をとる共和党も許容できる案であった。なぜなら，トリガー条項の発動は増税の場合と違い議会の過半数の承認で行えたため，野党の共和党にとっては料率引き上げに反対のポーズを採りつつ，財政赤字を削減できる点で好都合であったためである。[63]

さて，リコール運動の結果である。11月の住民投票ではリコール賛成が497万6274票（55.4％），反対が400万7783票（44.6％）でデーヴィスのリコールが成立した。知事がリコールされたのはカリフォルニア州史上初で，全米でも稀な出来事で歴史上他に1例（1921年のノースダコタ州のレニー・フレーザー（Lynn Frazier）知事）しかなかった。また，新知事の選出では420万6284票（48.6％）を集めたシュワルツネッガーが当選することになった。そして，知事就任初日，公約である自動車免許料の引き上げを知事令で停止したのであった。[64]これにより自動車免許料の引き上げは無効となり，以前の0.65％の料率に引き下げられることになった。しかし，州は減収補てん補助金を地方政府に支払う義務が発生し，州の財政収支の赤字要因を増やす結果となった。

（2）シュワルツネッガー知事の登場と赤字公債の発行

前節の終わりにも述べたように，シュワルツネッガーが知事就任後にすぐに対応が迫られた問題は2004年6月に償還が迫っていた収入つなぎ債の借り換え

問題であった。議会は2003年12月に，州政府に150億ドルを上限とする経済回復債の発行権限を与える下院法X59号を可決した。下院は賛成65対反対13，上院は賛成27対反対12であった。そして，この法案を住民投票にかけるため，提案57号が提起されることになった。[65]

提案57号の経済回復債は先の財政再建債（＝赤字削減債）と同様の仕組みで，売上税を償還財源とするものであったが，税率は0.25％に引き下げ，償還期間も5年から最大14年に延長していた。[66]しかし，その他の償還財源を捻出するための税源交換の仕組みは同じであった。議会分析局による財政効果の分析によれば，経済回復債は財政再建債よりも40億ドル以上発行額が多く，毎年の償還に必要な売上税も少なくなるというメリットがある反面，償還期間が長くなるため元利償還費が増えるというデメリットがあると指摘していた。[67]

提案57号の支持者は，シュワルツェネッガー州知事，カリフォルニア納税者協会，カリフォルニア商工会議所等であった。支持した理由として，①経済回復債の発行は増税も，教育や福祉のような必要なサーヴィスの削減もせずに財政を健全化できる点，②経済回復債が発行されない場合，収入つなぎ債の借り換えが困難となり2004年6月には資金ショートが発生する恐れがある点，③提案58号もセットで提案されており，財政赤字の累積を防止する措置は採られている点が挙げられた。

一方，提案57号の反対者は州議会のトム・マクリントック（Tom McClintock），ビル・モロー（Bill Morrow）上院議員であった。反対の理由として，①150億ドルという史上かつてない規模の借入れにより，元利償還費の負担は1世帯当たり2000ドルを超える点，②経済回復債は過去の赤字の償還を目的としたもので，従来の長期債と異なり学校や道路などのインフラの整備に使われず，次世代の利益にならない点，③もし州の歳出を13.4％削減できるならば，わずか18か月で財政赤字は解決できる点を挙げていた。

住民投票前の状況では，提案57号に対する住民の意見は当初，否定的であった。世論調査によると，2004年1月の時点では提案57号に賛成する割合は35％，反対は44％であった。[68]元来，州民の多くは州が借入れで財政赤字を減らすこと自体に反対していたとされる。その後，シュワルツェネッガーの映画を髣髴させるキャンペーン活動が功を奏し支持が広がった。シュワルツェネッガーはキャン

ペーンの最中,「投票者が経済回復債を支持しなければ,州は教育,福祉のアルマゲトン的な削減（armageddon cut）に直面する」と警告したとされる。3月の住民投票では賛成405万6313票（63.4％），反対294万8910票（36.6％）で圧倒的な支持を得て可決された。これによって，92億4200万ドルの収入つなぎ債の借り換えが行われ，資金ショートの危機は回避されたのであった。

　もう1つ重要なシュワルツネッガー就任後の財政問題として，州・地方間の財政関係の問題が挙げられる。2004年1月，シュワルツネッガー知事は2004-05年度知事予算案の中で，州の財政収支の不均衡を解消する目的で学区への教育補助金を削減することにした。また，教育補助金を削減する見返りとして，恒久的にカウンティ，市，特別区の財産税の配分を13億ドル減らして，これを学区に移転する計画を発表した。まさに，1990年代初めの財政危機時に州が教育財源増強基金（ERAF）を設置し，地方政府から学区に財産税を移転させた場合と同様の措置であった。

　これに対して地方政府は大いに反発し，対抗策として4月に提案65号を発意した。その内容は①地方政府の財源である売上税，財産税，自動車免許料を州が削減する場合，住民投票を必要とすること，②州政府がマンデイトを地方政府に課す場合，そのコストを弁済しない時は，地方政府はマンデイトの実施を停止できるであった。提案65号は必要な署名数が集まり10月に住民投票にかけられることになった。もし可決された場合には州は財産税を地方政府から移転できず，財政収支の不均衡を解消できない恐れが生じた。

　このため，5月に知事は地方政府やコミュニティ団体の連合組織であるローカル（「我々のコミュニティの資産を地方に残せ（Leave Our Community Assets Local, LOCAL）」）と交渉を行った。その結果，2004-05年度，2005-06年度に限り州に財産税の移転を認める代わりに，今後，州は地方政府の税収配分を変更しないことで合意したのである。この合意により地方政府は提案65号のキャンペーンから撤退することを決めた。

　一方，議会はこの合意を履行するため，上院憲法修正法4号（Senate Constitutional Amenedment, SCA4）を可決し，提案1A号として住民投票にかけることにしたのである。その内容は次の通りである。

　①州憲法を改正し地方政府の歳入に対する州政府の権限を制限する。

②財産税の配分に関する例外規定を置く。州知事が財政緊急事態を宣言し，両院が2/3以上で承認した場合はこの提案は停止され，地方政府に対する財産税の配分の変更を認める。

③州マンデイトに対する制限を置く。州のマンデイトが地方財政に影響を与える場合，その影響額のすべてを州が財源の手当てをするか，さもなければ地方政府はマンデイトの課された事務自体を停止できるとした。

議会分析局は提案1A号の財政効果として，地方財政に対する州政府の権限に制約がかかるため地方財政は安定化する一方で，州政府は地方政府の財産税の配分を操作して財源不足を解消できなくなるため，経費削減や増税を行う可能性が高くなったと評価していた。

提案1A号の支持者はシュワルツネッガー知事，州上院地方政府委員会のロバート・T・ドール（Robert T. Doyle）議長，カリフォルニア消防署長協会，カリフォルニア州保安官協会，超党派の議員，さらに様々な地方政府の団体や公務員組合も支持を表明した[74]。唯一反対したのは州税率査定委員会キャロル・ミグデン（Carole Migden）委員長であった[75]。

投票の結果は賛成941万1198票（83.6％），反対184万2票（16.4％）で圧倒的な支持を受けた。地方政府は短期的な損失（2004-05年度，2005-06年度の財産税の減収）を代償に長期的な利益（税源の確保）を得ることになると期待された[76]。

おわりに

本章では2000年代初めのカリフォルニア州財政の危機と知事リコール問題を中心に論じてきた。この時期のカリフォルニア州は，ドットコム・バブル崩壊による「経済危機」，規制緩和の失敗による「電力危機」，さらに財政収支の悪化による「財政危機」が知事リコールという「政治の危機」に結び付いた時期であった。最後にこれまで述べてきた内容を整理しつつ結論を述べることにする。

第1に，2000年代初めのドットコム・バブルの崩壊と電力危機の影響についてである。カリフォルニア州は90年代中盤以降，IT産業の隆盛に伴い高い経済成長を誇った。しかし，2000年のドットコム・バブルの崩壊を機に，景気は

第6章　ドットコム・バブルの崩壊と知事のリコール

低迷し失業率は上昇した。また，同年には電力不足による計画停電が繰り返し起こり，電力危機の問題が発生した。発送電分離を行った電力自由化の影響が裏目に出て，大手電気事業者が経営危機に陥ったためであった。そしてこの経済危機も電力危機もその負担が州財政が負うことになったのである。

　第２に，財政危機の原因についてである。ドットコム・バブルの崩壊はキャピタルゲインやストック・オプションの大幅な減収をもたらした。これにより所得税の減収が生じ多額の歳入欠陥が生じた。提案13号以降，カリフォルニア州の財政構造は他州と比較して所得税に強く依存する特徴を持っていた。この構造ゆえに税収の浮動性が高まり，バブル崩壊時には財政危機が深刻化してしまったのである。もっとも州税制の所得税依存は政治的にはむしろ好ましい制度でもあった。税の累進性が高く，バブル崩壊後でさえ，提案63号のように所得税の最高税率をさらに引き上げる住民提案が可決されるほどであった。文字通り，「富裕層に負担を（sock the rich）」実現する制度であったのである。

　第３に，財政赤字の解消策についてである。歳出削減は，歳出自体が人口や物価要因で増加した割合が高いため限界があった。一方，増税は，議員の生涯任期制の導入などが影響し州議会で増税コンセンサスがとりにくい状況にあったため，実現困難であった。こうした中，知事が選んだ赤字解消策は，多額の赤字州債の発行と自動車免許料の引き上げによる地方補助金の削減策であった。しかし，前者は法律事務所から州憲法の起債制限に抵触するとして訴訟が提起され，後者は所得税，たばこ税の増税案以上に住民の評判が悪く，知事リコール運動の重要な論点となったのであった。

　第４に，知事リコール運動とその後の財政改革についてである。2003年にリコールが成立し，シュワルツネッガー政権が誕生した。就任後すぐに，自動車免許料の引き下げが知事令で実現し，一時棚上げになっていた赤字州債の発行も提案57号として住民投票で承認されることになった。また，州の財政運営に大きな影響を与える提案58号や提案1Aも可決された。前者は，将来的な赤字州債の発行を禁じ，財政を健全化させる諸制度――特別会の招集，予算安定化基金等――を新たに設けた提案である。後者は，州が地方の課税権に干渉することを禁じた提案であった。この２つは前者が財源不足を解消する目的で多額の赤字州債を発行したこと，後者は州の財政健全化を目的に地方に負担を転嫁

したことに対する将来の「戒め」として設けられた制度であった。実際，この2つの制度がどのように機能するかは，2000年代後半のリーマンショック後の財政危機で試されることになる。

注

(1) Wassmer (2010), pp. 100-101 参照。
(2) 90年代の景気拡大の特徴は平野 (2005), pp. 29-36参照。
(3) ニューエコノミー論については坂井 (2000), pp. 210-212参照。
(4) 内田 (2002), p.72参照。しかしそれらが株価下落の1つの契機であったとしても，株式のバブルはいずれ弾ける運命であるので，弾けるべくして弾けたとロバート・ポーリンは評価している。ポーリン (2009), pp. 97-99参照。
(5) U.S. Department of Commerce (2004), p.371, p.427 参照。
(6) 2001年のカリフォルニア州の製品輸出は対前年度比で10.8％低下した。
(7) 数字の出所はCalifornia Department of Finance (2008), pp. 65-66.
(8) 邦文献では松田 (2002), pp. 132-138, 金子 (2005), pp. 198-201がある。
(9) Ibele (2002), pp. 16-17 参照。
(10) *Ibid.*, pp. 19-20 参照。
(11) Sweeney (2002), p.6 参照。
(12) *Ibid.*, p. 10 参照。
(13) California Secretary of State (2002b), pp. 14-17 参照。
(14) Working Partnership USA (2006), pp. 79-80 参照。
(15) 提案の内容については，California Secretary of State (2002a), pp. 18-23 参照。
(16) しかし，先にも述べたように当時は州財政は危機的な状態にあったため予算措置が講じられなかった。Working Partnership USA (2006), pp. 75-76 参照。
(17) California Secretary of State (2004b), pp. 10-15 参照。議会ではACAX55号として提案され，下院賛成80，反対0，上院賛成35，反対5であった。
(18) BSAには州債償還を目的に，基金内に減債基金を設けることも定めていた。
(19) California Secretary of State (2004a), pp. 32-37 参照。
(20) 従来から州はカウンティの精神医療プログラムを補助していたが，この基金が成立した後も，2003年度の州の精神医療プログラムへの補助額を下回ってはならないとされた。
(21) Working Partnership USA (2006), p. 43 参照。
(22) 年末度収支の対歳出比の状況はカリフォルニア州（−2.8％），オレゴン州（−18.5％），ニューハンプシャー州（−3.2％）であった。NASBO (2003), p. 55 参照。
(23) 州は電力債（Electricity Bond）を発行して，一般基金に財源を返済したため，一般基金への影響は一時的であった。Sheffrin (2004), pp. 215-216 参照。

⑭　州財政部の推計では2000-01年度のキャピタルゲイン税収は106億ドルで一般基金歳入の14.8%を占めていたが2001-02年度には46億ドル（6.3%），2002-03年度には32億ドル（4.5%）に低下したとされる。California Department of Finance (2009a), p. 69.
⑮　Spilberg and Alexander (2003), p. 560 参照。
⑯　Prohofsky (2003), p. 1079 参照。
⑰　LAO (2003a), p. 1 参照。
⑱　LAO (2003b), pp. 2-3, p. 5, p. 8 参照。
⑲　Wassmer (2010), p. 108 参照。
⑳　経済回復債が発行されたのは2003-04年度であるが，州財政部が作成した財政統計では，2002-03年度に発行されたと表示されている。California Department of Finance, Summary Schedules and Historical Charts, Chart. H 参照。
㉛　連邦と州政府はたばこ産業を相手取って，たばこの健康被害に対する政府の医療費負担を賠償する裁判を起こし，1998年に両者が和解した。たばこ産業は和解の条件として，州に毎年，和解金を支払うことが命じられた。カリフォルニア州への和解金の支払い額は210億ドル（25年間の合計額）であった。この和解金をたばこ和解基金に積み立て，州債発行の償還財源としたのであった。LAO (2002b), p. 1 参照。
㉜　この時期の州財政を研究したものとして，池上（2005），pp. 127-133がある。
㉝　LAO (2002a), p. 13 参照。
㉞　Ibid., pp. 3-5 参照。
㉟　教員税額控除とは教員免許を持つ有資格教員（credentialed teacher）に勤務歴に応じて250ドルから1500ドルを個人所得税から税額控除する仕組みである。
㊱　Ibid., p. 21 参照。
㊲　その原因についてはSheffrin (2004), pp. 220-221 参照。
㊳　生涯任期制と区割については第1章参照。
㊴　California Department of Finance (2003b), p. 8 参照。
㊵　Ibid., pp. 9-16 及びLAO (2003d), pp. 4-6 参照。
㊶　California Department of Finance (2003a), pp. 7-8.
㊷　LAO (2003c), p. 5 参照。
㊸　Decker (2009), p. 87 参照。
㊹　赤字削減債の仕組みについてはCalifornia Secretary of State (2004b), p. 5 参照。
㊺　カリフォルニア州の売上税（2002年）は州が地方売上税を含めて徴収している。合計税率は7.25%で6%が州売上税（うち1%分の税収は地方に配分）で，残り1.25%が地方売上税分である。この1.25%のうち0.5%を償還財源として流用しようとした。なお，後述する提案57号では0.5%を半分の0.25%に引き下げた。
㊻　Business Wire (2003) 参照。
㊼　Angelides (2003), pp. A-8-A-10 参照。

⑷8⁾ U. S. Department of Commerce (2004), p. 280 参照。
⑷9⁾ 邦文献ではリコール問題について山岡 (2009), p. 111が詳しい。
⑸0⁾ Baldassare and Katz (2008), p. 44 参照。
⑸1⁾ *Ibid.*, pp. 49-52 参照。
⑸2⁾ *Ibid.*, p. 54 参照。
⑸3⁾ *Ibid.*, p. 57 参照。
⑸4⁾ California Secretary of State (2003) 参照。
⑸5⁾ Baldassare and Katz (2008), p. 68 参照。
⑸6⁾ *Ibid.*, p. 73 参照。
⑸7⁾ PPIC (2003), p. 1 参照。
⑸8⁾ 共和党支持者の40％，その他の21％が知事の責任を挙げた。民主党支持者の21％が州の経済的低迷を挙げ，次いで18％が知事の責任を挙げた。*Ibid.*, p. 2 参照。
⑸9⁾ 民主党支持者は支持32％，不支持57％，共和党支持者は支持11％，不支持84％，その他は支持24％，不支持68％であった。*Ibid.*, p. 3 参照。
⑹0⁾ 所得税の最高税率の引き上げについては，52％が賛成，42％が反対。たばこ税の引き上げについては74％が賛成，25％が反対していた。*Ibid.*, pp. 7-8 参照。
⑹1⁾ 「デーヴィスは自動車税（car tax）を3倍にする。何らかの自動車税の増税には拒否権を行使すると約束した後，知事はスタッフに引き上げを命じた。これにより平均的な家族は1年当たり460ドルの負担になろう。投票もない，説明責任も果たしていない，無責任だ」。California Secretary of State (2003) 参照。
⑹2⁾ 例えば，購入価格2万2100ドル，登録年数が3年の車の場合で法定減価償却率は80％，税率が2％の場合，免許料は2万2100×80％×2％＝354ドルになる。LAO (1998b), p. 3 参照。
⑹3⁾ Baldassare and Katz (2008), pp. 71-72 参照。
⑹4⁾ Schrag (2006), p. 187 参照。
⑹5⁾ California Secretary of State (2004a), pp. 4-10 参照。
⑹6⁾ 売上税による元利償還が不十分な場合には一般基金で差額を補てんすると決めていた。
⑹7⁾ 提案58号では経済回復債の償還を円滑化するために，予算安定化基金（BSA）を設置し2006-07年度から2008-09年度まで5億ドルを基金積み立てするように定めていた。この5億ドルを償還財源に利用した場合，償還期間を14年から9年に短縮できると見込んでいた。
⑹8⁾ Baldassare and Katz (2008), p. 104 参照。
⑹9⁾ *Ibid.*, p. 105 参照。
⑺0⁾ 提案65号自体は支持母体を失った。いわば，「見捨てられた提案（"orphan" initiative)」であったが，10月の住民投票にはかけられた。賛成390万1748（37.6％）対反対647万1506（62.4％）で否決された。*Ibid.*, p. 108 参照。
⑺1⁾ Tranter (2006), pp. 122-123 参照。

⑺2 California Secretary of State (2004a), pp. 6-9 参照。
⑺3 具体的には，①カウンティ，市に配分された財産税収を州が学区に配分してはならないとし，財産税の配分を減らして州政府の売上税でこれを補てんすることも禁じた。また，②州が地方政府の売上税率や地方政府間の売上税の配分を変更することも禁じた。さらに③州が自動車免許料の料率を引き下げた場合地方政府に減収分補てんを義務づけることも定めた。
⑺4 賛成理由として，地方政府の警察，消防サーヴィスが充実する，州が地方政府の税を吸収するのを防ぐため，地方政府は地方税，料金を引き上げなくても済むといったものが挙げられた。
⑺5 反対理由は，提案1Aは州の財政監督なしに地方政治家に財源を保障する，州は学区の財産税に対しては配分を変更できても，カウンティ，市に対してできない，地方財産税率を固定させるので，州議会が税率を引き下げることもできないであった。
⑺6 Tranter (2006), p. 124 参照。

第7章
リーマンショックと財政危機
―― 2000年代後半 ――

はじめに

　2000年代初めのドットコム・バブルの崩壊でカリフォルニア州は厳しい財政危機に直面したが，その後，景気は回復に向かい，財政状況も改善した。しかし，2008年，再度，経済危機がカリフォルニア州を襲うことになった。住宅バブルの崩壊に伴うリーマンショックである。リーマンショックは1930年代以降，最大の経済危機をカリフォルニア州にもたらし，財政状況も最悪となった。

　2008-09年度から2011-12年度の4か年度に渡り財政赤字が続き，予算の成立もままならない年もあった。カリフォルニア州は全米最大の人口，経済力を有する州で，しかも財政規律を高めるために，多様な財政ルール（歳出制限，課税制限，均衡予算要件，2/3予算承認要件，予算安定化基金）を課している州でもある。それにも関わらず財政破綻の危機に瀕していたのである。

　本章は，2000年代後半のカリフォルニア州に焦点を当て，リーマンショック後の州財政への影響と州政府，議会による財政健全化策の特徴について論じるものである。構成は次の通りである。

　まず，第1節ではリーマンショック後のカリフォルニア州経済への影響について検討するとともに，2000年代後半に可決された財政提案について説明する。第2節では同期のカリフォルニア州財政の状況，財政危機の原因について検討する。第3節ではとりわけ財政状況が厳しかった2008-09年度，2009-10年度の予算審議過程に注目し，財政健全化策について検討する。さらに第4節で，財政危機に対する住民の意識について検討し，「赤字公債なき財政健全化策」の功罪について考察する。

第7章　リーマンショックと財政危機

第1節　2000年代後半のカリフォルニア州経済と財政提案

(1) 州経済の動向——リーマンショックと経済危機

　本論に入る前に，リーマンショックのアメリカ経済への影響について述べることから始めよう。アメリカ経済は2000年代初めに，ドットコム・バブルの崩壊を経験したものの比較的短期間に危機を脱した。2002年以降，経済成長率は緩やかに回復し順調な成長軌道に乗るかと思われた。しかし2006年に住宅バブル（housing bubble）が崩壊し，2008年に再び深刻な金融危機に突入した。

　バブル崩壊のきっかけは，サブプライム・ローン問題であった[2]。本来，信用力の低い個人への住宅ローン（＝サブプライム・ローン）は返済リスクが高いため手控えられてきたが，リスクを証券化する金融商品の登場やドットコム・バブル以降の金融緩和，住宅価格の上昇といった要因に支えられて，融資額が拡大していったのである。しかし，2006年からの連銀金利の引き上げを契機に住宅ローン需要が低下し不動産価格は下落することになった。これに伴い，サブプライム・ローンの延滞率も増加していったのである。

　サブプライム商品は，不動産購入後一定期間，金利は低く据え置かれるが，その期間が過ぎると高い金利の支払いが住宅所有者に求められる。その時，住宅ブームによって担保となる不動産の価値が上昇していれば，借り換えにより高い金利負担を回避することができる。しかし，不動産価格が低下すればこれが不能となり，住宅所有者はいきなり債務不履行に追い込まれる。このことが2006年以降，現実のものとなった。

　債務不履行が増加することでサブプライム・ローンなどの金融商品を運用していたファンドや金融機関も経営危機に陥ることになった[3]。2008年3月には投資銀行のベアー・スターンズ社はJPモルガン・チェース社に救済合併され，9月には大手投資銀行リーマン・ブラザーズ社は経営破綻した。他の投資銀行（メリルリンチ社，ゴールドマン・サックス社，モルガン・スタンレー社）も経営危機に瀕し，銀行持ち株会社のシティグループ，ワコビア・コーポレーション，ワシントン・ミューチュアルも多額の損失を被った。政府系住宅金融機関であるファニーメイ，フレデリックマックも同様の状況にあった。

表 7-1　カリフォルニア州の部門別生産額の推移

(単位:100万ドル,%)

	2007			2008			2009		
	生産額	割合	対前年伸び率	生産額	割合	対前年伸び率	生産額	割合	対前年伸び率
製造業	206,346	11.7	4.9	220,769	12.6	7.0	207,449	12.4	-6.0
卸売業	101,927	5.8	6.1	98,539	5.6	-3.3	83,196	5.0	-15.6
小売業	120,232	6.8	-1.6	107,330	6.1	-10.7	102,957	6.2	-4.1
情報産業	123,296	7.0	7.2	126,119	7.2	2.3	118,469	7.1	-6.1
金融・保険業	105,789	6.0	-9.8	91,912	5.2	-13.1	97,305	5.8	5.9
不動産	286,512	16.2	1.6	298,512	17.0	4.2	288,875	17.3	-3.2
専門・技術サーヴィス	148,691	8.4	3.0	158,295	9.0	6.5	143,291	8.6	-9.5
健康・社会扶助	96,066	5.4	0.2	102,295	5.8	6.5	102,968	6.2	0.7
政府	190,905	10.8	2.4	194,135	11.1	1.7	189,639	11.3	-2.3
その他	383,686	21.8	-1.5	358,209	20.4	-6.6	339,184	20.3	-5.3
合計	1,763,450	100.0	1.0	1,756,115	100.0	-0.4	1,673,333	100.0	-4.7

出所) California Department of Finance, California Statistical Abstract, Table. D-3 より作成。

　この大恐慌以来の深刻な金融危機は実体経済にも大きな影響を与えた。景気後退は2007年12月に始まり，2008年の実質GDPの成長率は0％，2009年には-2.6％に下落した。失業率も2008年の5.8％から2009年には9.3％に悪化したのである。この金融危機に対してオバマ政権はアメリカ再生・再投資法（American Recovery and Reinvestment Act, ARRA）を施行した。雇用の維持，創出を目的に減税・租税優遇措置の実施，福祉給付の増額，さらに財政赤字に苦しむ州・地方政府に対する補助金や州・地方債の利子補給等を行ったのである。[4]

　さて，本論であるカリフォルニア州の経済状況についてである。カリフォルニア州も全米同様，ドットコム・バブルの崩壊後，すぐに景気は回復したものの，2000年代後半から再度悪化した。しかし，その深刻度は全米の状況を大きく上回った。2008年の州内総生産は1兆7561億ドルで対前年伸び率は-0.4％，2009年は1兆6733億ドルで-4.7％と大きく低下したのである（前章図6-2）。産業部門別に見ると，2007年から先行的に悪化している金融・保険業を除き[5]，2009年はほぼ全産業で対前年伸び率がマイナスとなった。とりわけ影響の大きかった産業は，卸売業（-15.6％），専門・技術サーヴィス業（-9.5％），情報産業（-6.1％），製造業（-6.0％）であった（表7-1）。

第 7 章　リーマンショックと財政危機

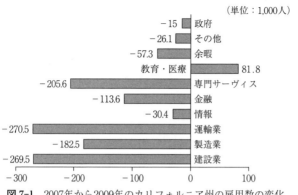

図 7-1　2007年から2009年のカリフォルニア州の雇用数の変化
出所）表 7-1 に同じ。Table. C-3 より作成。

　雇用情勢も，同様に極度に悪化した（図 6-2）。失業率は2007年の5.4％から2008年7.2％，2009年には11.3％と急激に上昇した。カリフォルニア州で失業率が10％を超えたのは実に70年ぶりのことであった。また，2007年から2009年において失われた雇用者数は，約109万人に上った。産業部門別に見ると，教育・医療を除くすべての産業部門で雇用の喪失が見られた。その数は特に，運輸業（27万500人），建設業（26万9500人），専門サーヴィス業（20万5600人），製造業（18万2500人），金融業（11万3600人）で大きかった（図 7-1）。2010年から景気は緩やかに回復したが，失業率は2011年でも11.7％と高止まりしている状態であった。

　カリフォルニア州でこれほど不況が深刻化したのは，提案13号のロックイン効果や土地利用の財政化等の影響もあり，サブプライム問題が強く作用したためである。州内の新規住宅の建築許可数（図 7-2）は，90年代後半から2000年代前半にかけて大きく増加した。住宅バブルが弾ける前の2005年の建築許可数は20万8972戸，金額で471億3800万ドルに達していた。サブプライム・ローンのおかげで住宅市場は作れば売れる活況を呈していたのである。

　しかし，2006年の住宅バブル崩壊後，状況は一変した。建築許可数，金額ともに大幅に減少し，2009年にはわずか 3 万6421戸，120億3700万ドルにまで下落した。建築許可数は過去40年で最低水準に落ち込んだのである。これに伴って，カリフォルニア州の住宅価格も大きく変動することになった（図 7-3）。戸

233

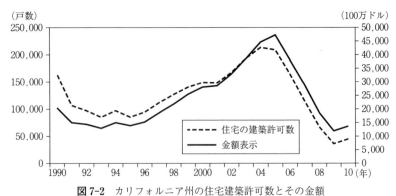

図7-2 カリフォルニア州の住宅建築許可数とその金額

出所）表7-1に同じ。Table. I-3より作成。

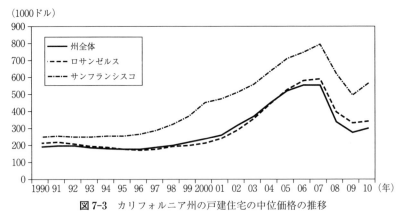

図7-3 カリフォルニア州の戸建住宅の中位価格の推移

出所）表7-1に同じ。Table. I-11より作成。

建住宅の中位価格は99年の21万7510ドルからピーク時の2007年には2.58倍の56万270ドルに急騰していた。しかし，住宅バブルの崩壊で一気に下落し，2009年には半分の27万4960ドルとなったのである。サンフランシスコ地域の状況はさらに劇的で2007年から2009年の間に，80万4830ドルから49万3910ドルに暴落したのであった。

さらに，住宅価格の暴落によって住宅所有者が高い住宅金利を回避できなくなったため，自宅の差し押さえも急増した。2008年から2010年の間に，債務不履行の通知を受け取った世帯は116万5369世帯，抵当権（forecloses）が行使され住宅を差し押さえられた世帯は59万7925世帯に及んだ（表7-2）。四半期ごと

表7-2 カリフォルニア州における住宅の差し押さえ件数

	債務不履の通知	住宅の差し押さえ
2008年 Q1	113,809	47,221
2008年 Q2	121,675	63,316
2008年 Q3	94,240	79,511
2008年 Q4	75,230	46,183
2009年 Q1	135,431	43,620
2009年 Q2	124,562	45,667
2009年 Q3	111,689	50,013
2009年 Q4	84,568	51,060
2010年 Q1	81,054	42,857
2010年 Q2	70,051	47,669
2010年 Q3	83,261	45,377
2010年 Q4	69,799	35,431
合計	1,165,369	597,925

出所) DQNews.com より作成。

で見ると，この間の住宅の差し押さえは最高7万9511世帯（2008年第3四半期），最低3万5431世帯（2010年第4四半期）であった。住宅バブルの最盛期の2006年第4四半期ではわずか3500世帯程度であったのと比較すると驚くべき増加数である。

住宅の差し押さえの割合が高いカウンティを挙げると，マーセド12.4％（8軒に1軒の割合），スタニスラウス10.6％（9軒に1軒），サンジャックイン10.5％（10軒に1軒），リバーサイド9.6％（10軒に1軒）であった（表7-3）。これらのカウンティは人種的にはヒスパニックの割合が高く，貧困率の高い地域であった。ここから，詐欺的なサブプライム商法がいかに低所得層の生活に損害を与えたのか窺い知ることができる。

なお，住宅差し押さえの副産物として住民の健康被害の問題も生じていた。2006年カーンカウンティのベーカーズフィールド市では空き家が増えたことで，蚊の駆除が遅れウエスト・ナイルウイルスが蔓延したのである。サブプライム問題は住民の財産だけでなく生命も危うくする出来事になっていたのである。

（2）財政提案と州・地方財政への影響

次に，州議会もしくは住民から発意された財政提案について見ていくことにする。この時期，3つの重要な提案が住民投票で可決されている。それが，

表7-3 カリフォルニア州におけるカウンティ別の住宅差し押さえの割合

カウンティ	住宅の差し押さえの割合[1]		ヒスパニックの割合[2]	貧困率[3]
マーセド	12.4%	8世帯に1軒	45.3%	29.4%
スタニスラウス	10.6	9世帯に1軒	31.7	23.3
サンジャックイン	10.5	10世帯に1軒	30.5	17.6
リバーサイド	9.6	10世帯に1軒	36.2	15.9
ソラノ	8.6	12世帯に1軒	17.6	13.6
サンバーナディーノ	8.4	12世帯に1軒	39.2	18.4
ユバ	8.3	12世帯に1軒	25.9	19.9
マデラ	8.4	12世帯に1軒	44.3	22.6
サクラメント	7.4	13世帯に1軒	16.0	17.5
カーン	7.4	14世帯に1軒	38.4	24.4
コントラコスタ	6.6	15世帯に1軒	17.7	12.5
インペリアル	6.1	16世帯に1軒	72.2	26.0
モントレー	5.5	18世帯に1軒	46.8	15.8
サンディアゴ	3.7	27世帯に1軒	26.7	14.9
その他/全体平均[4]	2.7	37世帯に1軒	28.6	16.2

注) 1) 住宅の差し押さえの割合は2008年から2010年まで合計額の割合. 2) ヒスパニックの割合については2000年センサスのデータ. 3) 貧困率は2011年のデータ. 4) 2) と3) についてはカウンティ全体の平均値.

出所) PPIC (2011), California Department of Finance (2008), pp. 19-20, State of California Department of Justice 参照.

2010年の提案22号, 提案25号, 提案26号である. これらの提案の内容について簡単に説明することにする.

第1に, 提案22号である. この提案は財政危機下においても, 州政府は交通事業, 再開発事業, さらに地方政府に対して財源の配分を遅らせてはならないとした住民提案である. 2004年の提案1A号では, 州が地方政府の財産税を学区に恒久的にシフトすることを禁じていたが, 財政危機の際一時的に財産税をシフトさせることまで禁じていなかった. また, 州が再開発公社の財産税を地方政府にシフトさせることも禁じていなかった. このため, 2009-10年度の財政危機時には提案1Aは議会の2/3の合意により停止され, 州が地方の財産税をシフトさせることが実際に起こったのである.

そこで提案22号は, 州が①一時的にも学区と地方政府間の財産税をシフトさせること, ②再開発公社の財産税を地方政府にシフトさせること, ③交通基金(州の特別基金)の財源であるガソリン売上税を借りること, これらをすべて禁止するとしたのである.

提案22号の支持者はカリフォルニア市連盟（League of California Cities），カリフォルニア図書館協会（California Library Association）等であった。支持した理由として，州政府が地方政府の財源や交通財源を奪っているため，地方政府は警察，消防，図書館，高齢者対策，公共交通等，住民生活に不可欠なサーヴィスの削減を強いられている。また，交通渋滞や道路の安全性の向上にガソリン税が使われていないと主張した。

　他方，提案22号の反対者はカリフォルニア消防士組合（California Professional Fighters），カリフォルニア看護協会であった。反対した理由は，提案22号が可決されれば教育財源は削減され，教員のリストラや教育サーヴィスの低下が生じる。また，州全域が必要とする消防サーヴィス（火災，地震のような自然災害）や救急医療サーヴィスも削減され，貧困児童向けの医療保険サーヴィスも無くなる恐れもある。さらに，再開発公社の財源を守ることで，消防や救急など住民の安全に関わる財源は減らされることに繋がると批判したのである。この提案22号の賛否を巡る議論から，州対地方の単純な財源を巡る対立だけでなく，公共サーヴィスの供給部門間の対立も孕んでいることが見えてくる。

　2010年11月の投票の結果，賛成573万3755票（60.7％）対反対372万5014票（39.3％）で可決されることになった。

　第2に，提案25号についてである。従来，州憲法では州議会が予算案を可決する要件を議員の2/3以上と規定している。しかし，2/3要件があることで予算案の可決はしばしば遅れることになる。1970年から2010年の間で新年度が始まる前（7月1日）までに予算法が成立したのはわずか10度しかない。

　そこで，提案25号は，予算案の可決要件を2/3から過半数に引き下げ，予算の成立を速やかに行えるように提案したのである。また，議会が6月15日までに予算を可決できない場合は，予算成立後まで議員の歳費の支給，旅費の清算払いはできないというペナルティも置いたのである。

　提案25号の支持者は，カリフォルニア教員連盟（California Federation of Teachers），カリフォルニア統一看護協会（United Nurses Associations of California）等であった。この提案を支持した理由は，予算の成立が遅れることで生じる様々な弊害を防ぐことできるというものであった。その弊害として，

①州政府によるIOUs（借用証書）の発行で納税者に数百万ドルのコストが発生していること，②教員のレイオフが行われ教育サーヴィスが低下していること，さらに③少数派の議員は予算成立を人質に自分たちの持論の政策や企業に対する減税を押し付けていることが挙げられた。

提案25号の反対者は，ハワード・ジャービス納税者協会，カリフォルニア独立事業者連盟（National Federation of Independent Business California）等であった。反対する理由として，2/3要件が過半数に引き下げられれば，議会は増税，支出の拡大，借入れによる債務の増大を容易に行うようになる。また，会計操作によって偽装的に予算が均衡化されるようなことも増えると批判した。

住民投票のキャンペーン活動では多額の寄付金が寄せられた。賛成者は労働団体（カリフォルニア教員連盟344.5万ドル，アメリカ労働総同盟・産業別組合会議（AFL-CIO）162.5万ドル，全米州・カウンティ・自治体職員連盟（AFSCMF）140.0万ドル等）から，反対者は大企業や企業団体（シェブロン社375.3万ドル，カリフォルニア商工会議所339.5万ドル，アメリカンビバレッジ協会245.0万ドル，フィリップモリス社175.0万ドル等）から寄付を受け取っていた。寄付の状況から予算成立要件の緩和を巡り公務員組合と大企業の利害が大きく対立していたことがわかる。

2010年11月の投票の結果，賛成526万2052票（55.1％），反対429万2648票（44.9％）で可決された。

最後に，提案26号である。この提案は州・地方税に課されている議会，理事会での2/3の増税の承認要件を一定の料金・負担金（Fee and Charge，以下料金とする）にも適用するとした住民提案である。従来，料金については，租税と異なり2/3要件が課されていなかったため，料金の新たな賦課や引き上げは容易であった。しかし，料金の中にも広く社会一般に便益を与える規制的な料金（健康，環境，社会，経済的な規制）もあり，それらは租税同様，2/3要件を課すべきだとされたのである。

提案26号の賛成者はカリフォルニア納税者協会，零細事業者行動委員会（Small Business Action Committee）等であった。賛成者の主張とは，規制的な料金は実質的に「隠れた税（hidden tax）」であり，2/3要件を回避するために料金と称しているだけである。例えば，食品，ガソリン，おもちゃ，水，携帯

電話，電気，保険，飲料品，救急サーヴィス，余暇に対する料金は隠れた税である。また，隠れた税の形で容易に増税できるため，政治家は無駄な歳出を減らして財政赤字を削減する努力をしていない。さらに，隠れた税は日用品に課されているため，小規模事業者や納税者の負担を増やし，雇用の悪化や景気の低迷をもたらすことにもなると述べている。

　一方，提案26号の反対者はカリフォルニア女性投票者連盟，カリフォルニア・アメリカ肺協会（American Lung Association in California）等であった。反対者は，提案26号は「汚染者保護法（Polluter Protection Act）」であると批判した。現在，危険廃棄物，流失オイルの除去やたばこの健康被害，未成年者の飲酒の防止を目的に原因者である企業に料金が課されているが，提案26号が可決されれば，それが困難となる。原因者は環境や公衆衛生に損害を与えてもその代償は納税者自身が支払うことになると主張した。

　2010年11月の投票の結果，賛成492万3834票（52.5％）対反対447万234票（47.5％）で提案26号は可決されることになった。[19]

　このように，2000年代後半は，厳しい州財政危機を反映した提案が現れた。財政危機時は，予算の成立が遅れ，行政活動の停滞を招くとともに，州が地方への財産税の配分を操作し地方政府に負担転嫁をもたらすことがある。前者の問題に対応する目的で提案25号，後者については提案22号が住民投票で可決された。さらにそれらとは別に，1978年の提案13号，1996年の提案218号の流れを汲む提案26号が登場して，料金の引き上げにも2/3の承認要件が課され増税のハードルが高まることになったのである。

第2節　州財政の危機と厳しい財政運営

（1）リーマンショックと深刻化する財政赤字

　先にも述べたように，カリフォルニア州の経済状況の悪化に伴い，州の財政状況も深刻化した。2008-09年度から2011-12年度まで4か年度連続で財政赤字が継続化し，しかもその規模も巨額であった（表6-2）。2008-09年度の赤字額は73億9100万ドル，一般基金歳出の8.1％，翌2009-10年度は61億1300万ドルで7.0％に及んだ。

第Ⅱ部 「納税者の反乱」と現代カリフォルニア州財政史

表 7-4 財政状況の州間比較

	年度末収支 (10億ドル)	年度末収支/ 一般歳出 (%)	赤字州の状況
2007-08	59.1	8.6	なし
2008-09	36.2	5.7	アラスカ州 (−25.3%)、アリゾナ州 (−5.5%)、カリフォルニア州 (−6.4%)、ペンシルベニア州 (−7.5%)
2009-10	32.5	5.2	アラスカ州 (−21.6%)、カリフォルニア州 (−6.1%)、ジョージア州 (−0.5%)、カンザス州 (−0.5%)、ルイジアナ州 (−1.3%)、オレゴン州 (−6.1%)、ユタ州 (0.6%)、ワシントン州 (−3.7%)
2010-11	45.7	7.1	カリフォルニア州 (−3.4%)、ケンタッキー州 (−0.2%)、ワシントン州 (−0.6%)
2011-12	55.8	8.4	カリフォルニア州 (−1.9%)、コネチカット州 (−0.8%)、テキサス州 (−0.2%)、ワシントン州 (2.5%)
2012-13	70.6	10.5	アラスカ州 (−12.5%)

注) ( ) の数字は年度末収支/一般歳出。
出所) NASBO (2008), p.29 他各年度版。

　この財政状況は他州と比較しても際立って深刻であった (表7-4)。全米各州合計の年度末収支は、2008-09年度以降、リーマンショックの影響を受け減少 (2007-08年度591億ドルから2008-09年度362億ドル、2009-10年度325億ドル) しているが黒字は維持していた。また、赤字に陥った州も少なく、2008-09年度は4州 (アラスカ州、アリゾナ州、カリフォルニア州、ペンシルベニア州) で2009-10年度は8州 (アラスカ州、カリフォルニア州、ジョージア州、カンザス州、ルイジアナ州、オレゴン州、ユタ州、ワシントン州) に過ぎなかった。カリフォルニア州のように4か年度連続で赤字を経験した州は皆無であったのである。[20]

　この時期、カリフォルニア州が財政赤字に陥った主な要因は、所得税等の減収によって大幅な財源不足が発生したことにある。財政赤字が発生した2008-09年度の一般基金歳入は827億7200万ドルで前年度と比べ−19.3%も減少することになった (表6-1)。歳入項目別に減収額並びに対前年度伸び率を見ると、個人所得税−108億600万ドル (−19.9%)、売上税−28億6000万ドル (−10.7%)、法人税−23億1300万ドル (−19.5%)、税外収入−38億5700万ドル (−53.3%) である (図6-4)。個人所得税の減収額が大きく歳入全体の減収額のほぼ半分を占めていたのである。個人所得税はその後、緩やかに回復したがリ

ーマンショック以前(2007-08年度)の水準に回復するのは2012-13年度以降であった。

個人所得税の課税所得額の推移(図6-6)を見ると、2007年度1兆763億ドルから2008年度には9977億ドル(前年度比−7.3%減)、さらに2009年度には9128億ドル(前年度比−8.5%)に減少している(課税年度で表示)。2008年度は資本資産売却

表7-5 州・地方売上税率の推移

実施日	州税率	地方税率	合算税率
2013年1月1日	6.50	1.00	7.50
2011年1月11日	6.25	1.00	7.25
2009年4月1日	7.25	1.00	8.25
2004年7月1日	6.25	1.00	7.25
2002年1月1日	6.00	1.25	7.25
2001年1月1日	5.75	1.25	7.00
1991年7月15日	6.00	1.25	7.25
1991年1月1日	4.75	1.25	6.00

注)地方税率はカウンティが課しているブラッドレー・バーンズ統一地方税の税率である。個々の市や特別区が課している税率は含まれていない。
出所)http://www.boe.ca.gov/sutax/taxrateshist.htm.

益(キャピタルゲイン)の減少によるもので、課税所得に対する減少寄与率が94.3%と高い。2009年度は賃金(44.4%)と資本資産売却益(31.9%)の減少によるもので、景気後退による株価の低迷や給与所得の下落を反映している。前章で見たドットコム・バブルの崩壊時と同じ状況であった。

もう1つ税収面で指摘されている要因に売上税の税収調達力の低下の問題が挙げられる。売上税は個人所得税と比べ減収額は小さく税収は安定的であったが、90年代以降、税収調達力の面では個人所得税と大きな差が生まれている。

売上税の州税率分は、91年の4.75%、2001年5.75%、2004年6.25%、さらに2009年には7.25%(表7-5)と引き上げられたが、課税ベースである課税売上高の伸びは個人所得のそれに対して減少傾向にあった。図7-4で示すように、カリフォルニア州の個人所得に対する課税売上の割合は90年代から2000年代半ばまではほぼ40%弱程度の水準にしかなかったが、それ以降はさらに低下し、2009年には30%にまで下落している。

この割合の低さの原因は、経済のサーヴィス化や情報化による課税ベースの脱漏(erosion)が影響している。90年代以降、経済のサーヴィス化が進展しているが、2007年の税務官連盟(Federation of Tax Administrator)の調査によると、カリフォルニア州の売上税は168のサーヴィス分野(個人サーヴィス、事業者向けサーヴィス、専門サーヴィス、コンピューターサーヴィス等)のうち21分野しか課税対象としておらず、他州と比べ課税対象が狭いことが示されている。[21]

また、2000年代に入ってネット取引が急増したが、売上税の徴税はそれに追

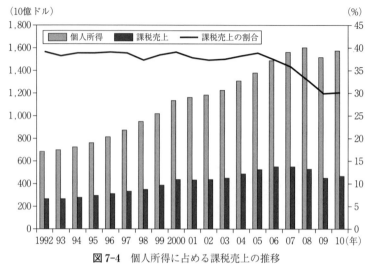

図 7-4　個人所得に占める課税売上の推移

出所）California State Board of Equalization, Annual Report, Statistical Tables の各年度版を参照。

いついていない状況にあった。州外事業者からのネット販売に対しては，利用税を使って課税できる仕組みはあるが，課税実績は低い。税率査定審査委員会の調査によれば，ネット販売で利用税の納税義務が発生した事業者のうち1％未満しか実際には納税していないとされている。財政状況が厳しい中，売上税の課税ベースの拡大は重要な課題であるがその実現にはネット事業者からの反発も少なくないのである。

　さらに，税外収入の要因も挙げられる。2000年前半は税収の減少に伴って，経済回復債のような赤字州債が発行されたことで，税外収入が増加した。しかし，2000年代後半は，2004年の提案58号によって財政赤字の解消を目的とした長期債が制限されたことや後に見る宝くじ債の発行が住民投票で否決されたこともあって，税外収入による歳入補てんに頼ることはできなかったのである。

　一方，この大幅な歳入の減少は，歳出削減によっても補うことはできなかった。2008-09年度の歳出額は909億4000万ドルで前年度と比べ－11.7％削減された（表6-1）。費目別に削減額並びに対前年度伸び率を見ると，初等中等教育費－83億7700万ドル（－19.7％），高等教育費－17億6300万ドル（－14.9％），健康・福祉費－10億6100万ドル（－3.6％），矯正・更生費－4億900万ドル（－4.0％），その他－4億3600万ドル（－4.7％）であった（図6-5）。

初等中等教育費を中心に大幅な削減が行われたが，歳出全体の減少率は歳入のそれを下回る結果となった。翌2009-10年度は初等中等教育費に並んで健康・福祉費も大きく削減され歳出額全体はさらに引き下げられた。それ以降，歳入水準が景気後退前の水準に回復するまで歳出も厳しく抑制されることになった。しかし，歳出削減は難航した。現金給付や医療扶助のような福祉的経費は不況期には受給者が増加するために，逆に経費圧力が高まったからである。

従来からカリフォルニア州財政の問題点として，次のことが指摘されてきた。すなわち，景気好調時には所得弾力的な歳入構造が大幅な増収効果を生み出すものの，インフレや人口増で歳出水準もけん引される。また，政治的にも州議会で与党である民主党が教育や福祉サーヴィスの引き上げ圧力を高める。他方，景気後退時には税収の大幅な減収に加え，失業者が増加することでCalWORKsやMedi-Calのような福祉的経費が増大する。しかし，野党共和党が2/3要件を盾に増税を拒絶するため，財源不足が発生する。

このため，州政府は将来の景気後退に備えて歳出抑制に努めるとともに，増収余剰分を財政基金に積み立てることが必要であった。制度的にも1979年の提案４号による歳出制限や2004年の提案58号による予算安定化基金の導入が行われてきたが，前者は，歳出上限が高く歳出制限がかかりにくい仕組みであった。後者も積立が開始されて間もないこともあって，財政赤字のバッファーの役割は果たすことができなかったのである。(25)

（２）財政収支の分析と予算プロセス

次に，カリフォルニア州の財政収支の状況を検討しよう。先にも述べたように2008-09年度から2011-12年度まで財政収支の赤字が連続しているが，形式的な収支の赤字が発生したのは，2008-09年度（－81億6800万ドル），2009-10年度（－1億9600万ドル）の２か年度に過ぎない（表6-2）。つまりこの２か年度に大幅な赤字が生じた結果，それが次年度以降に繰越され赤字が連続したのである。この両年度の赤字繰越しがなければ，次年度以降に赤字が発生することはなかったわけである。よって財政赤字の問題の焦点は2008-09年度，2009-10年度の予算プロセスにあることになる。

では，この２か年度の予算プロセスは他の年度のそれと比較してどのような

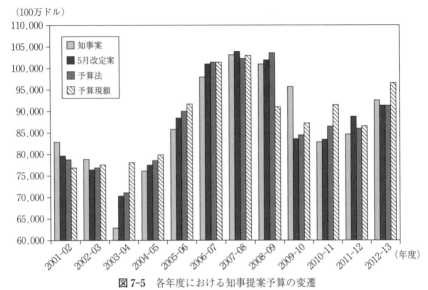

図7-5　各年度における知事提案予算の変遷

出所）California Department of Finance, Summary Schedules and Historical Charts, Chart. G より作成。

特徴が見られるであろうか。図7-5は年度ごとの予算プロセスとそれぞれの予算額の変化を見たものである。それぞれの予算とは，①1月に知事が議会に提出する知事予算案，②5月に知事が経済情勢等の変化を受けて修正提案する5月改定案，③6月末までに議会で可決され知事が承認して成立する予算法（しばしば年度を超える），さらに④予算執行中に増額ないしは減額補正し年度後（6か月後）に確定する予算現額のことである（第1章参照）。

これを見ると，2008-09年度と2009-10年度は他の年度と際立って大きな違いがあることがわかる。他の年度は知事予算案に対して予算現額はほぼ同じか増額する傾向にある。2001-02年度予算のように予算法成立時の予算額が予算現額よりも減額している場合もあるが，2008-09年度予算はその減額規模が顕著である。予算法時の歳出予算額は1034億ドル，予算現額は909億4000万ドルで－12.1％も削減されている。つまり，年度途中に執行中の予算が大幅に減額補正されているのである。

カリフォルニア州では，予算執行中に大幅な収支の不均衡が予想された場合には，知事は2004年の提案58号に基づき財政緊急事態宣言を発令し議会に特別

会の招集と財政健全化策の審議を命じる権限を持っている。予算法成立後，知事はこうした権限を行使して2008-09年度予算を減額補正したことが示されている。

一方，2009-10年度の場合は，知事予算案に比べ，予算法成立時の予算額は大幅に減額されている。知事予算案は955億2400万ドル，予算法成立時の予算額（この場合は7月改定予算額）は845億8300万ドルで－11.4％減額されている。歳入見積もりの下方修正に合わせて，知事の5月改定案や議会による予算の審議過程で柔軟に歳出予算案が減額されたことが示されている。

ここで注意しなければならないことは，2009-10年度予算プロセスは，カリフォルニア財政史上でも大変特異であるということである。通常は先に述べた通り，1月の知事予算案の提案後，議会審議が始まり，5月に知事から5月改定予算案が提案され，6月末に予算法が成立する過程を辿る。

ところが，2009-10年度予算は1月の知事予算案の提案後，2月に予算法が成立し，5月，7月に予算法の改定が行われたのである。予算法の成立が4か月も前倒しされたのは，財政危機が深刻化し年度初めから新年度予算を確実にスタートさせなくてはならなかったためである。通常年度のように予算法成立が年度を超えることは許容できない事態であったのである（実際には後に見るように超えてしまったが）。このため，上記の図7-5の予算法の金額は，2009-10年度の場合だけ2月に成立した予算法の金額でなく，7月に再改定した金額を示している。

いずれにせよ，この2か年度の予算プロセスを検討することで，財政危機時における州の財政健全化策の特徴を明らかにすることができると言えよう。

第3節　赤字公債なき財政の健全化

（1）増大する財源不足と決まらない財政健全化策

先にも示したように，厳しい財政危機を反映して2008-09年度予算は予算執行過程で，2009-10年度予算は予算審議過程で予算が大幅に減額されたのを見た。前者の期間は2008年10月以降から2009年6月末まで，後者は2009年1月から2009年7月（7月25日に改定予算法成立）までの期間である。よって本節では，

表 7-6 2008-09年度,2009-10年度における歳出予算額と財政収支の変化

(単位:1億ドル,%)

	08-09年度歳出額	予算法に対する変化率	08-09年度財政収支の見通し	09-10年度歳出額	知事案に対する変化率	09-10年度財政収支の見通し
2008-09年度予算法	1034.0	—	17.0			
2009-10年度知事案	924.1	−10.6	0	955.2	—	21.8
2009-10年度予算法	940.9	−9.0	−34.2	922.1	−3.5	21.0
2009-10年度5月改定予算	925.0	−10.5	−53.3	840.4	−12.0	11.1
2009-10年度5月再改定予算	913.5	−11.7	−41.8	835.2	−12.6	45.2
2009-10年度7月改定予算	915.5	−11.5	−44.6	845.8	−11.5	5.0

出所)各予算における歳出額の出所は図7-5に同じ。財政収支の見通しについてはCalifornia Department of Finance発行の各予算資料に基づく。

この2つが重なり合う2008年10月から2009年7月までの予算プロセスに焦点を当て,カリフォルニア州における財政危機時の予算編成や財政健全化策の特徴について検討することにする。

2008-09年度予算法が成立したのは2008年9月23日であった。新年度に入ってほぼ3か月近く予算が決まらなかった状態が続いた。予算法の成立が難航したのは2007年末の景気後退を受け,財源不足が拡大したためである。2008年1月の段階では,2008-09年度末に144.8億ドルの財源不足が発生するとされたが,5月にはさらに増加し242.8億ドルに達すると予測された。財源不足の予測額は大きかったものの,最終的にシュワルツェネッガー知事が承認した2008-09年度予算法の歳出額は1034.0億ドルで前年度の予算法(2007-08年度予算法)と比べ微増する結果となった。

予算法に盛り込まれた242.8億ドル分の財政健全化策は次の通りで,①歳出削減108.7億ドル(44.8%),②歳入確保85.6億ドル(35.3%),③借入れ40.3億ドル(16.6%)であった。①はK-14教育費(初等中等教育費+コミュニティ・カレッジ教育費)の削減や予算安定化基金への繰入れ停止等で,②は会計操作による収入の前倒しや滞納法人への罰金等の一時的な財源措置等で,増税は行われなかった。さらに③は,特別会計からの借入れや2004年の提案57号で認められていた経済回復債の発行残分の起債等であった。その結果,2008-09年度末には17.0億ドルの財政収支の黒字が発生すると見込まれていた(表7-6の第1列)。

しかし,財政収支の見込みは予算法の成立後,間もなく大きく狂ってしまう

ことになった。さらなる景気の悪化により，歳入見通しが2008-09年度で110億ドル，2009-10年度で130億ドル程，下方修正されることになった。このため，何らかの財政健全化策を講じなければ，2008-09年度末には95億ドル，2009-10年度末には225億ドルの財源不足が発生することが予想されたのである。10月2日，この財源不足を解消するために，知事は財政緊急事態を宣言し，特別会を招集することになった。

特別会では，知事が249.3億ドルの財政健全化策（2008-09年度の対策分92億ドル，2009-10年度対策分の157.1億ドル）を提示した。内容は，①歳出削減106.2億ドル（42.6％），②歳入確保143.1億ドル（57.4％）であった。①はK-14教育費削減32.3億ドル，SSI/SSPプログラム削減15.7億ドル，CalWORKs削減11.2億ドル，Medi-Cal削減8.6億ドル等が含まれた。②は売上税1.5％の臨時増税（3年間）101.8億ドル，売上税の課税ベースの拡大（家具修理，自動車修理，ゴルフ，獣医サーヴィスへの売上税の課税）15.1億ドル，石油採掘税の増税17.3億ドル等が含まれた。

先に見た2008-09年の予算法の財政健全化策と異なり増税主体の案で，全体額の6割弱が増税で占められていた。しかし，11月30日までの特別会期中には何ら合意は得ることはできなかった。そこで知事は12月1日に再度，特別会を招集することになった。

議会でコンセンサスが得られなかったのは相変わらず与野党間の増税に対する考え方の違いにあった。与党民主党の上院議長代行ダレル・ステインバーグ（Darrel Steinberg）は，「問題となっている大幅な財源不足を埋め合わせるため，知事と共に作業することが議員としての我々の仕事である。財源不足の補てんは，支出の削減と追加的な収入増によってのみ可能である」と増税案に賛意を示した。しかし，野党共和党のリーダー，マイク・ビリニス（Mike Villines）は，「我々の信念では増税は経済を傷つけ，ますます制御不能な支出をもたらす」と反対の姿勢を示していた。

12月18日，議会は知事提案より少ない181億ドル分（2008-09年度分57.5億ドル，2009-10年度分123.1億ドル）の財政健全化策を提示した。内容は①歳出削減72.6億ドル（40.1％），②歳入確保93.2億ドル（51.5％）等であった。①にはK-14教育費削減25億ドル，州立大学経費削減1.3億ドル，SSI/SSP削減6.4億

247

ドル，CalWORKs 削減1.0億ドル等が含まれた。②には，売上税の0.75％臨時増税45.6億ドル，独立請負人（independent contractor）に対する個人所得税増税（3％源泉徴収）21.5億ドル，所得税増税（2.5％の付加税）16.5億ドル，石油採掘税増税8.6億ドル等が含まれた[31]。

この議会案に対して2009年1月6日，知事は，拒否権を発動して無効にしたのである。知事案より赤字削減額が少ないことや独立請負人への増税を問題視し，「（議会案は）増税によって人々を苦しめるが，予算均衡に必要な歳出の削減をやっていない。この不況時に住民の雇用を守ることも，モーゲージ危機で住宅の差し押さえに直面している住民を支援することもしていない」と批判した[32]。

ところで，この時期，州のキャッシュ・フローの状況は極度に悪化し資金ショートの恐れが発生していた。12月30日，州会計監査長官のジョン・チャン（John Chiang）は2009年2月には州は様々なサーヴィスに対する現金支出を繰延べするか，IOUsを発行するか決めなくてはならないと発表した[33]。IOUsは州が取引業者への支払や納税者への税の還付を行う場合に発行する借用証書で，その発行は「財政危機」を象徴する出来事であった。

通常，州政府のキャッシュ・フローは現金支出が集中する財政年度の前半（7月から11月）に赤字化し個人所得税の徴収が集中する年度後半（3月から5月）に黒字化する傾向がある。この短期の赤字に対しては政府内借入れ（特別会計からの借入れ）や政府外の短期借入れ（収入つなぎ証券，収入つなぎ債）により補てんされてきた[34]。

しかし2008-09年度の場合，予算法の可決が遅れ10月以降から現金支出が増えたことと，年度後半の税収調達が景気の後退で大幅に低下したこと，さらに，9月のリーマンショックに象徴される金融危機により収入つなぎ証券の発行が困難になったことが重なり，州政府の資金繰りは極度に悪化していたのである[35]。結局，2009年2月のIOUsの発行は一旦回避されたが，7月には発行に踏み切られることになった。

（2）赤字州債案の否決と経費削減主体の財政健全化

さて，2009年1月9日，知事は2009-10年度予算案を発表した。この時，財

第7章　リーマンショックと財政危機

源不足額は10月の特別会の時よりもさらに膨れ上がり，2008-09年度末に148億ドル，2009-10年度末には416億ドルに達すると見込まれた。[36]

このため，知事案の歳出額は955.2億ドル，前年度の知事案1010.0億ドルと比較して5.4％削減した案が示された。また，執行途中の2008-09年度歳出予算も924.1億ドルに減額補正され，予算法成立時の1034.0億ドルと比較し10.6％削減されることになった。

この時提示された財政健全化策は昨年，11月の知事案を土台としたもので，総額は416.7億ドルに上った。内容は①歳出削減174.6億ドル（41.9％），②歳入確保141.8億ドル（34.0％），③借入れ100.3億ドル（24.1％）であった。また，この健全化策が実施された場合，2008-09年度は収支が均衡化し2009-10年度末には21.8億ドルの財政収支の黒字が見込まれた（表7-6の第2列）。

①には，K-14教育費削減77.1億ドル，健康・福祉費削減39.1億ドル，人件費削減17.0億ドル，司法費削減14.6億ドルが含まれた。②には売上税1.5％の臨時増税91.0億ドル，売上税の課税ベースの拡大13.8億ドル，扶養控除の削減14.4億ドル，石油掘削税増税11.8億ドルが含まれた。さらに，③には宝くじ債（Lottery Bonds）の発行50.0億ドル，収入つなぎ債の発行46.7億ドルが含まれた。[37]

歳出削減と増税だけではもはや巨額な財源不足の解消はできなかったため，新たに赤字州債発行が加わることになった。しかし州債発行には課題もあった。宝くじ債は州営宝くじの収益金を原資に州債の発行を行うものであるが，収益金は州憲法上，教育財源に使途することが決められていた。このため，宝くじ債の発行は住民投票による承認を必要とした。投票の結果によっては発行が見送られる場合も想定された。

一方，収入つなぎ債は一般基金のキャッシュ・フローを維持するために発行する債券で，年度内償還が義務づけられている収入つなぎ証券と異なり発行年度以降（年度外償還）の償還が認められていた。しかしその場合，発行コストが高くなるという問題点の他，金融危機の下，容易に市場で消化できるのか，さらには財政赤字の解消を目的とした長期債の発行を禁じた2004年の提案58号に抵触しないのかという問題も指摘されていた。[38]

この知事案は議会で審議され修正が施された後，2009年2月19日に可決され

249

表7-7 2009-10年度予算法（2月）における財政健全化策

(単位：100万ドル)

	2008-09年度	2009-10年度	合計	割合
歳入確保	1,534	10,980	12,514	30.0
1％の売上税の引き上げ	1,203	4,553	5,756	13.8
0.5％の自動車免許料の引き上げ	346	1,692	2,038	4.9
個人所得税率0.25％の引き上げ	—	3,658	3,658	8.8
扶養控除の削減	—	1,440	1,440	3.5
税額控除の創設	−15	−363	−378	−0.9
歳出削減	6,765	8,594	15,359	36.8
K-14教育費の削減	5,775	2,647	8,422	20.2
健康・社会サーヴィスの削減	131	1,518	1,649	4.0
人件費の削減	333	834	1,167	2.8
高等教育費の削減	131	756	887	2.1
提案63号，10号の振り替え	—	835	835	2.0
交通基金の振り替え	254	407	661	1.6
矯正費等の削減（知事拒否）	—	400	400	1.0
その他の支出削減	140	1,198	1,338	3.2
借入れ	234	5,095	5,329	12.8
宝くじ債の発行	—	5,001	5,001	12.0
特別基金からの借入れ	234	94	328	0.8
連邦補助金	2,825	5,701	8,526	20.4
合計	11,358	30,371	41,729	100.0

出所）LAO (2009d), p.6 参照。

た。そして翌日，予算法として成立したのである。2月に予算法が成立したのは，カリフォルニア州財政史上でも異例な出来事であった。予算法が早期に成立したことで年度明けから直ちに財政健全化策を実施でき赤字解消に対処できると期待された。

2009-10年度の予算法の歳出総額は922.1億ドルで，知事案より3.5％削減された。一方，執行途中の2008-09年度予算は940.9億ドルでやや減額幅は小さくなった。これにより，2008-09年度末の財政収支は−34.2億ドルの赤字に転落するが，2009-10年度末には21.0億ドルの黒字に転換すると見込まれた（表7-6の第3列）。財政健全化策（表7-7）の総額は知事案と同規模の417.3億ドル（2008-09年度，2009-10年度分合計）であった。

その内容は，①歳出削減153.6億ドル（36.8％），②歳入確保125.1億ドル（30.0％），③借入れ53.3億ドル（12.8％），④連邦補助金85.3億ドル（20.4％）であった。

先の知事案と大きく異なる点は，アメリカ再生・再投資法に基づき連邦補助金（Federal Stimulus Funds）が交付されることで，歳出削減（対知事案比－11.9％），歳入確保（－12.5％），借入れ（－46.9％）の割合がそれぞれ減額されたことである。歳出削減では，健康・福祉費，人件費等で削減額が小さくなり，歳入確保では，売上税の増税幅が1.5％から1％（2009年から2011年の臨時増税）に圧縮され，売上税の課税ベースの拡大も見送られた。代わりに個人所得税の全課税ブラケットに対して一律0.25％税率が引き上げられることになった（2009年から2010年の臨時増税）。さらに，借入れでは収入つなぎ債の発行は取り止めとなった。

なお，上記の案には，2009年5月19日に実施される住民投票の結果で，予算化が決まるものも含まれていた。それは先にも述べた宝くじ債の発行（50億ドル）を認める提案1C号に加え，たばこ税収の一部を子供の健康・福祉費の財源（6億ドル）に振り替える提案1D号，個人所得税収の最高税率部分（2.3億ドル）を青少年，児童の精神衛生サーヴィスに振り替える提案1E号があった。これらは従来，別の財政提案で財源が使途づけられていたため，新たに住民投票によって修正を承認しなければならなかったのである。

このように早期に予算法が成立し財政健全化策が具体化したが，その後も大幅な財源不足の問題は解消できず，州政府は新たな対応に追われることになった。5月14日に発表された5月改定予算案では2009-10年度末に新たに155億ドルの財源不足（5月19日の住民投票が否決された場合には213億ドルに拡大）が発生することが示された。原因の多くは，景気の悪化によるもので，歳入の下方修正によるものが125億ドル（2008-09年度予算で35億ドル，2009-10年度予算では90億ドル），不況による福祉受給者増の影響等によるものが31億ドルであった。

そこで5月改定予算案では新たに145.5億ドルの財政健全化策（2008-09年度予算分20.3億ドル，2009-10年度予算分125.2億ドル）が示された（表7-8）。内容は，①歳出削減55.6億ドル（K-14教育費，高等教育費等の削減等），②歳入確保9.9億ドル（歳入の前倒し等），③借入れ61.0億ドル（収入つなぎ債の発行，基金の移転），④その他19.0億ドルであった。

増税は実施されず，経費削減と借入れを主体としたプランであった。主なものとして，K-14教育費30.0億ドル，カリフォルニア大学，カリフォルニア州

表7-8　2009-10年度5月改定予算案における財政健全化策

(単位：100万ドル，％)

	5月改定案			臨時財源案	合計	割合
	2008-09年度	2008-10年度	合計			
歳出削減	2,020	3,540	5,560	3,439	8,999	42.2
歳入確保	—	989	989	1,776	2,765	13.0
借入れ	13	6,092	6,105	1,482	7,587	35.6
その他	—	1,900	1,900	80	1,980	9.3
合計	2,033	12,521	14,554	6,777	21,331	100.0

出所）California Department of Finance (2009b), p. 3, p. 21 参照。

立大学経費10.2億ドルの削減に加え，1月の知事案で見送られた収入つなぎ債60.0億ドルの発行が復活した。

なお，このプランには5日後（5月19日）の住民投票で提案1C号から1E号が可決されない場合に備えて，臨時財源案（67.7億ドル）も盛り込まれていた。[43] 内容は①歳出削減34.4億ドル，②歳入確保17.8億ドル，③借入れ14.8億ドルである。①にはK-14教育費32.8億ドル，②には所得税の源泉徴収の前倒し17億ドル，③には地方政府から財産税収8％分の借入れ19.8億ドルが含まれていた。[44]

ところで，この5月改定予算案以降の展開は目まぐるしかった。[45] 1つは，5月19日の住民投票で，提案1C号から1E号がすべて否決されたことである。このため，2月に決定した予算法に60億ドル近い財源不足が生じることになったが，5月改定案の中で予め想定されていた臨時財源案で対応されることになった。

2つには，5月21日に知事が借入れに対する方針を転換したことである。5月改定予算案には60億ドルの収入つなぎ債の発行が盛り込まれていたが，これを取りやめ歳出削減で財源不足を補うことにした。連邦政府に収入つなぎ債の債務保証を求めていたことが拒否されたことが影響したとされる。[46] このため，5月26日の追加提案として，CalWORKs13.1億ドル，健康家族プログラム2.5億ドル，矯正費7.9億ドル，大学経費3.4億ドル等，合計55.7億ドルの歳出削減案が提示された。

3つ目に，5月改定案の歳入見込みがさらに下方修正されたことである。財政当局が30億ドル程度，高めに推計していたため，減額修正されることになり，28.3億ドル分の財政健全化策が新たに示されることになった。

第7章 リーマンショックと財政危機

　その結果，5月改定案の財政健全化策は再度修正されることになった。5月改定案当初の145.5億ドルは再改定案では239.6億ドルに拡大することになったのである。その内容は①歳出削減149.8億ドル（62.5％），②歳入確保27.7億ドル（11.6％），③借入れ（他会計のからの借入れ）39.1億ドル（16.3％），④その他23.1億ドル（9.6％）で，宝くじ債，収入つなぎ債の発行が見送られた分，歳出削減の割合が大きくなった。

　これにより，2009-10年度歳出予算額はさらに減額され835.2億ドルになり，執行途中の2008-09年度歳出予算も913.5億ドルに減額された。この結果，2008-09年度末は41.8億ドルの赤字となることが予想されたが，2009-10年度末には，45.2億ドルの黒字になることが見込まれた（表7-6第5列）。

　一方，議会でも予算協議会が開催され，5月再改定案の審議を行い，6月16日に協議会案が取りまとめられた。この案は，155億ドルの歳出削減と77億ドルの歳入確保で，合計232億ドルの財政健全化案を示した。[47]

　歳出削減には，K-14教育費55億ドル，健康・福祉費24億ドル，公共交通費21億ドル，高等教育費20億ドル，州及び大学職員の給与16億ドル等の削減が含まれた。歳入確保には独立請負人者への所得税20億ドル，たばこ税10億ドル，石油採掘税8億ドル等の増税が含まれた。政府案と同様，州債発行を含めていなかったが，増税に比重を置いている点で対照的であった。しかしこの委員会案は上下両院で否決されることになり実現には至らなかった。

　このため，新年度の開始が迫っても5月改定案以降に生じた財源不足（約240億ドル分）を補てんする追加の財政健全化策が決まらなかったのである。こうした中，知事は7月1日に再度，財政緊急事態宣言を発令することになった。[48]また，この時新たに歳入の下方修正等で財源不足が発生したため，知事は48.8億ドル分の財政健全化策を提示した。内容は，①K-14教育費の削減30.2億ドル，②高等教育費の削減14.3億ドル，さらに③職員の一時帰休による給与削減4.3億ドル等であった。[49]

　そして，翌日の7月2日には，州政府は資金ショートを避けるために，9万1213枚，33.6億ドル相当のIOUsの発行に踏み切った。[50]しかし7月10日には，バンクオブアメリカ，シティグループ，ウェルス・ファーゴ，モルガン・チェースといった大手金融機関がIOUsの受取りを拒否する声明を行った。金融機

関の言い分はIOUsを引き受ければ州の財政危機はずるずる引き延ばされることになる。IOUsを拒否することで，予算に合意できない議会に圧力をかけようとするものであった。州政府も議会も窮地に立たされた。[51]

そうした中，議会は7月24日にようやく追加の財政健全化策を可決したのであった。この議会案に対して知事は一部拒否権を発動（健康・福祉費等4.9億ドルを削減）し，237億ドル分の財政健全化策を承認した（表7-9中の7月修正分）。内容は，①歳出削減180億ドル（75.9%），②臨時的な歳入確保・一般基金への移転35億ドル（14.8%），③借入れ22億ドル（9.3%）であった。

①は教育費61億ドル，健康・福祉費34億ドル，高等教育費20億ドル，州職員給与18億ドルの削減等が含まれた。②では先の予算協議会案と異なり増税は含まれず，個人所得税の源泉徴収の前倒し17億ドルや州労災保険基金の民営化による売却収益10億ドル等の一時的な歳入確保手段が含まれた。さらに，③では，地方政府からの財産税の借入れ19億ドル（提案1Aの停止），特別会計からの借入れ2億ドルが含まれた。

最終的に，2月予算法で決定されたものまで含めて財政健全化策の規模を見ると総額595億ドル（2月予算法以降の修正分を反映）に上った（表7-9）。その内容は，①臨時増税125億ドル（21.0%），②臨時的歳入確保・一般基金への繰入れ35億ドル（5.9%），③歳出削減325億ドル（54.6%），④連邦補助金85億ドル（14.3%），⑤借入れ25億ドル（4.2%）となった。

2月予算法の時点よりも歳出削減の割合が，36.8%から54.6%に大きく増え，増税，借入れ，連邦補助の割合は減ることになった。大恐慌以降最大の経済危機の最中，赤字公債に頼らず歳出削減主体に財政健全化が図られたわけである。

なお，これまでの財政危機と異なり連邦補助が財源の補てんに加わったことは州財政にとって画期的であったが，全体の財源不足額と比べると金額的には，さほど多くはなかった。[52]

以上の結果，年度が終了した2008-09年度の歳出予算額は915.5億ドルとなった。大幅な歳出削減が行われたものの2008-09年度末には－73.9億ドルもの財政収支の赤字が残る結果となった（表6-2）。一方，7月に改定された2009-10年度歳出予算額は845.8億ドルで，知事案と比べ－11.5%削減されることになった（表7-6第6列）。この時点では5億ドルの黒字が見込まれたが，その後，

第7章　リーマンショックと財政危機

表7-9　2009-10年度7月改定予算法における財政健全化策

(単位:10億ドル,％)

	2月予算法	割合	7月修正	割合	合計	割合
臨時増税	12.5	34.9	―	―	12.5	21.0
歳出削減	14.5	40.4	18.0	75.9	32.5	54.6
K-14教育費の削減	8.4		6.1		14.5	
健康・社会サーヴィスの削減	1.7		3.4		5.0	
人件費の削減	1.2		1.8		3.0	
高等教育費の削減	0.9		2.0		2.9	
地方再開発基金の振り替え	―		1.7		1.7	
交通基金の振り替え	0.7		0.9		1.6	
矯正費等の削減	0.6		0.8		1.4	
その他の支出削減	1.1		1.4		2.6	
臨時的歳入確保・一般基金への移転	―	―	3.5	14.8	3.5	5.9
給与の源泉徴収の前倒し	―		1.7		1.7	
州労災保険の一部民間売却	―		1.0		1.0	
個人所得税・法人税の推計払いの前倒し	―		0.6		0.6	
その他	―		0.2		0.2	
連邦補助金	8.5	23.7	0.0	0.0	8.5	14.3
借入れ	0.3	0.8	2.2	9.3	2.5	4.2
地方政府の財産税の借入れ	―		1.9		1.9	
特別基金からの借入れ	0.3		0.2		0.5	
合計	35.9	100.0	23.7	100.0	59.5	100.0

注)　2月予算法は5月改定予算の影響を修正した数値を掲載。
出所)　LAO (2009a), p.4参照。

最終的に−61.1億ドルの赤字となったのである。

　なお，前年度に引き続き予算法成立は大幅に遅れ，IOUsの発行も余儀なくされた。このことは第1節で見た2010年の提案25号（予算成立の要件の引き下げ）を生み出すきっかけとなり，カリフォルニア州財政制度に大きな改革をもたらすことになった。

第4節　財政健全化策と住民意識のギャップ

　前節では2008年10月から2009年7月までの予算プロセスと財政健全化策について詳しく見てきた。カリフォルニア州は大恐慌以降，最大の財政危機に対して経費削減を主体に乗り切ろうとしたわけである。そうした財政健全化策に対して住民はどのような認識をもっていたのであろうか。カリフォルニア公共政

策研究所（PPIC）による2009年の世論調査（2001人の成人対象）は次のような結果を示していた[53]。

「カリフォルニア州の財政状況をどう思うか」の問い対して，①深刻な問題として考えている75％，②幾分問題と考えている21％，③問題ないと考えている２％と，圧倒的多数の住民が財政問題を厳しく認識していた。

「財源不足を埋めるためにどのような政策を好むか」の問いに対して，①大半を経費削減で行う33％（民主党支持者のうち19％，共和党支持者のうち52％，その他のうち30％が支持），②大半を増税で行う８％（民主党支持者のうち12％，共和党支持者のうち２％，その他のうち６％），③経費削減と増税の組み合わせで行う44％（民主党支持者のうち54％，共和党支持者のうち37％，その他のうち45％），④州債発行で行う７％（民主党支持者のうち７％，共和党支持者のうち３％，その他のうち７％）の結果であった。

経費削減と増税の組み合わせが最も好まれ，次いで経費削減単独の割合が高く，増税単独や州債発行に対しては否定的であった。ただ経費削減については党派で見解が分かれ民主党支持者では支持が低いものの共和党支持者で高かった。

「主要４経費（初等中等教育費，健康・福祉費，高等教育費，矯正費）のうち，経費削減から守りたい経費を１つ挙げなさい」の問い対しては，①初等中等教育費60％（民主党支持者のうち59％，共和党支持者のうち63％，その他のうち64％），②健康・福祉費18％（民主党支持者のうち20％，共和党支持者のうち13％，その他のうち16％），③高等教育費12％（民主党支持者のうち13％，共和党支持者のうち11％，その他のうち11％），④矯正費６％（民主党支持者のうち５％，共和党支持者のうち９％，その他のうち６％）という結果であった。住民にとって最も守りたい経費は初等中等教育費で両党の支持者のほぼ６割が教育費の維持を求めていたわけである。健康・福祉費等の経費に対する認識と際立った違いがあった。

以上の州民のアンケート調査の結果と実際の財政健全化策を比べると，増税の比重が低いとはいえ，増税と経費削減を組み合わせたプランが提示された点，宝くじ債や収入つなぎ債等の赤字州債の発行に依存しなかった点は同じであった。しかし大きな違いは初等中等教育費に対する経費削減であった。住民にとって最も守って欲しかった経費が最も厳しく削減されたわけである。

表7-10に示すように，財政危機前の2007-08年度と財政危機の最中にある2010-11年度の一般基金歳出額を比較すると，金額で114億3600万ドル削減されている。そのうち初等中等教育費の削減額は72億3300万ドル，全体の削減額の63.2％と最も大きかった。

従来，教育財源は，提案98号（1988年）により最低保障額が規定されていたが，2006-07年度から2008-09年度の間は財源の算定式は定式2から定式3に変更され，2010-11年度には提案98号自体，停止されていた。このため，一般基金歳入の低下に応じて教育費も容易に削減されることになったのである。

このような州の教育費削減が学区財政にどのような影響をもたらしたのであろうか。州の教育補助金は2007-08年度から2010-11年度にかけて403億ドルから327億ドルに－18.9％削減された（表7-11）。これに伴い，学区全体の経費も707億ドルから674億ドルに－4.7％削減された。経費削減の多くは教職員の人件費（福利厚生費を含む）により賄われ，同期，492億ドルから464億ドルに削減されることになった。その結果，教職員のリストラも進み，教員数（常勤）は，2007-08年度から2010-11年度にかけて30万512人から26万8495人に－10.7％削減され，職員数は2万5687人から2万1602人に－15.9％削減されたのである。

この教員数の削減は，教員1人当たりの平均クラス規模の拡大と年間授業日数の短縮をもたらした（表7-12）。前者については2008-09年度から2010-11年度にかけて幼稚園クラスでは1クラス23人から26人に，1学年から3学年クラスでは23人から26人に，4学年から6学年は30人から31人，7学年から12学年は30人から32人と増えることになった。

また，後者については，2008-09年度は99％の学区が年間授業日数を180日としていたが，2010-11年度には61％の学区しか180日を維持できず，17％の学区が176日から179日，残り22％の学区は法定の最低基準である175日としたのである。第1章でもカリフォルニア州の教育費の水準や教育成果は他州と比較して低いことを指摘したが，教育費主体の経費削減はこの低い教育環境を生み出す原因となっていたわけである。

ところで，2004年の提案57号の住民投票では，赤字州債である経済回復債の発行が承認された。当時，シュワルツネッガー知事は「投票者が経済回復債を

表7-10 2007-08年度から2010-11年度における一般基金歳出額の削減額

(単位：100万ドル，％)

	削減額	削減割合
K-12教育費	7,233	63.2
健康・福祉費	2,514	22.0
矯正・更生費	465	4.1
高等教育費	292	2.6
その他	932	8.1
合計	11,436	100.0

出所）図6-4に同じ。

表7-11 財政危機のK-12教育財政への影響

	2007-08	2010-11	削減率（％）
教育財政			
州教育補助金(10億ドル)	40.3	32.7	−18.9
学区歳出額（〃）	70.7	67.4	−4.7
人件費	49.2	46.4	−5.7
書籍・備品費	4.5	3.5	−22.2
その他	17.1	17.5	2.3
ADA当たりの教育費（ドル）	11,892	11,327	−4.8
教職員数			
教員(人)	300,512	268,495	−10.7
職員（人）	25,687	21,602	−15.9

注）学区歳出額にはチャータースクール分も含まれる。
出所）LAO (2012), pp.7-8参照。

表7-12 財政危機のK-12教育サーヴィスへの影響

	2008-09	2010-11
平均クラス規模		
幼稚園　（人）	23	26
1-3学年（〃）	23	26
4-6学年（〃）	30	31
7-12学年（〃）	30	32
授業日数		
180日（％）	99	61
179～176日（〃）	>1	17
175日（〃）	>1	22

注）>1は1％未満を示す。
出所）表7-11に同じ。p.26参照。

支持しなければ，州は教育，福祉のアルマゲドン的な削減に直面する[56]」と警告した。このアルマゲドン的削減は実際，2009年に襲来してきたわけであるが，なぜ今回は赤字州債の発行を住民が拒否したのであろうか。これを2009年5月に宝くじ債発行の是非を問うた提案1C号の議論を通じて見ていくことにしよう[57]。

　元々，州営宝くじは1984年の提案37号によって導入された制度で，宝くじ収益金の一部は教育財源に使途するとしていた。2007-08年度の場合，宝くじ収益金は30億ドルで，その内16億ドルが当選金，4億ドルが運営費，残り10億ドルが教育財源として学区等の教育機関（大学等）に配分されていた。

　先にも述べたように提案1C号は，この教育財源に使途されている宝くじ収益金を償還財源に宝くじ債を発行し2009-10年度予算の財源不足を解消しようとした提案であった。一般基金の税収を償還財源としないため，通常の借入れと性格が異なり2004年の提案58号（財政赤字の解消を目的とした長期債の発行を禁じる）の制約は受けないと解釈された。他方，宝くじ収益金が償還財源に充当されるため，教育財源の減少分は将来的に一般基金で補てんするとしていたのである。

　議会分析局によれば，①一般基金の財政赤字に対応するために50億ドルの宝くじ債の発行は必要であり，もし提案1C号が可決されなければ，増税か経費削減，もしくはその両方が行われることになる。②教育機関は宝くじ収益金の減収分を一般基金によって補てんされるため，長期的には財源が安定化する可能性がある。しかし，③現在の金融危機の下でクレジットクランチが発生しており，50億ドルもの宝くじ債の発行はできない恐れもあると分析していた。

　提案1C号の支持者は，カリフォルニア州保安官協会，カリフォルニア州教育長官のグリン・W・トーマス（Glen W. Thomas）等であった。彼らは，大恐慌以来の最大の不況下で，カリフォルニア州民は増税や教育等の不可欠なサーヴィスの削減に直面しているが，提案1C号はこのどちらもせずに50億ドルもの財源を確保することができると支持した。一方，反対者は州上院議員のボブ・ホフ（Bob Huff）で，人々は不況で賭博への支出を抑えており，宝くじの収益金は減少している。宝くじに頼った財政救済は信頼できる解決策とは言えないと反対した。

以上の他にも提案1C号に対して次の団体が支持，不支持を表明していた[58]。支持団体はカリフォルニア民主党，バジェット・リフォーム・ナウ（Budget Reform Now, 知事の後援団体），カリフォルニア商工会議所，カリフォルニア小売業者協会（California Retailers Association），カリフォルニア教員組合等の団体で，提案1C号のキャンペーンに2580万ドルもの寄付を行った。不支持団体はカリフォルニア共和党，カリフォルニアリバタリアン党（Libertarian Party of California），カリフォルニア看護協会，カリフォルニア女性投票者連盟等であったが，反対キャンペーンへの寄付はほとんどなかった。

　支持派の多額の寄付にも関わらず，投票前のPPICの世論調査では，提案1C号に賛成37％，反対50％，わからない13％と反対が多かった。党派的には民主党支持者は賛成45％，反対41％でほぼ拮抗していたのに対して，共和党支持者は賛成29％，反対59％と反対が圧倒的に多かった[59]。その後の住民投票では賛成170万8800人（35.6％）対反対308万5138（64.4％）で否決されたのである。

　提案1C号が否決された結果は先に見たPPICの世論調査，すなわち借入れによる財政健全化に否定的な意見と同じであった。赤字州債の発行による一時しのぎより経費削減の痛みを受け入る方が選ばれたのである。提案1C号に反対したカリフォルニア女性投票者連盟は，公債発行の目的はインフラの整備や公共施設の建設（修繕，購入を含む），さらには災害復旧の場合に限られ，「借入れで一般基金の赤字を補てんすることは支持しない」と表明した[60]。他にも，赤字州債に依存すれば，知事や議会に歳入を超えて歳出を拡大させる自由を与える。「借入れを増やすことは州の予算問題を解決する答えにはならない」[61]とした財政保守主義的な批判もあった。そう考えると，2004年の提案57号の可決は政治的な偶然によるもので，赤字財政は住民にとっては本来的に受け入れがたい禁じ手であったように思われる[62]。

　また，赤字州債発行に対する否定的な認識は公債発行の状況や州債の格付けの点からも一定の根拠を持った意見であった。カリフォルニア州財務局の『州債償還能力報告』では，公債費の償還能力について3つの指標を挙げている。

　1つは州一般基金歳入に対する公債費の割合，2つは州の個人所得に対する公債費の割合，3つは，住民1人当たりの公債残高である。表7-13に示すように，2000-01年度と2009-10年度を比較すると，州一般基金歳入に対する割合

第7章　リーマンショックと財政危機

表7-13　カリフォルニア州債の償還能力

	州債費/一般基金歳入（％）	州債費/個人所得（％）	1人当たりの州債残高（ドル）
2000-01	4.13	2.1	774
2001-02	3.66	2.5	805
2002-03	3.37	2.5	812
2003-04	3.37	3.2	1,060
2004-05	4.44	4.7	1,545
2005-06	4.73	4.6	1,597
2006-07	4.30	4.4	1,623
2007-08	4.59	4.3	1,685
2008-09	5.76	4.4	1,805
2009-10	6.69	5.6	2,362

出所）California State Treasure の各年度版より作成。

表7-14　各州の州債の格付け（スタンダード＆プアーズ社による格付け）

	カリフォルニア州	全米ランク	ニューヨーク州	テキサス州	フロリダ州
2003	BBB	全米最低	AA	AA	AA-
2004	A	全米最低	AA	AA	AA+
2005	A	ワースト2位	AA	AA	AAA
2006	A+	ワースト2位	AA	AA	AAA
2007	A+	ワースト2位	AA	AA	AAA
2008	A+	全米最低	AA	AA	AAA
2009	A-	全米最低	AA	AA+	AAA
2010	A	全米最低	AA	AA+	AAA

出所）各年度版の U. S. Department of Commerce より作成。

は，4.13％から6.69％に，個人所得に対する割合は2.1％から5.6％に，さらに，住民1人当たりの残高も774ドルから2362ドルに増えている。3つの指標には償還能力の適正値を示す具体的な数値目標はないが，どの数値も上昇しており，公債費負担が増加傾向にあることが示されている。[63]

また，民間の格付け会社による州債の評価も著しく低下していた。例えば，スタンダード＆プアーズ社によるカリフォルニア州債の格付けを見ると，2008年のA＋から2009年にはA－に引き下げられ，全米最低の水準に低下していた（表7-14）。これはカリフォルニア州同様，人口規模，経済力の大きいニューヨーク州（AA），テキサス州（AA＋），フロリダ州（AAA）と比較しても差は歴然としている。

こうした中，州政府の財源不足を補てんするために赤字公債を発行すれば，

格付けの低さゆえに市場から高い償還金利が要求され，現在，上昇しつつある公債費負担をさらに高め，将来的には州財政を悪化させると住民に認識されたのであろう[64]。

なお，この赤字州債の発行に対する住民の否定的な考えはアルマゲンドン的経費削減を経験した後も変わらなかった。2011年5月のPPICの世論調査[65]では，「予算ギャップを埋めるためにどのような政策を好むか」の質問に対して，40％が経費削減と増税の組み合わせ，36％が大半を経費削減，8％が州債発行で行うと答えている。基本的には2009年の結果と変わらず，大幅な経費削減を被っても赤字州債の発行に対する否定的な認識は変わらなかったのである。また，財政赤字を州債発行により補てんすることに否定的な考えは，他州でも共有されていた。アリゾナ州，フロリダ州，イリノイ州，ニューヨーク州と比較した世論調査でも州予算を均衡させるための手段として借入れを挙げる割合は著しく低かったのである[66]。

おわりに

最後にこれまで述べてきた議論を整理することにしよう。

第1に，リーマンショック後のカリフォルニア州経済，財政への影響について検討した。リーマンショック後の2008年には州の経済成長率はマイナスに落ち込み，失業率も悪化した。特に住宅市場の影響は甚大で住宅価格は暴落し，住宅の差し押さえ件数も急増した。差し押さえはヒスパニック系の低所得層が多く居住するカウンティで集中的に見られた。また，州経済の悪化に伴い財政状況も深刻化し，2008-09年度から2011-12年度の4か年度に渡り財政赤字が継続化した。この時期，これほど長く深刻な財政赤字が続いた州はカリフォルニア州をおいて他にはなかった。

第2に，財政赤字の原因と財政危機時における予算プロセスの特徴について検討した。州の財政赤字の主な要因は2000年代初めのドットコム・バブルの崩壊と同様，個人所得税の大幅な減収に伴う財源不足の発生であった。これに対して，初等中等教育費や健康・福祉費を中心に経費の削減が行われたが，2000年代前半の危機と異なり，赤字州債の新規発行は行われなかった。また，財政

危機の問題が最も鮮明に表れた時期を絞るために，形式的な収支が赤字であった2008-09年度，2009-10年度の予算プロセスに着目した。前者は，予算法成立後，予算の執行過程で大幅な減額補正が行われ，後者は知事予算が提案後，予算審議プロセスで大幅な予算の見直しが行われていた。

　第3に，財政危機時の財政健全化策の特徴を詳しく検討した。2008-09年度予算法の成立以降，財源不足が絶え間なく発生した。その都度，知事は財政緊急事態宣言を発令し特別会を招集した。財源不足額は2009-10年度の7月改定予算が成立する時には600億ドル近くまで膨らんだ。また，資金繰りが悪化しキャッシュ・フローの危機も発生したため，IOUsの発行が余儀なくされた。

　財政健全化策の中身は，経費削減が主体で臨時増税（所得税率0.25％，売上税率1％の引き上げ），連邦補助金，借入れは補完的な役割を果たした。宝くじ債や収入つなぎ債といった赤字公債の発行が見送られた分，経費削減の割合が高くなったのである。連邦補助金はアメリカ再生・再投資法に基づくもので，州の財政危機に連邦が財政援助することは画期的であったが規模的には大きくはなかった。借入れについては，赤字州債の発行がなかった代わりに，特別会計からの政府内借入や地方政府からの政府外借入が行われた。地方政府からの借入れに当たっては，2004年の提案1Aは停止された。州と地方の財源を巡る対立は激しくなり，2010年の提案22号を成立させるきっかけともなった。

　第4に，経費削減主体の財政健全化の問題点を検討した。世論調査では「経費削減と増税」もしくは「経費削減単独」で財源不足を補てんすることが望まれ，赤字州債の発行を望む意見が少なかった。この点，州の財政健全化策の内容と住民の意見は一致していたが大きな違いもあった。住民にとって最も守りたい経費であった初等中等教育費が経費削減の主な対象になったことである。その結果，学区への教育補助金は大幅に削減され，教職員のリストラや授業日数の短縮が行われ教育サーヴィスは低下した。宝くじ債の発行を内容した提案1C号が住民投票で可決されていれば，経費削減は幾分，緩和されたかもしれない。しかし，一時しのぎの赤字州債の発行よりも経費削減を優先する財政保守主義的な住民の考えやカリフォルニア州が置かれた起債環境がそれを拒んだのであった。

注

(1) Cain and Mackenzie (2008), pp. 8-9 参照。
(2) サブプライム・ローン問題について豊福 (2012), pp. 12-17参照。
(3) 西川 (2013), pp. 157-161参照。
(4) 岡田 (2014), pp. 31-32参照。
(5) 金融・保険業の対前年伸び率は2007年−9.8%, 2008年−13.1%, 2009年5.9%と他産業より先行的に景気後退の影響を受けた。California Department of Finance, California Statistical Table. D-3 参照。
(6) *Ibid.*, TableC-3 参照。
(7) 提案13号後, 地方政府は財源の途を開発政策に求めた(第4章で見た土地利用の財政化)。そのことが, 地価の継続的な高騰を招いた。また, 提案13号によって土地の長期保有(序章で見たロックイン効果)が促されたので, 土地の供給不足が生じ地価を高騰させた。さらに, 財産税負担が軽くなり, その分, 高額な住宅が売れることになった。Kaskla (2008), p. 126, 井手 (2015), p. 175参照。
(8) ヒスパニック系は非ヒスパニック系白人世帯と比較し, 2.1倍差し押さえの割合が高かった。Center for Responsible Lending (2012), p. 2 参照。
(9) 銀行の差し押さえにより空き家が増えたことで, 空き家のプールや庭の水たまりにボーフラが繁殖したことが原因であった。スタックラー, バス (2014), p. 216.
(10) それ以外の財政提案として, 次の3つの提案が可決されている。1つはガソリンに対する州売上税を交通関係以外の経費に流用することを禁じる2006年の提案1A号(議会提案)。2つは, 財政赤字が発生した場合, 財政均衡を維持する目的で公選職(州知事, 州議会議員, 副知事等)の昇給を見送るとした2009年の提案1F(議会提案)。さらに, 3つには耐震補強工事を行った建物については財産税の再評価を行わないとした2010年の提案13号(議会提案)がある。
(11) California Secretary of State (2010), pp. 30-35 参照。
(12) http://ballotpedia.org 参照。
(13) California Secretary of State (2010), pp. 52-55 参照。
(14) 2009-10年度予算の場合, 予算成立が遅れたことでIOUsが発行され800万ドルの利払費が生じ, 1万6000人の教員がレイオフされた。
(15) https://ballotpedia.org 参照。
(16) *Ibid.*
(17) California Secretary of State (2010), pp. 56-61 参照。
(18) 具体的には石油リサイクリング料(Oil Recycling Fee), 危険性物質料(Hazardous Material Fee), アルコール小売業者への料金(Fees on Alcohol Retailers), さらに商業地域の活性化に使途される課徴金収入(Assessment Revenue)が挙げられる。
(19) http://ballotpedia.org 参照。
(20) リーマンショック後の州財政危機とその対応について, 三島 (2011), pp. 214-

219参照。
(21) カリフォルニア州のサーヴィス分野における課税対象の割合は12.5％。テキサス州は49.4％, フロリダ州は37.5％, ニューヨーク州は33.9％である。50州とコロンビア特別区の平均は33.1％。カリフォルニア州は42番目に少ない。Federation of Tax Administrators (2010) 参照。
(22) 小売売上税の電子商取引については, 篠田 (2009), pp. 322-325参照。
(23) Cummins (2015), p. 95 参照。
(24) ネット取引課税については2011年から実施されている。実施に当たってはネット通販大手のアマゾン社から, 課税の取り消しを求めたレファレンダムも提起された。結局, 売上高100万ドル未満の業者を免税とし, 実施された。Ibid., p. 97 参照。
(25) こうした制度上の欠陥を受けて2009年に議会提案として提案1A号が登場した。予算安定化基金への積立割合を引き上げ, 知事の歳出削減に対する権限を強化した提案であったが, 住民投票で否決された。
(26) LAO (2008a), pp. 8-11 参照。
(27) 2004年の提案57号の可決により上限150億ドルの経済回復債の発行が認められた。今回の発行はその上限の残りを発行したものである。
(28) LAO (2008b), pp. 10-11 参照。
(29) BBC News (2008) 参照。
(30) California State Senate Budget and Fiscal Review Committee (2008), pp. 2-6 参照。
(31) LAO (2009a), p. 8 参照。
(32) 2009年1月6日のアーノルド・シュワルツネッガー知事からダレル・ステインバーグ上院議員とカレン・バス (Karen Bass) 下院議員への書簡 (http://www.cmta.net/pdfs/Gov_Veto_Letter_12_08.pdf) 参照。
(33) LAO (2009a), p. 8 参照。
(34) LAO (2009b), p. 7 参照。
(35) Ibid., pp. 12-14.
(36) California Department of Finance (2009a), p. 2 参照。
(37) LAO (2009c), p. OV-7 参照。
(38) Ibid., p. OV-13 参照。
(39) アメリカ再生・再投資法によるニューヨーク州への補助金の配分については川瀬 (2012), p. 220.
(40) 1984年の提案37号は宝くじ収益金を教育財源に, 1998年の提案10号はたばこ税の税収の一部を子供の発達プログラムに, さらに2004年の提案63号は所得税の最高税率部分をメンタルヘルスの財源に充当するようにそれぞれ定めていた。Ibid., p. 3 参照。
(41) LAO (2009e), p. 5 参照。
(42) California Department of Finance (2009b), pp. 3-14 参照。

⑷3　*Ibid*., pp. 15-20 参照。
⑷4　一方，臨時財源案では収入つなぎ債を 5 億ドル減額することになっていたので借入れ全体は14.8億ドルとなる。
⑷5　LAO（2009a），pp. 11-12 参照。
⑷6　Baily and McGreevy（2009）参照。
⑷7　LAO（2009f），pp. 1-2.
⑷8　財源不足額は83.1億ドルに及んだが，知事案では48.8億ドル分しか補てんできなかった。残りは年度末の財政収支の黒字を下方修正して補うこととした。その結果，2009-10年度に予定された財政黒字45.2億ドルは10.9億ドルに減額される見通しとなった。
⑷9　①は提案98号を停止して，K-14教育費を最低教育費水準未満に引き下げるもので，②は2008-09年度中に実施できなかったカリフォルニア大学，カリフォルニア州立大学の経費削減を遡及して行うというものである。さらに③は，州職員の一時帰休日を増し 5 ％の賃金カットを命じたものである
⑸0　IOUsの発行は1933年，1992年に次いで 3 回目であった。
⑸1　Said（2009），p. A1 参照。
⑸2　ARRA自体，全州の財源不足の40％程度しか補てんできなかった。しかも大半は2011年には交付は終了した。Gordon（2012），p. 246.
⑸3　Baldassare, Bonner, Paluch and Petek（2009a），pp. 18-22 参照。
⑸4　定式 3 は景気後退期に採用された。第 5 章参照。
⑸5　ロサンゼルスの学区財政の危機については関口（2011），pp. 314-315が詳しい。
⑸6　Baldassare and Katz（2008），p. 104 参照。
⑸7　California Secretary of State（2009），pp. 24-31 参照。
⑸8　Summers（2009），p. 16.
⑸9　Baldassare, Bonner, Paluch and Petek（2009b），p. 11 参照。
⑹0　League of Women Voters California（2009），p. 5 参照。
⑹1　Summers（2009），p. 16 参照。
⑹2　もちろん提案1C号の否決も当時の政治的背景があり，州の財政危機に対する知事，議会の対応に住民が不信感を持ったことが要因とする見方もある。Mathews and Paul（2010），p. 169 参照。
⑹3　経験的に個人所得比では 5 ％程度が適切と見なされている。Commins（2015），p. 225 参照。
⑹4　議会分析局の見通しでは，州は20年から30年に渡り，年3.5億～4.5億ドルもの元利償還費を負担することになると予測していた。
⑹5　Baldassare, Bonner, Paluch and Petek（2011），p. 27 参照。
⑹6　借入れを挙げた割合はアリゾナ州 5 ％，フロリダ州10％，イリノイ州 6 ％，ニューヨーク州11％で，経費削減はアリゾナ州77％，フロリダ州71％，イリノイ州73％，ニューヨーク州71％であった。The Pew Center and PPIC（2010），p. 44 参照。

終　章
直接民主主義と財政

第1節　その後のカリフォルニア財政——富裕者課税の強化へ

　本書はこれまで，納税者の反乱の前夜である1960年代からリーマンショック直後の2000年代までの時期を対象にカリフォルニア州・地方財政の変容過程を検討してきた。本章では，その後のカリフォルニア州・地方財政の状況について述べるとともに，序章で挙げた本章の研究課題について総括的に論じることにする。そして最後に，直接民主主義に特徴づけられているカリフォルニア財政との対比で我が国の地方自治財政の課題について検討し，本書を締めくくることにする。

　さて，前章では2009-10年度予算までの動向を検討したが，その後，カリフォルニア州・地方財政はどのような展開が見られたのであろうか。

　まず，2010-11年度予算についてである。リーマンショックで落ち込んでいた州内総生産の伸び率は2％台に回復（図6-2）したが，前年度に引き続き大幅な財源不足（193億ドル）が予想された。州政府は，連邦からの財政支援等を受けつつ，教育費を中心とした経費の削減と特別基金からの借入れ等の措置によって，財源不足の解消を図った。税収の回復も手伝って，形式的な収支は5年ぶりに黒字に転換したが，2008-09年度以降，巨額な赤字が繰り越されていることにより財政収支は2010-11年度－38.0億ドル，2011-12年度－22.3億ドルと赤字が継続することになった（表6-2）。

　2012-13年度以降，財政収支を黒字化できたのは，カリフォルニア州が教育財源を調達する目的で増税に踏み切ったためである。2012-13年度予算法で，個人所得税，売上税の臨時増税が議会で承認され，その後，この増税案[2]は提案

表終-1 提案30号後のカリフォルニア州所得税率
　　　　（単身申告者分）

課税所得（2012年）	現行税率	提案30号後
7,455ドル未満	1.0	1.0
7,455～1万7,676ドル	2.0	2.0
1万7,676～2万7,897ドル	4.0	4.0
2万7,897～3万8,726ドル	6.0	6.0
3万8,726～4万8,942ドル	8.0	8.0
4万8,942～25万ドル	9.3	9.3
25万～30万ドル	9.3	10.3
30万～50万ドル	9.3	11.3
50万～100万ドル	9.3	12.3
100万ドル超	10.3	13.3

注）100万ドル超には精神衛生プログラム向けの割増税率分を含む。
出所）California Secretary of State, p.13 参照。

30号として住民投票にかけられることになった。

　もっともこの提案はカリフォルニア教員連盟の富裕者課税提案（Millionaire's Tax Initiative）[3]の考えを取り入れたものであった。この提案は現行所得税に加え，100万ドル以上の課税所得に3％，200万ドル以上のそれに5％の所得税率を付加し，教育（財源の60％），福祉（24％），公共安全（10％），道路等（5％）の財源に充てるというものであった。この富裕者課税提案は署名活動の段階で知事の提案30号に組み込まれることになり，教員連盟も提案30号のキャンペーン活動を行うことになった。

　提案30号の内容は次の通りである。①2013年から2016年の4年間，州売上税を7.25％から7.50％に0.25％引き上げる。②2012年から2018年の7年間，高額所得層に対して州個人所得税の税率を引き上げる。課税所得（独身申告者分）25万ドルから30万ドルの層に10.3％（1.0％増），30万ドルから50万ドルの層に11.3％（2.0％増），50万ドルから100万ドルの層に12.3％（3.0％増），さらに100万ドル超の層に13.3％（3.0％増）である（表終-1）。③増収規模は，2012年から2016年にかけて毎年60億ドルで，財源の89％をK-12教育に，残り11％をコミュニティ・カレッジに配分する。④州から地方に公共安全サーヴィスの責任を移転させ，その財源を州が保障する。⑤もしこの提案が否決された場合は，2012-13年度予算から教育費，公共安全サーヴィス等が60億ドル自動的に削減されるである。[4]

表終-2 カリフォルニア州の所得税増税と財政収支の改善

	財政収支 （100万ドル）	所得税 （100万ドル）	対前年度 伸び率（％）	K-12教育費 （100万ドル）	対前年度 伸び率（％）
2009-10	-6,113	44,852	3.4	35,619	4.48
2010-11	-3,797	49,445	10.2	35,236	-1.08
2011-12	-2,233	54,261	9.7	34,654	-1.65
2012-13	1,573	64,484	18.8	42,484	22.59
2013-14	4,619	66,522	3.2	42,732	0.58
2014-15	2,478	70,238	5.6	49,651	16.19

出所）California Department of Finance, Summary Schedules and Historical Charts, Chart A 及び LAO, Historical Data より作成。

　この提案の賛成者はジェリー・ブラウン知事，カリフォルニア女性投票者連盟，カリフォルニア教員連盟等であった。賛成理由として，州の財政危機によって公教育サーヴィスが深刻な影響を受けたことを挙げている。「過去4年間を見ても，学校は200億ドルの経費削減の打撃を受けている。教員は3万人以上少なくなり，クラスの人数も国全体で最大規模になった」。提案30号が可決されないとさらに60億ドルの削減を被ることになる。また，提案30号は教育財源の確保だけでなく州財政の均衡の回復や過去の借入れによる債務も引き下げることができる。そのために「富裕層に公正な負担（fair share）」を求めるべきだとしていた。

　反対者は零細事業者行動委員会，全国独立事業者連盟（National Federation of Independent Business），サクラメント納税者協会（Sacramento Taxpayers Association）等であった。反対理由として，増税は教育財源でなく教員の年金基金に向かう恐れがある。また，増税によって零細業者は打撃を受け雇用が失われるとしていた。2012年11月の住民投票の結果，賛成701万4114票（55.4％）対反対565万3637票（44.6％）で可決されることになった。

　この臨時増税によって，教育財源は確保され，公教育サーヴィスのさらなる打撃は避けられることになった。またそれと同時に，カリフォルニア州の一般基金の財源不足も解消でき，財政危機から脱出することができたのであった。

　2012-13年度には，所得税は前年度の542億6100万ドルから644億8400万ドルに18.8％増加し，K-12教育費も346億5400万ドルから424億8400万ドルに22.6％増加した。財政収支も15億7300万ドルの黒字となったのである（表終-2）。

ところで，2011-12年度以降，予算審議も大きく変わることになった。前章で見たように2010年に提案25号が可決し，予算の成立は上下両院の2/3の賛成から過半数に変わった。2010-11年度予算法の場合，議会の可決，知事による承認は10月8日で，カリフォルニア州財政史上最も遅い予算成立であった。ところが2011-12年度予算法から2015-16年度予算法までの成立日を見ると，議会の予算可決のデットライン（6月15日）は順守できなかった年度もあったが，すべて年度内に知事の承認まで漕ぎ着けているのである。改めて，2/3要件がいかに予算の成立の足かせになっていたのか明らかとなった。

　なお，2014年には予算安定化基金を刷新する動きも始まった。予算安定化基金は2004年の提案58号で創設されたが，リーマンショック後の財政危機では何ら効果を発揮しなかったため，提案2号で制度の見直しが図られたのである。すなわち，一般基金歳入の1.5％と所得税のキャピタルゲイン収入の一定割合（一般基金歳入の8％を超える部分）を予算安定化基金に積み立て，州債の償還，財政赤字の補てん等に充てるとしたのである。これにより，前制度と比べ基金の積立て目標が引き上がり，基金の取り崩し規定もより厳格になった。さらに，キャピタルゲイン税収を積み立て対象とすることで，歳入の浮動性が抑制されると期待されている。

　ところで，この時期，州財政同様，地方財政の状況も厳しいものであった。2009年の調査では地方政府の25％が不健全な財政状況にあるとされ，財政赤字を抱えた地方政府も現れた。2010年にはサンディアゴ市が1億2000万ドル，サクラメントカウンティが1億8000万ドル，ロサンゼルス市が2億1200万ドルの赤字となった。州政府による財政救済は行われず，逆に2009年には，州の教育財源を賄うために地方政府から19億ドルの財産税収の借入れが行われる事態が発生した。こうしたこともあり地方財政は一層厳しくなり2012年にはストックトン市，マンモスレイク市，サンバーナーディーノ市は財政破綻を宣言したのであった。

　もう1つ地方財政にとって注目すべき出来事は，州政府が2011-12年度予算法でコミュニティ再開発公社（以下公社）を廃止したことである。廃止理由は，再開発事業が企業誘致や州全体の経済開発に貢献しているとした確たる証拠がないこと。公社に財産税が配分されたことで学区の財源が不足し，州政府が財

終　章　直接民主主義と財政

源の補てんを余儀なくされていることが挙げられた。このため，公社を廃止し公社に配分されている財産税収を学区に再配分しようとしたのである。

　第4章で公社はTIFと呼ばれる手法を使って再開発事業を実施していることを述べたが，公社の財政効果についてはこれまでも疑問が呈せられていた。財産税の増価分は再開発事業の成果なのか，地価上昇による一般的な財産税の増収分か明らかでないこと。公社による事業は別の地域から再開発地域に雇用や税収をシフトさせるだけで，州全体に純便益をもたらしていないこと。さらに，衰退地域の再開発よりも公社を設立した地方政府による財源調達手段と化していること等が指摘されていた。

　このため，2012年1月に公社は解散されることになった。州政府の財政統制が強まり，地方政府の財源調達手段が失われる結果となった。

第2節　本書のまとめと日本の地方自治財政への課題

　本書では，序章で次の3つの研究課題を挙げた。1つは納税者の反乱が登場した財政史的な文脈を明らかにし，その後のカリフォルニア州・地方財政の変容過程を検討すること。2つには，70年代以降の財政提案を検討し，カリフォルニア州・地方財政と直接民主主義の関係を明らかにすること。さらに，3つにはカリフォルニア州の財政危機の原因と州政府の財政健全化策について検討することであった。それぞれの課題については本書全体を通じて答えてきたが，改めて，ここで総括的に論じることにする。

　まず，第1の課題についてである。提案13号が登場した背景として，福祉国家批判や小さな政府論の文脈で語られることが多かった。実際，提案13号を提起したハワード・ジャービスの主張やこれを支持した経済学者らの議論，さらに提案13号後の連邦税制改革の流れを見るとそれも頷ける。しかし，第3章でも見たように，提案13号の成立の源流を探ると，財産税の負担格差や評価制度の問題と共に，カリフォルニア州特有の政治経済的な問題，すなわち60年代の評価官汚職と評価制度の統一化，最有効使用理論に基づく評価方法，インフレの高進と地価の高騰，イニシアティヴを使った財産税減税運動，財産税減税を巡る州議会の対応の遅れ等の様々な問題があった。

271

表終-3 カリフォルニア州の課税水準の推移

(単位:%)

	加州の州・地方税負担額/州個人所得	全米平均の州・地方税負担額/州個人所得	ランク
1977	12.2	10.7	6位
1980	10.8	9.8	8
1985	10.6	10.1	15
1990	10.8	10.3	12
1995	10.9	10.5	13
2000	10.5	9.6	8
2005	10.5	9.9	13
2010	11.7	10.4	4
2012	11.0	9.9	6

出所) Tax Foundation (2016), Table.4 より作成。

 そうした源流を持っていたからこそ,その後のカリフォルニア州・地方財政は,財産税の減税は維持しても,単純に政府サーヴィスの縮小へと展開しなかったのである。第4,第5章でも見たように80年代,政府規模は一旦,財産税の減税により小さくなったが90年代以降,再度,元の水準に復位し現在はそれを上回っているのである。課税水準についても同様の傾向が見られる。カリフォルニア州の個人所得に占める州・地方税負担の割合は1977年12.2%で全米6位,1985年10.6%で15位に低下したが,2010年には11.7%で全米4位の水準に引き上がっている(表終-3)。これに「擬似的な税」に分類される料金や州所得税の租税支出まで加えると,潜在的な負担水準はさらに高まることが推測される。

 政府規模や課税水準が上昇した要因は,提案13号による地方政府の財産税減税を州補助金の拡大で補てんし,州政府はその財源を州所得税に求めたためである。

 なぜ,地方政府を州が救済したのか。それは提案13号が単に反財産税運動として住民に受け止められていただけで,住民サーヴィス(教育費,医療・福祉費,警察・消防費等)の削減運動ではなかったためである。住民の心情は"Get Something for Nothing(財産税を減税してもサーヴィスは得たい)"に過ぎなかったのである。このため,州政府は財産税が持つ弊害(加重負担,評価の恣意性,課税の不明瞭性)を「財産税の州税化(州による税率・評価額の統制,税収配

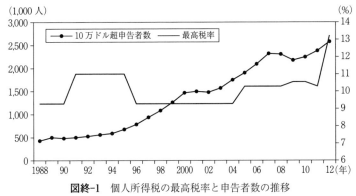

図終-1　個人所得税の最高税率と申告者数の推移
出所）State of California Franchise Tax Board (2006), Table. A-1A, B-2 並びに各年度版参照。

分）」によって除去し，州補助金（大半は教育補助金）と州所得税とを通じて地方の財政需要に応答しようとしたのであった[18]。もっとも州財政への依存は地方財政側からすると大きなマイナスな面もあり，財政危機時には州が財産税の配分を政策的に操作し，政府間で財源を巡る対立が激化する場合もあった。

　もし，提案13号が住民にとって「小さな政府論」と結びついた反税運動として共通に認識されていたのなら，州所得税を半減させる提案9号（1980年）は可決され，歳出制限を導入した提案4号（1979年）は厳格に運用され，所得税を増税した提案63号（2004年），提案30号（2012年），さらに予算成立の要件を単純多数決に変更した提案25号（2010）は否決されていたであろう。

　ところで，提案13号を機に州・地方税体系の重心は財産税から州所得税にシフトすることになった。カリフォルニア州の所得税は財源不足（91年，2009年，2012年）や特別な財政需要（2005年の提案63号）が発生すれば最高税率は引き上げられていき，全米で最も累進度が高くなっている（図終-1）[19]。しかも，金融資産は分離課税されておらず，給与等の他所得と合算して総合課税がなされている。このため，高額所得層の負担は重い。

　また，キャピタルゲインに対する連邦，州の合算税率（最高税率分）を見ても，カリフォルニア州（2015年）は州間で最も高く，33.0％（うち連邦税28.6％）である。これは国際比較において，デンマーク（42.0％），フランス（34.4％）に次ぎ3番目の高さと言われている[20]。

　表終-4に示すように，課税所得10万ドル超の層では申告者数の増加に従い

表終-4　課税所得階層別の個人所得税の申告者及び納税額の割合

(単位：％)

	申告者数				納税額			
	5万ドル未満	5万〜10万ドル	10万ドル超	うち100万ドル	5万ドル未満	5万〜10万ドル	10万ドル超	うち100万ドル
1977	97.8	1.8	0.4	—	68.5	16.0	15.5	—
1982	93.1	5.8	1.1	—	48.6	24.3	27.1	—
1987	85.2	12.2	2.6	—	28.4	30.4	41.2	—
1992	77.6	17.7	4.7	0.1	17.7	29.1	53.2	14.7
1997	74.1	18.4	7.5	0.2	11.4	22.8	65.8	22.1
2002	67.9	21.1	11.0	0.2	7.0	19.7	73.3	21.6
2007	63.1	21.5	15.4	0.4	3.5	11.1	85.4	38.3
2012	62.0	21.0	17.0	0.4	2.2	9.2	88.6	41.6

出所) State of California Franchise Tax Board, *Annual Report* より作成。

納税額も増加している。全申告者に占める10万ドル超の申告者の割合は92年4.7％であったが2012年には17.0％に増加し、納税額も53.2％から88.6％に増加している。とりわけ100万ドル超の層の負担は大きく、2012年ではわずか0.4％（5万6839人）の富裕層に州の納税額41.6％（249億1917.5万ドル）が集中しているのである。納税者の反乱の際、ラッファーの減税のトリクルダウン効果が根拠として示されたが、皮肉にもカリフォルニア州税制の現実はそれとは全く反対の「富裕層に負担を」の方向に転じているのである。

他方、富裕層への税負担の集中は所得税を課税していない近隣州（ネバタ州、ワシントン州）への転出を誘引し、経済成長にもマイナスの影響があるとされている。ラッファーはこの状況に歯止めをかけるためには、「カリフォルニアの有権者は住民提案13号の精神を取り戻して立ち上がる」必要があると述べている。実際、ラッファー自身も所得税の高さを嫌悪し2006年にカリフォルニア州から所得税非課税州であるテネシー州に移住したとされる。

さて、所得税を巡って納税者の反乱は再度、起こるであろうか。図終-1で10万ドル超の申告者数の推移を見る限り、経済危機時には申告者の減少は見られるが、税率の引き上げ時に富裕層が転出し申告者が減少しているようには見えない。

また、次のような理由から、所得税に対する減税運動が起こる可能性は薄いように思える。1つには所得税の増税は臨時増税であるため、転出への誘因は

低くなる。2つには，納税者の反乱は住民提案を使った社会運動であるため，住民各層の幅広い同意が必要となる。富裕層の減税は中間層の負担を増やすため，住民投票に必要な合意の調達が困難となる。さらに3つには，所得税以外に有力な財源調達手段（売上税はサーヴィス化・情報化に対応困難）が見当たらないため，所得税の減税運動は財政規律の維持と対立してしまうことになる。

このように見ると，納税者の反乱は，財産税の加重負担により転居を余儀なくされる高齢家主の「涙の旅」からは起こっても，州所得税を嫌うミリオネアの「足による投票」からは起こりがたいように思える。そのことは2016年11月8日の提案55号が可決された出来事からも言えよう。この日の選挙では，ドナルド・トランプ（Donald Trump）がアメリカ大統領に選出されたが，カリフォルニア州では提案30号を修正する提案55号が可決され，富裕層の所得税増税は2030年まで期限延長されることになったのである。

次に，第2の課題についてである。1970年代以降，多くの財政提案が登場した。整理すると，次の5つに分類できる。

①歳出・歳入制限型

　財産税減税を課した提案13号（1978年），歳出制限を課した提案4号（1979年），地方一般税の増税に住民投票要件を課した提案62号（1986年），地方税・料金の課税要件を厳格化した提案218号（1996年），地方の料金，負担金に対する課税要件を厳格化した提案26号（2010年）。

②財源確保型

　州営宝くじを教育財源とした提案37号（1984年），教育費の財源を保障した提案98号（1988年），ガソリン税の増税と歳出制限を緩和した提案111号（1990年），たばこ税を増税し子供の発達プログラムの財源とした提案10号（1998年），ガソリン売上税を道路の目的財源とした提案42号（2002年），所得税を増税し精神衛生プログラムの財源とした提案63号（2004年），教育財源の確保を目的に所得税等を増税した提案30号（2012年）。

③税制改革型

　財産税の免税規定を設定した提案8号（1978年11月），提案31号（1984年）等[26]，所得税にインデクセーションを導入した提案7号（1982年），売上税に免税規定を設けた提案163号（1992年）。

④予算制度改革型

　赤字州債の発行を認めた提案57号（2004年），均衡予算制度を課した提案58号（2004年），予算成立の議会の承認要件を2/3から過半数に変更した提案25号（2010年），財政安定化基金を刷新した提案2号（2014年）。

⑤地方政府の財源保障型

　カウンティ，市に自動車免許料の一部を配分した提案47号（1986年），地方政府の課税権に対して州が制約を与えることを禁じた提案1A号（2004年），州が一時的にも地方政府間の財産税の配分割合を変更することを禁じた提案22号（2010年）。

　確かに財源確保型の財政提案が増えれば，歳入中に特定財源が増え財政が硬直化することになる。そうなれば，財政需要の変化に応じて予算の優先度を見直すことや財政危機時に予算の組み替えを行うことが困難となろう[27]。また，歳出・歳入制限型の財政提案の場合，課税・歳出制限が強く作用すれば経費削減が進むが，公共サーヴィスの劣化や州債の格付けの低下が生じる[28]。税や料金に対する課税要件が厳格化すれば，合意形成が困難となり地方政府の財政基盤は脆弱化する恐れもある。さらに，赤字州債の是非を問うた提案1C号（2009年）のように，大幅な経費削減，サーヴィス水準の低下が余儀なくされる場合もある。

　このように，財政上の問題を直接民主主義的な意思決定，すなわち投票箱型予算編成に委ねることは一定の弊害も伴うことになる。しかし財政提案についての住民の支持は高い。カリフォルニア公共政策研究所（PPIC）の以下の調査結果（2006年9月）はこれを示すものである[29]。

　問）住民投票の過半数で法律を作ったり，公共政策を変えたりすることは良いと思うか。

良い74％，悪い21％，わからない5％

　問）住民投票を通じた公共政策の決定は知事や議会による決定よりも良いと思うか。

良い60％，悪い24％，同じ6％，わからない10％

　いずれにせよ，財政提案はこれまでと同様，今後もカリフォルニア州の予算編成や財政運営に大きな影響を与えることは間違いない。もっともその一方で，

財政提案の成立プロセスを詳しく見ていくと，投票箱型予算編成の長所についても指摘することができる。

　第1に，住民投票が議会による間接民主主義的な意思決定を補完できていることである。提案13号の成立プロセスで見たように，当時インフレの高進と評価替えが迫り負担の軽減が早急に求められていたが，州議会は膠着化し合意できる減税案を提示できなかった。このため，直接民主主義的な手法である住民提案で減税案が発意され，住民投票で決定されたのであった。財政的な意思決定過程で直接民主主義は間接民主主義に代替はできないが[30]，直接民主主義が間接民主主義を補完することは可能なのである。

　第2に，財政規律は住民の判断に委ねた方が維持される場合もあるということである。一般的に住民投票はポピュリズムが支配し，住民は過大なサーヴィス要求と税負担の回避に走り，財政赤字が堆積すると思われるが，実際はそうでなかった。提案13号以降，所得税のインデクセーション（提案7号，1982年）や飲食料品の一部免税（提案163号，1993年）は実施されたが，所得税を半減させる提案9号（1980年）のような大きな減税提案は実現しなかったのである。財政規律を無視した負担軽減論は，住民に受け入れられていない[31]。

　また，赤字州債（宝くじ債）の発行を提起した提案1C号（2009年），教育財源の調達を目的に所得税・売上税を増税した提案30号の成立過程で見たように，住民投票では赤字州債案は拒否され教育サーヴィスは大幅に削減されたが，景気回復後，増税案が承認され教育財源が保障されたのである。将来の負担を先送りできる赤字州債を敢えて否定し，大幅な経費削減と増税を受け入れている。

　第3に，財政提案の弊害は財政提案で修正できている点である。提案4号が強く作用すれば，経費削減が進む。そのため，提案98号で教育財源の確保が行われ，提案111号で歳出制限の緩和措置がとられた。また，提案13号で地方の財産税は実質的に州税化したが，地方の財源を州からガードするために提案1A号や提案22号が登場した。さらに，議会の予算審議の桎梏となっていた2/3の承認要件は提案25号により過半数に変更された。民主主義による制度設計の誤りは民主主義が，時間は要するもののそれを修正する方向で機能していると言えよう。

　そして，第3の課題についてである。カリフォルニア州は90年代以降，冷戦

後の景気後退，ドットコム・バブルの崩壊，リーマンショックが起こりその度に財政収支の大幅な赤字が発生した。90年代の財政危機では，経費削減，臨時増税，基金間の資金移転，ギミック的な会計操作，さらには地方への負担転嫁によって財源不足を解消した。

　2000年代初めの財政危機でも90年代同様の財政健全化策が採られたが，大きく違った点は臨時増税が手控えられ代わりに大量な赤字州債の発行が行われたことである。議員の生涯任期制が災いし議会における「増税コンセンサス」がとれなかったためである。また，地方政府への負担転嫁も発生し地方政府との軋轢を深めたが，提案1A号により州の負担転嫁に制約をかけるようにした。

　さらに，2000年代後半の危機では住民投票で赤字公債発行は否定され，経費削減と増税を主体に財源不足の解消が図られた。経費削減の矛先は教育費，健康・福祉費に向かい短期的に痛みを伴う改革であったが，景気の回復後，住民投票で大幅な増税が承認され，教育費の復元と財政収支の均衡化が図られた。

　カリフォルニア州の一般基金の場合，日本のように財政調整制度を持たないため，財源不足の解消は増税と経費削減が主体となる。確かに，リーマンショック時は連邦からの財政救済も行われたが，財政規模的には大きくなかった。増税と経費削減は，財政赤字を比較的早期に解消しうるが，他方で，経費削減による公共サーヴィスの水準の低下と地方政府への負担転嫁を招く結果となっている。前者はK-12教員のリストラや授業日の短縮といった日本では想定しがたいドラスティクなコスト削減が行われ，後者では地方財政を悪化させ州，地方間の税源を巡る対立を引き起こしている。

　ところで，カリフォルニア州では財政規律を維持するため数々の財政ルールが作られていた。①州政府の歳出の伸びを人口の伸び率と物価上昇率の合計に制約する歳出制限，②予算の成立や増税には議会の2/3の賛成を必要とする承認要件，地方税・料金に対する住民投票の要件，③議会が均衡予算を可決し知事に提出する均衡予算要件，④財源不足の問題が顕在化した場合，知事が議会を招集し財源対策を審議させる特別会制度，⑤州，地方債を発行する場合，住民投票にかけることを義務づける起債要件，さらに，⑥財政危機に備え税収の一定割合を積み立てる予算安定化基金制度が挙げられる。

　歳出制限については第5章でも述べたように，歳出予算制限額は高く，歳出

制限対象予算は低く設定されていたため後者が前者を上回り，なおかつ余裕財源の還付が実施された年は86-87年度の1度限りであった。原因は提案4号にもともと歳出制限の抜け穴（例えば料金収入で調達された経費は対象外）があったことに加え，90年代の財政需要の拡大に押され，提案111号で歳出予算制限額や歳出制限対象予算の定義が変更されたためであった。

2/3の承認要件は，議会審議を遅らせ，新年度に予算成立が間に合わない事態を常態化させた。リーマンショック時には予算が成立しないため，IOUsの発行が踏み切られ州の財政破綻が危惧された。このため，予算承認要件については2/3から過半数に緩和された。逆に，地方税は特別税から一般税，さらに資産関連料金へと住民投票の対象が増加していったが，地方税は州税よりも同意の調達が比較的容易であるとされている。

均衡予算要件，特別会の招集は一体のもので，前者は議会が均衡予算の承認を義務づけるもので，後者は予算執行過程で発生した財源不足に対応するための具体的な手段を示したものである。確かに，2009-10年度予算の成立プロセスでも見たように，年度途中の大幅な財源不足の発生に対して特別会が頻繁に招集され議会が財源不足の対処に当たった点では効果的であった。しかし，年度内での財政均衡は政治的に困難であり，最終的には次年度に財政赤字を繰越さざるを得ないのが現状であった。

住民投票を義務づけた起債要件は一般財源保証債のみを対象としており，それ以外のレベニュー債等の発行には住民投票の制限はなかった。このため，地方政府ではリース契約購入参加証書，メロー・ルース債，課税配分債，マークス・ルース債などの債券が続々作られ，起債制限が空洞化してしまう結果となった。

さらに，予算安定化基金については，2004年に設立されたこともあって，2009-10年度の財政危機では積立て不足で効果を発揮できなかった。2014年から新たな制度に刷新されたが，積立額が増加するかどうかは，経済環境や知事，議会の基金運営の仕方に大きく依存するとされている。実際の効果の程は今後の検証が待たれるところである。

こうして見ると，知事の特別会の招集を除き，財政ルールがあっても自動的に財政規律が高まるわけではないことがわかる。予算安定化基金や均衡予算要

件のように財政規律の維持にほとんど効果を持たないものもあれば，歳出制限のようにルールの変更により効果が失われたもの，起債制限のように，資金調達の抜け穴が作られていったもの，さらに，予算承認要件のように財政危機のリスクを高め，逆機能化したものもあった。

　こうしたカリフォルニア州の現状を見る限り，ブキャナンのルールによる財政統制論の限界性が見えてくる。リバイアサン化する政府を財政ルールにより抑制しようとする場合，ルールが財政規模を決定するので予算は単に歳入と歳出の帳尻合わせに過ぎなくなる。しかし，予算には，財政収支の調整を通じて政府が社会的諸階層の多元的な利害を調整し社会的な統合を図る役割が与えられている。利害調整に支障を来せば予算に課された財政ルールを政治アクターが自由に読み替えたり，変更したりするのは自然なことである。まさにカリフォルニア州ではこれが起こったのであろう。

　ところで，リーマンショック後，住民投票で赤字公債の発行が拒絶され，その後，所得税等の臨時増税が受け入れられた経緯に注目すると，財政ルールよりも赤字公債に対する財政保守的な住民意識や教育費の大幅削減を憂慮する教育団体等の住民提案の運動の方が財政規律の維持には実は有効に機能していることがわかる。そうした住民の税・借入れに対する意識や政治文化が，財政規律の維持にどのように作用しているか，行政の側の財政均衡に対する意識や組織文化も含め検討することがアメリカの地方自治財政を理解する上で今後，重要な研究課題になると思われる。

　さて最後に，カリフォルニア州財政との対比で，日本の地方自治財政に対する課題について述べ本書を締めくくることにする。小滝敏之『地方政府の財政自治と財政統制』によると，中央政府による地方政府に対する財政統制を他律的財政統制，地方住民による地方政府に対する財政統制を自律的財政統制と定義し，後者こそ自治の神髄であると述べている。

　他律的・自律的統制の視点で日米の政府間財政を比較すると，両者は非常に対照的であることがわかる。アメリカは連邦制国家であるため，連邦による州，地方に対する他律的財政統制は緩やかであるが，住民による州，地方政府に対する財政統制は強く働く仕組みとなっている。これまで見てきたカリフォルニア州の財政提案や住民投票はまさにそれを示す事例であった。一方，日本は地

方財政法，地方税法，地方交付税法，自治体財政健全化法等を通じて，国の地方に対する他律的な財政統制は強く働くのに対して，住民による自律的な財政統制は必ずしも強くないと言えよう。

　地方自治法では，「地方税の賦課徴収ならびに分担金，使用料及び手数料の徴収に関するもの」は条例の制定・改廃の直接請求の対象から除外されている。また，各地で公共施設の建設を巡り，住民投票が行われているが，住民投票で建設反対の意思が示されても，首長や議会の判断でそれが反故にされる例も散見される。さらに2011年の第30次地方制度調査会で，地方自治法を改正し，地方税も直接請求の対象にすることや大規模な公の施設を建設する際に住民投票を盛り込むことが審議されたが，時期尚早として見送られている。

　地方制度調査会の審議内容を見ると，地方税の賦課徴収を直接請求の対象とすれば，「減税要求が乱発され，政争の手段とされることが懸念される」，「地方の行財政運営に大きな影響を与え，行政サーヴィスの低下につながるおそれがある」という地方団体からの意見が示されている。

　減税要求，納税者の反乱はなぜ起こるのであろうか。本書を通して言えることは，それは単純に税負担の高さや増税に対する忌避からではないということである。納税者の反乱の震源地であったカリフォルニア州の事例を見ると，財産税の高さの問題もあったが，課税の不明瞭さや課税評価の不公平さ，知事・議会による負担軽減の対応の遅れといった問題があった。また，1978年以降，大規模な減税提案は住民投票で可決されておらず，逆に，サーヴィスの拡充や経費削減の回避を目的とした増税提案でさえ可決されているのである。

　地方税を直接請求の対象に加えたからといって，即座に減税要求が乱発されると考えるのは早計ではないだろうか。公共サーヴィスの受益に応じて適正な負担が求められている限り，自治体の活動が社会の公共性に適う限り，租税抵抗は抑制され，減税要求の乱発や納税者の反乱が起こる可能性も低い。

　もっともそのためには，公共性とは何かを評価する価値基準が社会的に普及し，共有されている必要性もあろう。生存権や教育権等を損なう経費削減と減税を天秤にかけるような住民投票，自治体の基本的な活動を損なわせるような住民投票は起こしてはならないためである。

　いずれにせよ，住民による自律的統制が十分に効かない状態を続けることは，

住民と行政が公共サーヴィスの受益と負担に対して真剣に議論する1つの機会を逸することになり、住民自治の成熟化を妨げることにもなる。そのことは、必要な税負担を将来に先延ばし公債の累積を無条件に容認する、言わば「隠れた納税者の反乱」を引き起こしているように思われる。

注

(1) 財源不足193億ドルに対して連邦による財政支援等で54億ドル（28.0％）分が解消されるとしていた。LAO（2010b）, pp. 1-2 参照。
(2) 提案30号には州憲法で規定されていた公共安全に関する州・地方間のサーヴィスの供給責任の修正が含まれていたため、住民投票にかけられることになった。
(3) 正式には、「カリフォルニア州は100万ドル以上の所得のある人々に所得税を増税する提案（A California Increased Income Tax for Those Earning Over 1,000,000 Intiative）」。
(4) California Secretary of State (2012), p. 12 参照。
(5) *Ibid.*, pp. 18-19
(6) 提案30号の賛否について、California Secretary of State (2012), pp. 18-19.
(7) 課税所得が53万ドル超の高所得層（全納税者数の1％）が増税額78.8％を負担すると見込まれた。Richardson (2012), p. 3 参照。
(8) もし提案30号が可決されなければ教育費は50億ドル以上の削減を被った。他方可決されれば、リーマンショック以降削減された教育費を回復できるとされた。Plank and Loeb (2013), pp. 365-366 参照。
(9) Decker (2013), p. 194 参照。
(10) 予算成立日は2011-12年度が6月30日、2012-13年度6月27日、2013-14年度6月20日、2014-15年度6月20日、2015-16年度6月27日。
(11) 積立額は前制度では一般基金の5％かもしくは80億ドルに対して、新制度は10％かもしくは110億ドル。取り崩しの要件は前制度では別に定めはなかったが、新制度では知事の財政緊急事態宣言が発せられる場合と議会が承認した場合としている。
(12) Cummine (2015), pp. 249-250 参照。
(13) 州全体の財産税の増価分は2008-09年度時点で57億ドル。そのうち、58％が公社に配分されていたと推計されている。Black (2014), p. 482 参照。
(14) 再開発地区と非再開発地区の間の財産税評価額の上昇率を比べると、非再開発地区の上昇率が勝った場合もあった。*Ibid.*, p. 80 参照。
(15) 公社が調達した財源を無利子で公社の設置団体のカウンティや市が借りて投資に回すことも行われた。Svorny (2014), pp. 17-18. またTIFの問題点については前田 (2006), p. 129でも指摘されている。
(16) カリフォルニア州・地方直接歳出／個人所得は1977年16.9％、1982年15.6％、

2007年20.0%，2012年19.3%と推移している。Urban Institute and Brookings Institute, State and Local Issues (http//www.taxpolicycenter.org).
(17) 国民負担率に州・地方政府の料金を含めてカウントすると，アメリカの国民負担率は上昇する。片桐（2005），p.17参照。また，州所得税には租税支出は多く，個人退職年金勘定（IRAs）への拠出金など85項目の所得控除等がある。
(18) カリフォルニア州財政は他の高人口州（ニューヨーク州，フロリダ州，テキサス州，イリノイ州，ペンシルベニア州）と比較しても，州歳入に占める地方政府への財政移転の割合が高い。Cain and Noll（2010），p.12 参照。
(19) 最高税率（2015年）が10%を超える州はカリフォルニア州とハワイ州（課税所得20万ドル超に11.0%）しかない。
(20) Pomerleau (2015), Table. 1, 3 参照。
(21) 経済のグローバル化を背景に，連邦税レヴェルでは所得税のフラット化と下方シフトが進展している。諸富（2013），pp.235-246．これと逆の方向にあるのは，州は租税競争よりも公共サービスの提供に配慮せねばならないからであろう。
(22) Huber (2006), p.140. 他方，州所得税は連邦所得税から項目別控除（itemized deduction）ができるため州税の負担は一部緩和され租税競争の誘因を減らす。
(23) ラッファー，ムーア，タナウス（2009），pp.221-224.
(24) 前掲書，p.204参照。
(25) 2005年の増税前後で，課税所得100万ドル以上の申告者数は次のように推移した。2004年3万7558人，2007年5万5698人，2010年4万1390人，2011年4万4973人，2012人5万6839人。経済動向と申告者は関係しても，税率引き上げとは関連が見られない。State of California Franchise Tax Board, Annual Report の各年度版参照。
(26) 他に提案50号，提案58号，提案60号（1986年），提案13号（2010年）がある。
(27) 特定財源化のこの弊害を回避するためにペーゴー（PAYGO）原則（新たなサーヴィスには既存財源でなく新たな財源で対応する原則）を適用している州もある。Cummins (2015), p.164 参照。
(28) 州債の格付けの低下の恐れについては，Decker (2009), p.38.
(29) Ibid., p.39.
(30) 実際，住民投票は知事選や大統領予備選に合わせて行われるだけで毎年の予算編成時に行われるわけではない。また，住民投票は限定的な問題を決定するには向いているが，予算のように数千の項目に渡るものについての意思決定には不向きである。
(31) 第3章でも述べたように提案13号は州議会の減税案と比べ，減税規模が大きく納税者に魅力的な案であったが，他方，減税を可能とする州の財政黒字が存在しており財政規律を大きく損なうことはなかった。
(32) カリフォルニア州のように住民提案によって容易に財政ルールが州憲法に組み込まれる州は，逆に住民がその制度に何らかの不満があれば，容易に財政ルールを変更できる。このためルールによる財政統制は困難となる。Kousser, McCubbins and

Rozga (2009), p. 312 参照。
(33) 神野 (2002), p. 130参照
(34) ブキャナンは憲法による政府の制約を高く評価するが, ヨーロッパのように憲法がしばしば改正される国では, 憲法によって政治家を制約する伝統はない。Tanzi (2011), p. 184 参照。
(35) 行政側からすると,「均衡予算の伝統」という組織文化が均衡財政の維持に影響しているとされる。小泉 (2004), p. 219.
(36) 小滝 (2002), pp. 95-99参照。
(37) 起債統制については, アメリカには中央統制アクターが存在しないので州・地方政府による自由な起債が可能である。和足 (2014), p. 214. 他方, 無財源マンデイトやインターネット課税停止法 (1998年) のような形での連邦による財政統制は見られる。片桐 (2005), pp. 462-463.
(38) 小平市の都道328号の事例について, 坂井 (2015), pp. 146-152, 國分 (2014), pp. 57-64参照。
(39) 他方, 次のような見解もある。税条例を「直接請求の対象として認めた場合には, 住民が自治体の財政上のバランスを考えることなく安易に負担軽減ばかり追い求めるに違いないとの「愚民観」の残滓であろうか。地方分権時代の地方自治法には似つかわしくない条項である」(片山 (2007), p. 26)。
(40) 「かりに濫用を伴いがちではあるとしても, 納税者に対する説得の勇気を持たないで, 健全な財政運営ひいては行政の執行ができると思われないからである」(碓井 (2001), p. 282)。
(41) 池上 (1990), p. 18では, 納税者の反乱にふれながら, 納税者の「個人の欲求から評価された予算」と「生存権を保障するという社会的な視野から評価された予算」にくいちがいが発生する場合があることを指摘する。このくいちがいを克服するには, 人権保障という価値基準に基づき諸学を総合した「社会的評価論」を形成し, 普及させる必要性を述べている。
(42) 佐藤・古市 (2014), pp. 39-40は, 租税徴収は強制的なので, 納税者は受益を認識できない場合, 租税抵抗が生じる。それを防ぐには租税が「公共のために処分されることを示し続けなければならない」とする。租税国家がその努力を怠れば, 租税抵抗を安易な形で回避する「債務国家」化すると指摘している。ただし, 租税は公共のために使われていると示すためには, まさに公共性とは何かを巡り住民と行政の間で真剣な議論が前提とされる。大島 (2013), p. 276は財政の公共性を現代の日本で再確認する課題として取り組むに当たって,「市民社会を中心とした民衆による参加と討議のデモクラシー」の重要性を指摘している。

参 考 文 献

Adams, James Ring (1984), *Secrets of the Tax Revolt*, Harcourt Brace Jovanovich.
Advisory Commission on Intergovernmental Relations (ACIR) (1974), *The Property Tax in a Changing Environment*, M-83, Washington, D.C..
—————— (1987), *Changing Public Attitudes on Governments and Taxes*, Washington, D.C..
Alamo, Chas, Uhler Brian and O'Malley Marianne (2014), "Allocation of Property Tax Has Varied Over Time", *Cal Facts*, (http://www.lao.ca.gov/LAOEconTax/Article/Detail/28).
Angelides, Phil (2003), "California at the Fiscal Crossroads", *The State of California's Debt Affordability Report*, California State of Treasure.
Bailey, Eric and Patrick McGreevy (2009), "California Shouldn't Hope for U.S Loan Gurantees, Lawmakers Told", *Los Angeles Times*, May 22.
Baldassare, Mark (1998a), *When Government Fails: The Orange County Bankruptcy*, University of California Press.
—————— (1998b), "When Government Fails: The Orange County Bankruptcy A Policy Summary", *The Second Annual California Issues Forum After the Fall: Learning from the Orange County Bankruptcy, Occasional Papers*, Public Policy Institute of California.
Baldassare, Mark and Cheryl Katz (2008), *The Coming Age of Direct Democracy*, Rowman & Littlefield Publisher.
Baldassare, Mark, Dean Bonner, Jennifer Paluch and Sonja Petek (2009a), *Californians & their Government, Jannuay 2009*, Public Policy Institute of California.
—————— (2009b), *Californians & their Government, March 2009*, Public Policy Institute of California.
—————— (2011), *Californians & their Government, May 2011*, Public Policy Institute of California.
Baratz, Joan C. and Jay H. Moskowitz (1978), "Proposition 13: How and Why It Happened", *The Phi Delta Kappan*, Vol. 60, No. 1, September.
BBC News (2008), "California Faces Budget Crisis", December 2.
Black, Stewart (2014), "Redevelopment in California: its Past, Present and Possible Future", *California Journal of Politics and Policy*, Vol. 6(4).
Bollens, John C. and Stanley Scott (1951), *Local Government in California*, University of California Press.

Buchanan, James M. (1979), "The Potential for Taxpayer Revolt in American Democracy", *Social Science Quarterly*, Vol. 59, No. 4.

Business Wire (2003), *Pacific Legal Foundation Challenges Massive Indebtedness of State Budget; Sues State over Legality of Bond Financing Scheme*, September 24, (http://www.businesswire.com/).

Cahn, Matthew Alan, H. Eric Schockman and David M. Shafie (2010), *Rethinking California Politics and Policy in Golden State*, Longman.

Cain, Brice E. and George A. Mackenzie (2008), "*Are California's Fiscal Constraints Institutional or Political?*", Public Policy Institute of California.

Cain, Brice E. and Roger G. Noll (2010), "Institutional Causes of California's Budget Problem", *The California Journal of Politics & Police*, 2(3).

California Budget Project (2011), *A Generation of Widening Inequality*, (http://www.cbp.org/pdfs/2011/111101_A_Generation_of_Widening_Inequality.pdf).

California Debt Advisory Commission (1990), *Financing Public Facilities in the 1990s*, California Debt Advisory Commission.

———— (1991), *Mello-Roos Financing in California*, California Debt Advisory Commission.

California Debt and Investment Advisory Commission (2008), *An Overview of Local Government General Obligation Bond Issuance Trends 1985-2005*, California Debt and Investment Advisory Commission.

California Department of Finance, *California Statistical Abstract*, various issues.

———— *California Statistical Abstract* (electronic resource), (www.dof.ca.gov).
    2000 California statistical abstract.
    2001 California statistical abstract.
    2002 California statistical abstract.
    2008 California statistical abstract.

————Summary Schedules and Historical Charts, (http://www.dof.ca.gov/budget/summary_schedules_charts/index.html).

———— (2003a), *Governor's Budget May Revision, 2003-04*.

———— (2003b), *Governor's Budget Summary, 2003-04*.

———— (2007), *Population Project by Race/Ethnicity for California and its Counties, 2000-2050*, (http://www.dof.ca.gov/research/demographic/reports/projections/p-1/).

———— (2009a), *Governor's Budget Summary, 2009-10*.

———— (2009b), *2009-10 May Revision General Fund Proposals*.

———— (2010), *State Budget 2010-11*.

California Journal (1994), "The Local Government Lament", *California Journal*, No. 1.

California Legislative Analyst's Office (LAO) (1989), "County Fiscal Distress, A look at

参考文献

Butte County", *Policy Brief*, December.
——— (1991), *State Spending Plan for 1991-92*.
——— (1992), *State Spending Plan for 1992-93*.
——— (1993a), "Background Material on State and Local Government Finance", *Common Cents*, October.
——— (1993b), "Superior Court Invalidates Proposition 98 Funding Shifts", *California UPDATE*, November.
——— (1995a), *Los Angeles County's Problems*, July.
——— (1995b), *A Review of the Orange County Recovery Plan as Proposed*, August.
——— (1996), *Understanding Proposition 218*, December.
——— (1998a), "State and Regional Economics Developments in California", *An LAO Report*, September.
——— (1998b), "A Primer on the Vehicle License Fee", *An LAO Report*, June.
——— (1999), *Perspective on the Economy and Demograhics, 1999-00*.
——— (2000), "The State Appropriation Limit", *An LAO Report*, April.
——— (2002a), *California Spending Plan 2002-03*.
——— (2002b), *Analysis of the 2002-03 Budget Bill*.
——— (2003a), *Sources of Spending Growth in Major State Programs*.
——— (2003b), *2003-04 Budget Overview*.
——— (2003c), *Overview of the 2003-04 May Revision*.
——— (2003d), *Overview of the Governor's Budget*.
——— (2005), *Proposition 98 Primer*, February.
——— (2008a), *2008-09 California Spending Plan*.
——— (2008b), *Overview of the Governor's Special Session Proposals*.
——— (2009a), *2009-10 California Spending Plan*.
——— (2009b), *California's Cash Flow Crisis*.
——— (2009c), *Overview of the Governor's Budget*.
——— (2009d), *The Fiscal Outlook Under the February Budget Package*.
——— (2009e), *Overview of the 2009-10 May Revision*.
——— (2009f), *Summary of the Conference Committee Budget Package*.
——— (2010a), *Overview of California Local Government*.
——— (2010b), *Major Features of California's 2010-11 Budget*.
——— (2012), *Year-Three Survey: Update on School District Finance in California*.
——— *Historical Data*, (http://www.lao.ca.gov/).
California Legislature (1987), *Proposition 13, Ten Years Later, A Report on the Joint Legislative Budget Committee's Hearing of September 30*.
California Secretary of State (1978), *California Voters Pamphlet*, June 6.
——— (1979), *California Ballot Pamphlet, Special Statewide Election*, November 6.

——— (1990), *California Ballot Pamphlet, Primary*, June 5.

——— (2002a), *California Official Voter Information Guide*, General Election, Tuesday, November 5.

——— (2002b), *California Official Voter Information Guide*, Primary Election, Tuesday, March 5.

——— (2003), *California Official Voter Information Guide*, Statewide Special Election, Recall Information.

——— (2004a), *California Official Voter Information Guide*, General Election, November 2.

——— (2004b), *California Official Voter Information Guide Supplemental*, Primary Election, Tuesday, March 2.

——— (2009), *California Official Voter Information Guide*, Statewide Special Election, May 19.

——— (2010), *California Official Voter Information Guide*, General Election, November 2.

——— (2012), *California Official Voter Information Guide*, General Election, November 6.

California Senate Local Government Committee (2010), *What's so Special about Districts: A Citizen Guide to Special Districts in California*, (http://www.rsrpd.org/admin/Whatsso.pdf).

California State Board of Equalization, *Annual Report*, (http://www.boe.ca.gov).

——— (2010), *Sales and Use Taxes: Exemptions and Exclusions*, Publication No. 61.

California State Controller's Office (1977a, 1988, 2011a), *Annual Report of Financial Transaction Concerning Counties of California*, California State Controller's Office.

——— (1977b, 1981b, 2011b), *Annual Report of Financial Transaction Concerning Cites of California*, California State Controller's Office.

——— (1977c, 2011c), *Annual Report of Financial Transaction Concerning Special Districts of California*, California State Controller's Office.

——— (1977d), *Annual Report of Financial Transaction Concerning School Districts of California*, California State Controller's Office.

——— (1999, 2011d), *Community Redevelopment Agencies Annual Report*, California State Controller's Office.

California State Senate Budget and Fiscal Review Committee (2008), *Summary Overview December 2008 Special Session Package*.

California State Treasure, *Debt Affordability Reports*, various issues.

California Tax Foundation (1984), *California Local Government Finance: Issues for The 80s*, California Tax Foundation.

California Tax Payer Association (1994), "Utility User Taxes, A Rapidly Growing

Revenue Source", *Cal-Tax News*, Vol. 35, No. 5.

Carlson, Richard Henry (2005), "A Brief History of Property Tax", *Fair & Equitable*, February.

Center for Government Analysis (2005), *Analysis of Government Revenues in California Since the Enactment of Proposition 13*, Center for Government Analysis.

Center for Responsible Lending (2012), *California Foreclosure Statistics: The Crisis is Not Over*, (http://www.responsiblelending.org/alifornia/ca-mortgage/research-analysis/California-Foreclosure-Stats-April-2012.pdf).

Chapman, Jeffrey I. (1995), "California: The Ending Crisis", in Steven D. Gold ed., *The Fiscal Crisis of the States*, Georgetown University Press.

―――― (1998), "The Continuing Redistribution of Fiscal Stress: The Long Run Consequences", *Lincoln Institute of Land Policy Working Paper*.

Citrin, Jack (1979), "Do People Want Something for Nothing: Public Opinion on Taxes and Government Spending", *National Tax Journal*, Vol. 32(2).

Citrin, Jack and Isaac Martin, eds. (2009), *After the Tax Revolt: California's Proposition 13 turns 30*, Berkeley Public Policy Press.

Coleman, Michael (2008), *The California Municipal Revenue Source Handbook*, League of California Cities.

Cummins, Jeff (2015), *Boom and Bust The Politics of the California Budget*, Berkeley Public Policy Press.

Decker, John (2006), "Resolving Differences and Crafting Compromise: Creating a Budget for California", in Gerald C. Lubenow, ed., *Governing California*, Institute of Governmental Studies Press.

―――― (2009), *California in the Balance*, Berkeley Public Policy Press.

―――― (2013), "Goodbye to All That: Mending California's Budget", in Ethan Rarick ed., *Governing Callifornia Politics, Government, and Public Policy in the Golden State*, Berkeley Public Policy Press.

Dicamillo, Mark (2009), "Californian's Views of Proposition 13 Thirty Years after Its Passage", in Jack Citrin and Isaac Martin, eds. (2009).

Doerr, David R. (1998a), "Capsule History of the California Tax Structure Part V, 1965-1979: The Struggle for Property Tax Reform and Relief, Chapter One, 1965-1968", *Cal-Tax Digest*, February 1998.

―――― (1998b), "Capsule History of the California Tax Structure Part V, 1965-1979: The Struggle for Property Tax Reform and Relief, Chapter Four, 1977-1979", *Cal-Tax Digest*, May 1998.

―――― (2008), *California Tax Macine*, California Tax Payer Association.

―――― (2009), "The Evolution of Proposition 13", in Jack Citrin and Isaac Martin, eds. (2009).

Donovan, Todd, Christopher Z. Mooney and Daniel A. Smith (2013), *State and Local Politics Institutions and Roform*, Wadsworth.

DQNews.com, (http://dqnews.com/Articles/2010/News/California/CA-Foreclosures/RRFor10420.aspx).

Ed-Date (2012), "*School District Bond and Tax Elections*", (http://www.ed-data.k12.ca.us/Pages/).

EdSource (1990), "Proposition 111: Ballot Measures June 1990", *Ed-Source*, Vol. XIII, April, (http://www.edsource.org/assets/files/finance/EdS_hist_Prop111.pdf).

Edwards, Chris R., Stephen Gold, Michael Fleming and Karen Paisley (1993), *Fact & Figures on Government Finance 1993 Edition*, Tax Foundation.

Field, Mona (2009), *California Government and Politics Today*, Person.

Federation of Tax Administrators (2010), *Number of Services Taxed by Category and State*, July 2007, (http://www.taxadmin.org/).

Fischel, William A. (2009), "*Serrano* and Proposition 13: The Importance of Asking the Right Question", in Jack Citrin and Isaac Martin, eds. (2009).

Fisher, Glenn W. (1999), "The Real Property Tax", in W. Bartley Hildreth and James A. Richardson, eds., *Handbook on Taxation*, Marcel Dekker.

Fleenor, Patrick (1997), *Facts & Figures on Government Finance 31st Edition*, Tax Foundation.

Fox, Joel (2003), *The Legend of Proposition 13, The Great of California Tax Revolt*, Xibris.

Frecknall-Hughes, Jane (2015), *The Theory, Principles and Management of Taxation*, Routledge.

Fulton, William and Paul Shigley (2005), *Guide to California Planning*, Solano Press Book.

Fund, John (2009), "Proposition 13: A Watershed Moment Bridging FDR and Reagan", in Jack Citrin and Isaac Martin, eds. (2009).

Gamage, David (2009), "Coping through California's Budget Crises in Light of Proposition 13 and California's Fiscal Constitution", in Jack Citrin and Isaac Martin, eds. (2009).

Gerston, Larry N. and Terry Christensen (2011), *California Politics & Government A Practical Approach*, Wadsworth.

Goldberg, Lenny (1991), *Taxation with Representation: A Citizen's Guide to Reforming Proposition 13*, California Tax Association and New California Alliance.

────── (2010), "Proposition 13: Tarnish on the Golden Dream", in Jeffrey R. Lustig, *Remaking California Reclaiming the Public Good*, Heyday Books.

Gordon, Tracy (2004), *The Local Initiative in California*, PPIC.

────── (2012), "State and Local Fiscal Institutions in Recession and Recovery," in Robert D. Ebel and John E. Petersen, *State and Government Finance*, Oxford University Press.

Harriss, C. Lowell (1974), *Property Taxation in Government Finance*, Tax Foundation, Inc.

Hoene, Christopher (2004), "Fiscal Structure and the Post-Proposition 13 Fiscal Regime in California's Cities," *Public Budgeting & Finance*, Vol. 24, No. 4.

Huber, Walt (2006), *California State & Local Government in Crisis*, Education Textbook Company.

Ibele, Mark A. (2002), "Electricity Deregulation in California: A Public Finance Perspective", *National Tax Association Proceedings*, Ninety-Fourth Annual Conference 2001, National Tax Association.

Inman, Robert P. (2003), "Transfer and Bailout: Enforcing Local Fiscal Discipline with Lessons from U.S. Federalism", in Jonathan A. Rodden, Gunnar S. Eskeland, and Jennie Litvack, eds., *Fiscal Decentralization and Challenge of Hard Budget Constrains*, The MIT Press.

Janiskee, Brian P. and Ken Masugi (2011), *Democracy in California*, Rowman & Littlefield Publisher Inc.

Kadlec, Charles W. and Arthur B. Laffer (1979), "The Jarvis-Gann Tax Cut Proposal: An Application of the Laffer Curve", in Arthur B. Laffer and Jan P. Seymour, eds., *The Economic of the Tax Revolt*, Harcourt Brace Jovanovich.

Kaskla, Edgar (2008), *California Politics*, CQ Press.

Kemp, Roger L. (1982), "California's Proposition 13: A One-Year Assessment", *State and Local Government Review*. Vol. 14. No. 1.

Kiewe, Amos and Davis W. Houck (1991), *A Shining City on a Hill: Ronald Reagan's Economic Rhetoric*, 1951-1989, Prager.

Kousser, Thad, Mathew D. McCubbins and Kaj Rozga (2009), "When Does the Ballot Box Limit the Budget? Politics and Spending Limits in California, Colorado, Utah, and Washington", in Elizabeth Garret, Elizabeth A. Graddy and Howell E. Jack, eds., *Fiscal Challenges An Interdisciplinary Approach to Budget Policy*, Cambridge University Press.

Kuttner, Robert (1980), *Revolt of the Haves Tax Rebellions and Hard Times*, Simon & Schuster.

Lawrence, David G. (2004), *California The Politics of Diversity*, Thomson.

League of California Cities (2007), *Proposition 218 Implementation Guide*, League of California Cities.

League of Women Voters California (2009), *Action Guide*, May 19.

Levy, Frank (1979), "On Understanding Proposition 13", *Public Interest*, No. 56.

Lewis, Paul G. (2001), "Retail Politics: Local Sales Taxes and the Fiscalization of Land Use", *Economic Development Quarterly*, Vol. 15, No. 1.

Lo, Clarence Y. H. (1990), *Small Property Versus Big Government, Social Origins of the*

Property Tax Revolt, University of California Press.
Martin, William I. (2006), "Does School Finance Litigation Cause Taxpayer Revolt? Serrano and Proposition 13", *Law & Society Review*, Vol. 40, Issue3.
────── (2008), *The Permanent Tax Revolt*, Stanford University Press.
Mathews, Joe and Mark Paul (2010), *California Crackup*, University of California Press.
Matsusaka, John G. (2003), "Have Voter Initiative Paralyzed the California Budget?", *USC Law and Public Policy Research Paper*, No. 03-24.
Miller, P. Kenneth (2013), "Direct Democracy: The Initiative, Referendum, and Recall,in Ethan Rarick ed., *Governing Callifornia Politics, Government, and Public Policy in the Golden State*, Berkeley Public Policy Press.
Musgrave, Richard A. (1979), "The Tax Revolt", *Social Science Quarterly*, Vol. 59(4).
National Association of State Budget Officers (NASBO) (1990), *The Fiscal Survey of the States*, April, 1990.
────── (2003), *The Fiscal Survey of States*, December 2003.
────── (2008), *The Fiscal Survey of States*, December 2008.
National Conference of State Legislatures (NCSL), *Ballot Measure Database*, (http://www.ncsl.org/research/elections-and-campaigns/ballot-measures-database.aspx).
O'Brine, Thomas A. (1985), *Stepchild of Proposition 13: A Survey of the Special District Augmentation Fund*, California Legislature Senate Committee on Local Government, Joint Publication Office.
O'Sullivan, Arthur, Terri A. Sexton and Steven M. Sheffrin (1993), *The Future of Proposition 13*, University of California.
Paul, B. Diane (1975), *The Politics of the Property Tax*, Lexington Books.
Plank, David N. and Loeb Susanna (2013), "Education: Back from the Brink", in Ethan Rarick, *Governing Callifornia Politics, Government, and Public Policy in the Golden State*, Berkeley Public Policy Press.
Pomerleau, Kyle (2015), *The Tax Burden on Personal Dividend Income across the OECD 2015*, (http://taxfoundation.org).
Poterba, James M. (1994), "State Responses to Fiscal Crisis: The Effects of Budgetary Institutions and Politics", *Journal of Political Economy*, Vol 102, No. 2.
Pound, William T. (2002), *A Guide to Property Taxes: Property Tax Relief*, National Conference of State Legislature.
Prasad, Monica (2006), *The Politics of Free Markets*, The University of Chicago Press.
Prohofsky, Allen (2003), "Another Bubble Burst: Stock Options and the California AMT", *State Tax Notes*, Vol. 27, No. 12.
Provost, David H. (2007), *Politics and Government in California*, Pearson Longman.
Public Policy Institute of California (PPIC) (2003), *PPIC Statewide Survey Californians and Their Government*, PPIC.

―――― (2011), *California Poverty by County 2011*, PPIC.
Rabushka, Alvin and Pauline Ryan (1982), *The Tax Revolt*, Hoover Institution.
Raymond, Valerie (1988), *Surviving Proposition Thirteen: Fiscal Crisis in California Counties*, Institute of Governmental Studies, University of California Press.
Richardson, Hope (2012), "What Would Proposition 30 Mean for California", *Budget Brief*, September.
Rodden, Jonathan (2006), *Hamilton's Paradox*, Cambridge University Press.
Ross, Jearn (2009), "Proposition 13 Thirty Years Later: What Has It Meant for Governance and Public Services?", in Jack Citrin and Isaac Martin, eds. (2009).
Rubin, Irebe S. and Roy T. Meyers (2015) "Political Institutions for Sustainable State Budgets" in Marilyn Narks Rubin and Katherine G. Willoughby, *Sustaining the States*, CRC Press.
Rubinfeld, Daniel L. (1995), "California Fiscal Federalism: A School Finance Perspective", in Bruce E. Cain and Roger G. Noll, eds., *Constitutional Reform in California*, Institute of Governmental Studies Press.
Rueben, Kim S. and Cerdan Pedro (2003), *Fiscal Effects of Voter Approval Requirements on Local Governments*, Public Policy Institute of California.
Ryu, Jay Eungha (2014), *The Public Budgeting and Finance Primer*, Routledge.
Said, Carolyn (2009), "Banks Poised to Snub IOUs", *San Francisco Chronicle*, July 10.
Savage, James D. (1992), "California's Structural Deficit Crisis", *Public Budgeting & Finance*, Vol. 12, No. 2.
Schrag, Peter (2004), *Paradise Lost California's Experience, American's Future*, University of California Press.
―――― (2006), *California America's High-Stakes Experiment*, University of California Press.
Schulman, Bruce J. (2001), *The Seventies The Great Shift in American Culture, Society, and Politics*, The Free Press.
Schwadron, Terry, ed. (1984), *California and The American Tax Revolt*, University of California Press.
Sears, David O. and Jack Citrin (1985), *Tax Revolt Something for Nothing in California*, Harvard University Press.
Sexton, Terri A. (2009), "Proposition 13 and Residential Mobilit", in Jack Citrin and Isaac Martin, eds. (2009).
Sheffrin, M. Steven (2004), "State Budget Deficit Dynamics and the California Debacle", *Journal of Economic Perspectives*, Vol. 18, No. 2.
―――― (2009), "Rethinking the Fairness of Proposition 13", in Jack Citrin and Isaac Martin, eds. (2009).
Shirley Svorny (2014), "Why California Dissolved Its RDAS", *Regulation*, Vol. 37, CATO

Institute.

Sketon, George (1979), "Prop. 13 still Backed 2-1 by Californians" *Los Angeles Times*, Oct. 29.

Spilberg, Phil and Lori Alexander (2003), "The California Budget Crisis: Factors Leading to the Current Budget Deficit and a Discussion of Certain Proposed Solutions", *National Tax Journal*, Vol. 56, No. 3.

State of California Commission on Government Reform (1979), *Commission on Government Reform Final Report*, State of California.

State of California Department of Justice, *California Foreclosure Rates by County 2008-2010*, (https://oag.ca.gov/system/files/attachments/press_releases/n2641_ca_foreclosure_rates.pdf).

State of California Franchise Tax Board, *Annual Report*, various issues, (https://www.ftb.ca.gov/).

Stark, Kirk J. (2009), "Proposition 13 as Fiscal Federalism Reform", in Jack Citrin and Isaac Martin, eds. (2009).

Stocker, Frederick D. ed. (1991), *Proposition 13: A Ten-Year Retrospective*, The Lincoln Institute of Land Policy.

Summers, Adam B. (2009), "California's May 2009 Special Election: Analyzing the Propositions and Offering Alternatives for Real Reform", *Policy Brief*, Vol. 79, Reason Foundation.

Svorny, Shirley (2014), "Why California Dissolved Its RDAa", *Regulation*, Summer.

Sweeney, James L. (2002), *The California Crisis: Lessons for the Future*, (http://web.stanford.edu/~jsweeney/paper/Lessons%20for%20the%20Future.pdf).

Tanzi, Vito (2011), *Governmet versus Market*, Cambridge University Press.

Tax Foundation (2016), *State-Local Tax Burden Rankings FY 2012*, (http://taxfoundation.org/).

The Economist (1980), "Proposition 13, California's Lucky Number", *The Economist*, January 5.

The Pew Center and PPIC (2010), *Facing Facts, Public Attitudes and Fiscal Realities in Five Stressed States*, Public Policy Institute of California (PPIC).

Ting, Yuan, Shelly Arsneault, and Stephen Stambough (2011), *California Government in National Perspective*, Kendall Hunt.

Tipps, Dean C. (1980), "California's Great Property Tax Revolt," in Dean Tipps and Lee Webb, eds., *State and Local Tax Revolt: New Directions for the '80s*, Conference on Alternative State and Local Public Policies.

Townley, Arthur J. and June H. Schmieder-Ramirez (2008), *School Finance A California Perspective*, Kendall/Hunt Publishing Company.

Tranter, Revan (2006), "Cities, Counties, and the State", Gerald C. Lubenow, ed.,

Governing California, Institute of Governmental Studies Press.

Urban Institute and Brookings Institute, (http://www.taxpolicycenter.org).

U. S. Department of Commerce, *Statistical Abstract of the United States*, U. S. Government Printing Office, various issues.

Wassmer, Robert W. (2010), "California's State and Local Revenue Structure After Proposition 13: Is Denial the Appropriate Way to Cope?", in Sally Wallace, ed., *State and Local Fiscal Policy*, Edward Elgar.

Working Partnership USA (2006), *An Historical Analysis on Tax and Fiscal Propositions in California, 1978-2004*, (www.wpusa.org/Focus-Areas/).

Worsnop, R. L. (1971), "Property Tax Reform", *Editorial Research Reports*, vol. 1, CQ Press.

池上淳(1990),『財政学——現代財政システムの総合的解明』岩波書店。

池上岳彦(2005),「州・地方財政危機の政治経済学」金子勝・池上岳彦・アンドリュー デービット編『財政赤字の力学』税務経理協会。

井手英策(2015),『経済の時代の終焉』岩波書店。

伊藤正次(2011),「直接民主制の功罪——カリフォルニア州の財政危機と州民投票をめぐって」『住民行政の窓』358号。

上杉栄市(1992),「アメリカにおける納税者の反乱と地方自治」大淵利男・上杉栄市・大淵三洋『租税の基本原理とアメリカ租税論の展開』評論社。

碓井光明(2001),『地方税のしくみと法』学陽書房。

宇田川璋仁(1981),「米国カリフォルニア州の固定資産税——「タックス・レヴォルト」(プロポジション13)以後の問題点」『エコノミア』70巻。

内田和人(2002),「変調する米国経済」東京三菱銀行調査室編著『米国経済の真実——成長のダイナミズムは健在か』東洋経済新報社。

大島通義(2013),『予算国家の〈危機〉——財政社会学から日本を考える』岩波書店。

大寺廣幸(2001),「カリフォルニア州オレンジ郡の破産——米国の地方自治体の倒産と再建の教訓」『郵政研究所月報』14巻3号。

岡田徹太郎(2010),「アメリカの低所得者向け住宅開発プロジェクト——サンフランシスコ・ベイエリアにおける非営利組織と政府の役割」渋谷博史・中浜隆『アメリカ・モデル福祉国家―I』昭和堂。

―――(2014),「基軸国の動揺——アメリカ」持田信樹・今井勝人編『ソブリン危機と福祉国家』東京大学出版会。

オズボーン,デービット・ハッチンソン,ピーター(2013),『財政革命 終わりなき財政危機からの脱出(小峰弘靖訳)』日本能率協会マネジメントセンター。

岡部一明(2009),『市民団体としての自治体』御茶の水書房。

小滝敏之(2002),『地方政府の財政自治と財政統制——地方財政分権改革の新視点』全国会計職員協会。

賀川真理（2005），『カリフォルニア政治と「マイノリティ」』不磨書房．
片桐正俊（1993），『アメリカ連邦・都市行財政関係形成論』御茶の水書房．
─────（2005），『アメリカ財政の構造転換──連邦・州・地方財政関係の再編』東洋経済新報社．
片山善博（2007），『市民社会と地方自治』慶應義塾大学出版会．
加藤美穂子（2013），『アメリカの分権的財政システム』日本経済評論社．
金子勝（2005），「民営化と規制緩和の落とし穴」金子勝・池上岳彦・アンドリュー，デービット編『財政赤字の力学』税務経理協会．
川瀬憲子（2012），『アメリカの補助金と州・地方財政──ジョンソン政権からオバマ政権へ』勁草書房．
河村小百合（2009），「最近のアメリカ地方政府の財政運営の動向──カリフォルニア州の財政危機の展開」『Business & economic review（日本総研）』19巻11月号．
木下武郎（2010），「ロサンゼルス福祉改革における民間化の特質── GAIN ケースマネジメントを中心に」渋谷博史・塙武郎編『アメリカ・モデルとグローバル化 Ⅱ』昭和堂．
小泉和重（2004），『アメリカ連邦制財政システム──「財政調整制度なき国家」の財政運営』ミネルヴァ書房．
─────（2012），「カリフォルニア州の政治経済と財政構造(2)」『アドミニストレーション（熊本県立大学）』第19巻第1号．
國分功一郎（2014），『来たるべき民主主義』幻冬舎新書．
小林勇人（2010），「カリフォルニア州の福祉改革──ワークフェアの2つのモデルの競合と帰結」渋谷博史・中浜隆編『アメリカ・モデル福祉国家 Ⅰ』昭和堂．
小林保美（1995），「提案13号に対する一考察」酒井邦雄・寺本博美・吉田良生・中野守『制度の経済学』中央大学出版部．
近藤直光（1989），「カリフォルニア州都市の税財政運営──"プロポジション13"後を中心として」『都市問題』第80巻9号．
坂井昭夫（2000），「ニューエコノミー論の虚実」関下稔・坂井昭夫編著『アメリカ経済の変貌──ニューエコノミー論を検証する』同文館．
坂井豊貴（2015），『多数決を疑う──社会的選択理論とは何か』岩波新書．
坂田和光（2007），「米国の自治体破綻と州の関与──連邦破産法第9章をめぐって」『レファレンス』57巻1号．
坂本忠次（1995），「連邦制下の財産税問題──プロポジション13以降のカリフォルニアの地方財政の一動向」『岡山大学経済学会雑誌』第26巻3/4号．
佐藤滋・古市将人（2014），『租税抵抗の財政学──信頼と合意に基づく社会へ』岩波書店．
自治体国際化協会ニューヨーク事務所（2008），「米国における地方公共団体の財政再建制度──財政規律維持に関する制度と運用」『クレア・レポート』第321号，自治体国際化協会．

参考文献

篠原正博（1999），『不動産税制の国際比較分析』清文社．
篠田剛（2009），「地方消費課税と課税自主権――アメリカ州小売売上税改革の理念と実際」諸富徹編『グローバル時代の税制改革――公平性と財源確保の相克』ミネルヴァ書房．
渋谷博史・加藤美穂子（2010），「アメリカ型福祉国家と財政規律」渋谷博史・塙武郎『アメリカ・モデルとグローバル化 Ⅱ』昭和堂．
新藤宗幸（1987），『アメリカ財政のパラダイム――政府間関係』新曜社．
神野直彦（2002），『財政学』有斐閣．
神野直彦・小西砂千夫（2014），『日本の地方財政』有斐閣．
スタックラー，デヴィット・バス，サンジェイ（2014），『経済政策で人は死ぬか？――公衆衛生学から見た不況対策（橘明美・臼井美子訳）』草思社．
関口智（2015），『現代アメリカ連邦税制――付加価値税なき国家の租税構造』東京大学出版会．
関口浩（2011），「カリフォルニア州財政の危機と教育財政の問題」『社会志林』第57巻4号．
竺沙知章（1997），「アメリカ合衆国カリフォルニア州における学校財政制度」『兵庫教育大学研究紀要（第1分冊，学校教育・幼児教育・障害児教育）』第17巻．
富樫幸一（2003），「アメリカの地域構造――「スノーベルト対サンベルト」から「新産業空間」へ」松原宏編『先進国経済の地域構造』東京大学出版会．
豊福裕二（2012），「国内経済情勢」藤木剛康編『アメリカ政治経済論』ミネルヴァ書房．
長岡丈道（2010），「海外制度の動向 米国カリフォルニア州財政危機下における州・地方政府の対立」『地方財政』第49巻第6号．
中邨章（1976），「アメリカ革新主義運動にみる反政党キャンペーンと現代カリフォルニア政治」『政経論叢』45巻第2・3号．
―――（1991），『アメリカの地方自治』学陽書房．
難波利光（1997），「プロポジション13成立以降のカウンティの課税実態――カリフォルニア州の事例を中心に」日本地方財政学会編『地方財政改革の国際動向』勁草書房．
―――（1999），「分権的行財政と住民参加――カリフォルニアの納税者の反乱の地域経済への影響」坂本忠次・重森曉・遠藤宏一編『分権化と地域経済』ナカニシヤ出版．
西川純子（2013），「金融規制の政治経済学」中本悟・宮崎礼二編『現代アメリカ経済分析』日本評論社．
西野敞雄（1979），「世論調査にみる納税者意識の動向――「納税者の反乱」と「歳出の反乱」を中心にして」『税務大学校論叢』第13号．
塙武郎（2016），「オレゴン州の地方財産税率制限をめぐる住民投票と学校区の財源確保」『大月短大論集』第47巻．
羽生雄一郎（1999），「カリフォルニア州プロポジション13のその後と住民投票制度の功罪」『公営企業』第30巻第10号．

肥後和夫（1979），「「納税者の反乱」と地方財政」『自治研究』第55巻第1号。
ピーターソン，ジョージ E.（1996），「政府間財政関係（片桐正俊訳）」アーバン・インスティテュート（下河辺淳監修）『都市問題の政策科学――アメリカにおける大都市の安心の条件』東洋経済新報社。
久本貴志（2005），「アメリカの福祉改革と就労支援――カリフォルニア州を中心に」『経濟學雜誌（大阪市立大学）』第105巻4号。
平野健（2005），「産業構造」萩原伸次郎・中本悟編著『現代アメリカ経済――アメリカン・グローバリゼーションの構造』日本評論社。
古川俊一（2000），『政府間財政関係の政治分析』第一法規。
―――（2006），「財政調整制度の長き不在――アメリカ」持田信樹編『地方分権と財政調整制度改革の国際的潮流』東京大学出版会。
ブレナン，ジェフェリー・ブキャナン，ジェームス M.（1984），『公共選択の租税理論（深沢実・菊池威・平澤典男訳）』文眞堂。
藤岡純一（1991），『現代の税制改革――世界的展開とスウェーデン・アメリカ』法律文化社。
藤本一美・末次俊之（2011），『ティーパーティー運動　現代米国政治分析』東信堂。
星野真澄（2012），「米国カリフォルニア州における学級規模縮小プログラムの財政構造」『教育学論集』8巻。
ポーリン，ロバート（2009），『失墜するアメリカ経済――ネオリベラル政策とその代替策（佐藤良一・芳賀健一訳）』日本経済評論社。
前田高志（1992），『現代アメリカ経済と財政――分権制の財政分析』東洋経済新報社。
―――（2005），「アメリカの地方財産税」日本都市センター編『新時代の都市税財政』日本都市センター。
―――（2006），「地方分権の装置としての財産税」渋谷博史・前田高志編『アメリカの州・地方財政』日本経済評論社。
前山総一郎（2009），「市民直接立法による固定資産税額住民投票「プロポジション13」（1978年米国カリフォルニア州）の地方財政諸体系に対する影響」『八戸大学紀要』第38巻。
松田慶太郎（2002），「カリフォルニア州の電力危機――自由化の失敗例」東京三菱銀行調査室編著『米国経済の真実――成長のダイナミズムは健在か』東洋経済新報社。
牧田義輝（2013），「カリフォルニア州の地方自治と広域行政」自治体国際化協会編『平成25年度比較地方自治研究会調査研究報告書』自治体国際化協会。
三島康雄（2011），『揺れる連邦制とニューヨーク市再生の軌跡』公職研。
諸富徹（2013），『私たちはなぜ税金を納めるのか――租税の経済思想史』新潮社。
山岡規雄（2009），「カリフォルニア州における直接民主制」『レファレンス』12月号。
横田茂（2008），『巨大都市の危機と再生――ニューヨーク市財政の軌跡』有斐閣。
ラッファー，アーサー B.・ムーア，ステファン・タナウス，ピーター（2009），『増税が国を滅ぼす――保守派が語るアメリカ経済史（村井章子訳）』日経 BP 社。

参 考 文 献

渡部芳綱（2004），「プロポジション13とオレンジカウンティの財政破綻に関する研究」『経済・経営研究』第37号。
和足憲明（2014），『地方財政赤字の実証分析――国際比較における日本の実態』ミネルヴァ書房。

あ と が き

　筆者は2010年から2011年にかけてカリフォルニア大学バークレー校の政府研究所（Institute of Governmental Studies）で在外研究を行う機会を得た。カリフォルニア州の財政危機が頂点に達している時期であった。大学のキャンパス内では研究費削減に抗議するハンガーストライキや大学理事会を批判する立て看板を目にした。

　あるときには，学費値上げに反対する学生が校舎を占拠する事件まであった。学生たちは建物3階のテラスから身を乗り出し拡声器で激しく抗議の声を上げていた。周辺は見物の学生や教員でごった返し，警官隊も集結し現場は騒然としていた。上空には報道のヘリが旋回し，60年代の大学紛争の時代にタイムスリップした感覚に襲われた。

　財政危機の影響は州立大学ばかりでなかった。わが子の通う公立の小学校でも財政難で校舎は老朽化し，教材も使い古しであった。体育の先生を雇用するお金がないとのことで，寄付を募ったり，父兄が放課後，アイスを売ったりして資金集めをしていた。寄付のやり方もユニークで，子供の単語テストの点数や校内のグランドを歩いた距離に応じて寄付が求められた時もあった。日本の教育現場も同じく財政危機に苛まれているが，危機の度合いの違いに唖然とした。

　アメリカ最大の人口，最高の経済力，最先端の頭脳拠点を持つこの州でなぜ，これほど財政状況が悪化したのか。リーマンショックの影響だけとは言えないものがあるように感じた。新聞や雑誌の論評を読むと，70年代の「納税者の反乱」が財政危機の底流にあると指摘されていた。納税者の反乱はカリフォルニア州の財産税（日本流に言えば固定資産税）を大幅減税させた住民運動であることは知っていたが，30年以上も過ぎた今日でも，カリフォルニア州財政にこれほど大きな影響を与えているのかと驚いた。

　その頃から，現代カリフォルニア州財政史を紐解きながら，納税者の反乱の歴史的な意義と現在の財政危機の原因を問い直そうと思い立った。また，日本

に帰国してから直接民主主義と財政をテーマとした議論が様々な形で行われていたことを知った。第30次地方制度調査会の議論や各地の大規模公共事業と住民投票の議論などを学びながら，財政と直接民主主義の関係を研究する意義も強く感じた。さらに，川瀬憲子先生（静岡大学），横田茂先生（関西大学名誉教授）の著作を通じて，1つの州や市の現代財政史に焦点を当てアメリカ財政論，予算論を研究する意義の大きさを学んだ。

こうした研究動機を持って，筆者はこれまで以下の論文を執筆してきた。本書はこれらの論文を大幅に加筆修正してまとめ直したものである。

「カリフォルニア州の政治経済と財政構造(1)――「納税者の反乱」の研究に関する予備的な考察として」『アドミニストレーション（熊本県立大学）』第18巻第3・4号，2012年。

「カリフォルニア州の政治経済と財政構造(2)――「納税者の反乱」の研究に関する予備的な考察として」『アドミニストレーション（熊本県立大学）』第19巻第1号，2012年。

「財産税を巡る反税運動と住民提案13号――カリフォルニア州における「納税者の反乱」の財政史的文脈」『アドミニストレーション（熊本県立大学）』第19巻第2号，2013年。

「80年代のカリフォルニア州・地方財政と提案13号――財政の州集権化と財源調達手段の多様化」『アドミニストレーション（熊本県立大学）』第20巻第1号，2013年。

「90年代のカリフォルニア州・地方財政と財政提案――州財政危機とオレンジカウンティの破綻」『アドミニストレーション（熊本県立大学）』第20巻第2号，2014年。

「2000年代前半のカリフォルニア州財政の危機――ドットコム・バブルの崩壊と州知事のリコール」『アドミニストレーション（熊本県立大学）』第21巻第1号，2014年。

「リーマンショックとカリフォルニア州財政の危機――赤字公債なき財政再建」『アドミニストレーション（熊本県立大学）』第22巻第1号，2015年。

「カリフォルニア州・地方財政と「納税者の反乱」――サプライサイド経済

学と公共選択論の影響とその結果」日本地方財政学会編『原子力災害と地方自治体の財政運営』勁草書房，2015年．

「カリフォルニア州の「納税者の反乱」を巡る最近の論点――J.シトリン，I.W.マーティン編『納税者の反乱後』を読んで」『アドミニストレーション（熊本県立大学）』第22巻第2号，2016年．

　ところで，本書を作成するまでに筆者にとっては，多くの苦労があった．昨年春に起きた熊本地震に遭遇したのもその1つである．熊本地震は筆者の勤務する熊本県立大学からほんの数キロしか離れていない益城町を震源とする大地震であった．震度7を超える2度の地震で，研究室では本や資料が散乱し，滅茶苦茶な状態になった．自宅も家財が倒れ，深夜に命からがら家族と公園に避難した．多くの破壊された建物や家屋を呆然と見ながら，本書をまとめるのは半ばあきらめた．何とか気を取り直せたのは，地震にも負けず懸命に復旧作業やボランティア活動に頑張っている同僚の教職員，学生，地域住民のひたむきさにふれたからである．彼ら彼女らと一緒に活動しながら生きる元気をもらったといっても過言ではなかった．

　本書を恩師である故伊東弘文先生（九州大学経済学部名誉教授）にお読み頂けなかったことは痛恨の極みである．先生には大学院時代からずっと温かいご指導，ご助言を賜ってきた．本書についてもきっと的確なアドバイスを頂けたであろうと思うと残念でならない．

　なお，本書は熊本県立大学の出版助成を受けて発行される書物である．震災に見舞われ大学予算が厳しい中，助成頂いたことは感謝に絶えない．また，本書の出版を快く引き受けて頂き，編集の労を取って頂いたミネルヴァ書房編集部の大木雄太氏にも感謝を申し上げたい．

　最後に，本書を妻と子供たちに捧げたい．常に家族の支えがあって研究生活を送ることができた．記して感謝したい．

　　2017年2月

　　　　　　　　　　　　　　　　　　　　　　　　　　　　　小泉和重

索　引
（＊は人名）

あ 行

IOUs　248,253-255,263,279
赤字削減債　216
アジア通貨危機　158
足による投票　275
アメリカ再生・再投資法　232,251,263
アメリカとの契約　2
偉大な社会　98
一般財源保証債　47,48,56,59,71,146,217,279
一般財産税　83
一般歳入分与制度　89,133
一般税　67,74,166,167
一般法カウンティ　54
一般法市　56
イニシアティヴ　1,10,19,31,33,44,271
インデクセーション　101,126,277
＊ウィルソン，ピーター　177,213
＊ウォルデン，ラッセル　90
AFDC　121,175,178,179
SSI/SSP　43,121,178,210,214,215,247
大きな政府　101,113,132
＊オズボーン，デビット　159

か 行

開発影響料　69
開発者負担金　147,150
下院法8号　122
革新主義運動　10,28,31,57
課税・歳出制限　3,11,81
課税制限　2,42,69,81,93,94,127,142,143,146,148,149,160,166,167,181,189
課税の明瞭性　7
課税配分債　71,149,279
学校影響料　147

カリフォルニア
——・アメリカ肺協会　239
——看護協会　202,237,260
——教員組合　96,107,200,202,260
——教員連盟　237,268,269
——警察署長協会　168,202
——建築業協会　164
——公共政策研究所　220,255,276
——小売業者協会　260
——州自動車協会　200
——州保安官協会　200,224,259
——商工会議所　91,107,164,222,260
——消防署長協会　200,224
——消防士組合　237
——女性投票者連盟　201,239,260,269
——市連盟　237
——統一看護協会　237
——独立事業者連盟　238
——図書館協会　237
——納税者協会　7,107,164,222,238
——ハイウエーパトロール　200
——PTA　202
——メンタルヘルス協会　202
CalWORKs　42,43,214,215,243,247,248,252
議会分析局　35,96,107,108,163,165,167,210,222,224,259
＊ギャン，ポール　1,102,105,125
教育財源増強基金　179,223
＊ギングリッチ，ニュート　2
均衡予算要件　11,278,279
区画税　61,65,67,68,74
経済回復債　202,212,222,242,257
経済回復税法　2
契約購入参加証書　146
憲章カウンティ　54

憲章市　56
公益事業利用税　65,67,104
公共選択学派　9,81
公債提案　45,47
項目別拒否権　27,36,248,254
高齢者財産税救済法　94
5月改定予算案　35,110,212,215,220,244,245,251-253
コミュニティ再開発公社　53,64,179,180,236,270
コミュニティ施設区　148

さ 行

サーキットブレーカー　83,94,99,103-106,113
財産税評価官　6,54,88-91,271
財政
　——移転制度　11
　——緊急事態宣言　201,244,247,253
　——再建債　216-218,222
　——調整　5,60,71,73,74,84,123,143,144,150,278
　——提案　45,161,280
　——統制　280
　——ルール　9,11,230,278-280
再選挙区割　29
最有効使用理論　92,93,271
サブプライム・ローン　231,233
サプライサイド経済学　9
サンセット条項　177,189
2/3要件　8-10,36,49,97,105,237,238,243,270,279
事業免許税　65,67,104,141
資産関連料金　70,167
資産増価税　64,65,149,150
自動車免許料　27,206,211,216,220,221,225
＊シトリン，ジャック　3,111
＊シトロン，ボブ　185
資本資産売却益　39,40,173,208,241
＊ジャービス，ハワード　1,95,101,102,105,127,271

住宅免税　96,97,99
収入制限財源　60,71,142,143,159
収入つなぎ債　212,216,218,249,251-253
収入つなぎ証券　248
取得価額方式　1,6,7,9
＊シュワルツネッガー，アーノルド　26-28,32,195,200-202,218-224,246,257
上院法154号　120-123
生涯任期制　29,30,214,278
シリコンバレー　20,158,195-197
＊スタブルバイン，クレッグ　97,129
スタンダード＆プアーズ社　129,170,217,261
ストック・オプション　208,209,213,225
砂時計経済　23,49
スリー・ストライク法　43
スリッページ　100,112
税源交換　216
税務官連盟　241
絶対多数承認要件　11
セラーノ対プリースト判決　5,6,42,60,122,143
増税コンセンサス　176,177,189,225,278
租税提案　68
租税輸出　19
ソフトな予算制約　11

た 行

大恐慌　5,59,232,254,255
滞在者税　65,67
代替ミニマム税　209
宝くじ債　251,253,259,263
たばこ税　212,213
小さな政府　81,101,111,127,132,150,158,189,273
知事令　27
直接請求　281
直接民主主義　10,19,31,47,113,160,169,218,267,271,276,277
提案
　——1A号　223-225,236,263,276,277

索引

——1C号　251, 259, 277
——2号　270, 276
——4号　45, 97, 124, 125, 142, 148, 150, 160-162, 243, 275, 277
——7号（1982年）　126, 275
——8号　106-110
——8号（1978年11月）　126, 275
——9号　127, 150, 277
——10号　161, 275
——22号　46, 236, 239, 276
——25号　36, 237, 239, 276, 277
——26号　238, 239, 275
——30号　268, 275
——37号　126, 275
——42号　200, 275
——47号　126, 276
——49号　200
——57号　222, 276
——58号　46, 201, 225, 243, 244, 259, 276
——62号　126, 166, 167, 275
——63号　45, 202, 275
——98号　42, 45, 125, 126, 178, 257, 275, 277
——111号　161, 163, 164, 189, 275, 277, 279
——163号　161, 178, 275
——218号　161, 166, 167, 189, 239, 275
ティーパーティー運動　81
＊デーヴィス，グレイ　32, 195, 213, 218-221
＊デュークメジアン，ジョージ　164
電力危機　198, 199, 205, 218, 224
統一課税運動　83
統一政府　213
投票箱型予算編成　47, 203, 276, 277
独占的官僚モデル　11
特別会　27, 225, 247, 278, 279
特別区増強基金　122, 144, 150
特別税　68, 74, 103, 120, 166, 182
特別分担金　147, 148, 150
特別分担債　71
図書館影響料　69
土地利用の財政化　140, 233

ドットコム・バブル　165, 205, 224
ドットコム・バブルの崩壊　196, 208, 232, 241, 262
＊トランプ，ドナルド　275
トリクルダウン　274
取引税・利用税　65, 67

な行

涙の旅　1, 275
＊ニスカネン，ウイリアム・A.　97
ニューエコノミー論　196
＊ネダー，ラルフ　85

は行

＊ハッチンソン，ピーター　159
ハミルトニアン・モデル　11
ハワード・ジャービス納税者協会　168, 238
ファレル判決　139, 141
＊ブキャナン，ジェームス　9, 81, 160, 280
部分的評価　88
＊ブラウン，ジェリー　26, 101, 127, 219, 269
＊ブラウン，パット　94, 221
ブラッドレー・バーンズ地方売上税・利用税法　40
＊フリードマン，ミルトン　97, 106
＊ヘラー，ウォルター　84

ま行

マークス・ルース債　72, 279
＊マーティン，アイザック・W.　3, 5, 6
マッチング方式　137, 181
未法人地域　54
Medi-Cal　43, 121, 178, 182, 210, 214, 215, 243, 247
メロー・ルースコミュニティ施設税　65, 67, 74
メロー・ルースコミュニティ施設法　148
メロー・ルース債　71, 148-150, 279

や・ら・わ行

予算安定化基金　11, 201, 225, 243, 270, 278, 279

予算協議会　35, 36, 104, 105
ライリー・スチュアート修正法　39
＊ラッファー, アーサー　9, 81, 106, 127, 130, 164, 274
ラッファー・カーブ　127, 128
ラッファー効果　150
リース契約購入参加証書　63, 71, 72, 74, 279
リース収入債　47, 72
リースバック方式　146, 150
リーマンショック　48, 231, 279
リコール　10, 31, 32, 219
リバースレポ取引　183
両岸経済　20

臨時経済特別基金　169
零細事業者行動委員会　238
＊レーガン, ロナルド　2, 94, 97, 101, 133, 219
レーガン税制改革　81
レファレンダム　10, 19, 31, 32, 44
レベニュー債　47, 56, 59, 63, 72, 279
レポ取引　183
連邦破産法第9章　186
連邦付加価値税　89
ローラーコースター・エコノミー　20
ロックイン効果　6, 9, 233
＊ワトソン, フィリップ　92, 93, 95-97, 101, 102

〈著者紹介〉

小泉　和重（こいずみ・かずしげ）

　　1964年　生まれ
　　1995年　九州大学経済学研究科博士課程単位取得退学
　　　　　　その後熊本県立大学赴任，カリフォルニア大学バークレー校客員
　　　　　　研究員を経て，
　現　在　熊本県立大学総合管理学部教授
　著　書　『アメリカ連邦制財政システム』ミネルヴァ書房，2004年（単著）
　　　　　『現代財政の変革』ミネルヴァ書房，2005年（共著）
　　　　　『財政赤字の力学』税務経理協会，2005年（共著）
　　　　　『苦悩する農山村の財政学』公人社，2008年（共著）
　　　　　『原子力災害と地方自治体の財政運営』勁草書房，2015年（共著）など

MINERVA現代経済学叢書⑫
現代カリフォルニア州財政と直接民主主義
——「納税者の反乱」は何をもたらしたのか——

2017年3月20日　初版第1刷発行　　　　〈検印省略〉

定価はカバーに
表示しています

著　者　　小　泉　和　重
発行者　　杉　田　啓　三
印刷者　　田　中　雅　博

発行所　株式会社　ミネルヴァ書房
607-8494 京都市山科区日ノ岡堤谷町1
電話代表　（075）581-5191
振替口座　01020-0-8076

©小泉和重, 2017　　　創栄図書印刷・新生製本

ISBN978-4-623-07999-5
Printed in Japan

竹原憲雄 著
日本型ODAと財政
——構造と軌跡

A 5・576頁
本体7,000円

尾上修悟 著
欧州財政統合論
——危機克服への連帯に向けて

A 5・380頁
本体5,500円

星野菜穂子 著
地方交付税の財源保障

A 5・260頁
本体6,000円

諸富 徹 編著
グローバル時代の税制改革
——公平性と財源確保の相克

A 5・388頁
本体6,000円

室山義正 著
アメリカ経済財政史 1929-2009
——建国理念に導かれた政策と発展動力

A 5・824頁
本体10,000円

室山義正 著
松方財政研究
——不退転の政策行動と経済危機克服の実相

A 5・320頁
本体4,800円

井手英策 編著
危機と再建の比較財政史

A 5・400頁
本体4,500円

小西砂千夫 著
政権交代と地方財政
——改革のあり方と制度理解の視座

A 5・260頁
本体4,500円

——— ミネルヴァ書房 ———

http://www.minervashobo.co.jp/